凤凰文库
PHOENIX LIBRARY

凤凰出版传媒集团
PHOENIX PUBLISHING & MEDIA GROUP

凤凰文库·历史研究系列

主　　编　钱乘旦
项目执行　王保顶

凤凰文库·历史研究系列

挫败中立
1954—1964年的老挝与冷战

代兵 著

江苏人民出版社

图书在版编目(CIP)数据

挫败中立:1954—1964年的老挝与冷战/代兵著.
—南京:江苏人民出版社,2017.4
(凤凰文库.历史研究系列)
ISBN 978-7-214-20589-6

Ⅰ.①挫… Ⅱ.①代… Ⅲ.①老挝问题-研究 Ⅳ.
①D833.43

中国版本图书馆 CIP 数据核字(2017)第 068436 号

书　　　名	挫败中立:1954—1964年的老挝与冷战
著　　　者	代　兵
责 任 编 辑	史雪莲
装 帧 设 计	姜　嵩
出 版 发 行	江苏人民出版社
出版社地址	南京市湖南路1号A楼,邮编:210009
出版社网址	http://www.jspph.com
照　　　排	江苏凤凰制版有限公司
印　　　刷	江苏凤凰扬州鑫华印刷有限公司
开　　　本	652毫米×960毫米　1/16
印　　　张	15　插页4
字　　　数	186千字
版　　　次	2017年7月第1版　2017年7月第1次印刷
标 准 书 号	ISBN 978-7-214-20589-6
定　　　价	36.00元

(江苏人民出版社图书凡印装错误可向承印厂调换)

目　录

绪论　1
  一、20世纪90年代之前关于老挝与冷战的研究综述　2
  二、20世纪90年代以来有关老挝与冷战的研究状况　9
  三、论著探讨的问题　14

第一章　1954年：老挝冲突的起点　17
  第一节　老挝简要情况　17
  第二节　老挝在第一次印支战争中的重要地位　28
  第三节　大国对1954年印支日内瓦会议的态度　36
  第四节　1954年日内瓦会议上构建老挝、柬埔寨的中立　49
  小结　63

第二章　万象协议　64
  第一节　美国对老挝政策三原则的形成　65
  第二节　苏联、中国、民主越南的印支政策　82
  第三节　万象会谈　96
  小结　105

第三章　陷入危机　107
  第一节　日内瓦协议和老挝联合政府的破产　108

第二节 1958—1960年中期中、苏、越的老挝政策　117

第三节 老挝的分裂与大国关系危机　130

小结　143

第四章 再建中立　145

第一节 艾森豪威尔政府的政策遗产　145

第二节 东西方的妥协　153

第三节 第二次日内瓦会议　163

小结　186

第五章 老挝中立的破产　188

第一节 1961—1964年美国与苏-中-越的印支政策　189

第二节 日内瓦会议中立机制的破产及老挝冷战的终结　198

小结　207

结论　209

参考文献　218

后记　227

绪 论

老挝是东南亚的内陆小国,绝大多数人口从事农业生产。1956年的一份调查显示,不到一半的老挝人知道他们生活的国家名叫老挝。1959年居住在万象以及各省省城以外的老挝人中,只有不到1/5的人知道他们国王的名字,而此时,国王已经在位56年了,到1960年,80%的老挝人从来没使用过老挝的货币基普(kip)。① 但是,这么一个落后狭小的内陆国却在20世纪50、60年代拥有着与其自身状况极不相称的重要地位:1954年中、苏、美、英、法等九个国家聚集日内瓦讨论印支议题,老挝成为会议印支问题阶段的一个焦点;1961年5月到次年7月,包括上述五大国在内的14个国家再度聚集日内瓦专门讨论老挝问题达14个月之久。1954—1962年在美国的东南亚外交政策议程中,老挝的地位不断上升:1953年10月美国才开始大量援助老挝,到肯尼迪上台时,美国已经承担了老挝国民预算的80%、军费的100%。② "到1960年美国向这片荒漠而原始的土地上倾注了将近3亿美元,这个数目按人口平均,每

---

① Charles A. Stevenson, *the End Of Nowhere: American Policy Toward Laos Since 1954*, Boston: Beacon Press, 1972, pp. 12 - 13.
② Arthur Dommen, *Conflict in Laos: the Politics of Neutralization*, New York: Frederick A. Praeger Publishers, 1967, pp. 104 - 105.

人达150美元,大于其他任何国家按人口平均所得到的援助……"①

1961年1月19日,美国总统德怀特·艾森豪威尔与即将上任的新总统约翰·菲·肯尼迪在白宫进行交接会晤。这次重要会晤没有太多的谈论柏林、古巴与越南问题。柏林问题从1958年起就紧紧牵动着美国高层的神经,担心会酿成一场世界战争;在新老总统交接之际,卡斯特罗已经上台并在距美国不到100英里的古巴建立起共产党政权;在越南此起彼伏的游击战正严重威胁着美国大力支持的吴庭艳政权的生存。然而,在1961年1月19日,所有这些问题比起老挝局势都黯然失色。艾森豪威尔和肯尼迪谈论得最多的是老挝的危机。

老挝何以会在冷战岁月中拥有如此突出的地位,在冷战中老挝与有关国家的关系如何?美国为何如此重视老挝?这些问题从20世纪60年代开始引起学者们的关注,直到今天其探索仍未停止。

一、20世纪90年代之前关于老挝与冷战的研究综述

20世纪60年代关于老挝与冷战的研究开始出现。最早的著作是1961年出版的《老挝的风暴:老挝当代历史》,作者西苏·纳·占巴塞(Sosouk Na Champassak)曾在梭发那·富马第2任政府期间担任政府大臣会议总秘书、培·萨拉尼空政府的宣传大臣。1955年1月到1956年8月,他参加了老挝王国政府与巴特寮(即寮共)领导人的所有谈判。他从一个右翼政客的视角以回忆录的写法展示了1947—1960年底老挝国内政坛风云不断,乃至陷入内战的历史过程。全书以老挝国内政治为主线,美国及其他相关国家未在书中占有太多笔墨。作者对巴特寮、民主越南和中国持批判态度,认为巴特寮是一场叛乱,"目的为搅乱整个国

---

① 小阿瑟·施莱辛格著,仲宜译:《一千天:约翰·菲·肯尼迪在白宫》,生活·读书·新知三联书店1981年版,第252页。

家"①,老挝政坛的风云迭起是外国干涉老挝内部事务所致。1969年伯纳德·福尔(Bernard Fall)出版了《解剖危机》。② 作者是一名记者,他试图解释老挝为何陷入内战,结论是艾森豪威尔政府对富马政权的削弱导致老挝陷入战争的灾难。

上述两部著作试图回答的问题是:50—60年代的老挝为何很不平静,其着眼点均在老挝国内。

1967年阿瑟·多曼出版力著:《老挝的冲突:中立的政治》。这是第一部从国际视角出发考察1954—1964年老挝与冷战之关系的著作。作者本人曾任美联社驻西贡新闻处负责人,亲身在老挝经历了该书涉及的历史时段。多曼在书中提出一系列有价值的课题:美援对老挝国内政治的影响、北越劳动党与巴特寮的关系、艾森豪威尔政府对老挝政策的失当等。尤为值得注意的是,多曼不仅考察了美国对老挝的外交政策,而且注意到中、苏、北越等社会主义国家对老挝政策的阶段性变化,以及中苏在印支地区存在的政策分歧。③ 当然,这些论述限于材料只能是浮光掠影式的。概而言之,多曼在书中提出以下几个方面的问题:其一,艾森豪威尔及肯尼迪政府对老挝政策的演变,考评其得失;其二,中、苏、北越对老挝政策的变化;其三,对外交上"中立"的概念进行探讨;其四,越南劳动党与巴特寮的关系;等等。这四个方面的问题为后来研究老挝与冷战的关系的学者所关注,并继续进行深入探讨。多曼这部著作具有开创性,它的视角是国际性的,其提出的一系列问题对研究老挝与冷战的关系起着奠基作用。当然,这本著作因其发表时间较早,有关资料未有解密,而显得很不成熟。特别是肯尼迪上台后对老挝危机的反应,其论述

---

① Sosouk Na Champassak, *Storm Over the Laos: a Contemprary History*, New York: Frederick A. Praeger, publishers, 1961, pp. 45-49, p.85.
② Bernard Fall, *Anatomy of a Crisis*, Garden City: New York: Doubleday, 1969.
③ Arthur Dommen, *Conflict in Laos: the Politics of Neutralization*, pp.179-181, p.202, p.221.

极其简略,看不到具体决策过程的相互勾连,只有淡淡几笔。① 关于第 2 次日内瓦会议的描述更是着墨太少②。另外,作者本人是记者而非史家,在叙述时无明确分析框架,仅是描述性地展示一段历史过程,且头绪繁多,内容芜乱纷杂,全书结构也较松散。它的价值主要在于提出的问题,而不是所给的答案。

20 世纪 60 年代,在关于老挝与冷战的研究领域,除了上述三部著作,还有两部回忆录也对此问题有所涉及。

其一是小阿瑟·施莱辛格撰写的肯尼迪总统执政情况的回忆录:《一千天:约翰·菲·肯尼迪在白宫》(以下简称《一千天》)。施莱辛格是美国著名历史学家,同肯尼迪关系极为密切。肯尼迪出任总统后,他担任总统特别助理,曾参与制定政府对老挝的政策。在白宫期间,他曾对重大活动写了日记,这部著作就是根据日记、文件、谈话和作者回忆写成的。该书 1965 年出版后受到重视,并获得普利策奖。《一千天》计有两章专门论述东南亚问题,第十章(共五节)《在东南亚的遗产》中有四节论述老挝问题、第十五章《对第三世界的新方针》中第三节为《肯尼迪和中立主义:老挝》。作者首先批判了艾森豪威尔政府的老挝政策:美援导致老挝城乡差距拉大、政治腐败,令巴特寮得以"在农村积蓄力量";美国中央情报局与国务院在老挝推行不相一致的政策,导致政策陷入混乱;作者更批判艾森豪威尔政府由于"拒绝选择(老挝的)中立派,迫使中立派和共产党人结成勉强的联盟,并促使苏联对巴特寮进行公开援助"③。

对肯尼迪上台后的老挝政策作者充满溢美之辞:肯尼迪政府改变了艾森豪威尔政府时期美有关部门各行其是的状况;肯尼迪政府克服重重困难支持在老挝建立联合政府;"肯尼迪以惯常的镇静渡过了这两个危机(指老挝与古巴危机)";"他的特点是克制的态度,坚定的意图,并注意

---

① Arthur Dommen, *Conflict in Laos: the Politics of Neutralization*, pp. 189 - 190.
② Arthur Dommen, *Conflict in Laos: the Politics of Neutralization*, p. 209.
③ 小阿瑟·施莱辛格著,仲宜译:《一千天:约翰·菲·肯尼迪在白宫》,第 252、253、255 页。

给对手留有余地而不致丢失面子"①。

对艾森豪威尔政府老挝政策的批判,施莱辛格在美援、政府政策混乱两个方面回应了多曼。对肯尼迪政府的对老政策,作者以参与者的身份披露出一些当时鲜为人知的关键材料:肯尼迪如何选择对老挝谋求中立、如何悄悄调动美国军事力量,以及与苏联外长葛罗米柯的会晤等。

全书语言简洁明快,不乏深度。在对老政策上全书的亮点是:批判艾森豪威尔政府的失误切中要害、披露了肯尼迪政府在老挝危机中几个关键性决定的做出。

但是遗憾的是这部著作关于老挝问题着墨不多,人们只能从作者简约的史笔下看到一个大致的轮廓,虽然在个别细节上作品折射出一些深度材料赋予的灵光。

1967年罗杰·希尔斯曼(Roger Hilsman)出版大作《推动国家:约翰·菲·肯尼迪政府外交政策中的政治学》(以下简称《推动国家》)。希尔斯曼在肯尼迪政府中起初担任国务院情报研究局局长,1963年接替哈里曼任远东事务助理国务卿,1964年1月因不赞成约翰逊政府以军事手段解决越南问题辞职。这部语言明快的著作共有十个部分,其中第四部分论述老挝问题,计四章。书中论述1954—1964年美国对老挝的政策推动其政坛不断右倾化,老挝政府先后经历了三种模式:富马式的真正中立的政府,培·萨拉尼空亲西方的中立政府,富米·诺萨万与美国等西方国家结盟的极右型政府。在美国对老政策的作用下,1954年日内瓦会议确立的老挝中立机制全被破坏,终致酿成1961年的老挝危机。

作者批判了美国对老挝经济、军事援助的失当,国务院、国际发展署与中央情报局、国防部的部门之争,导致美对老政策陷入一国三公的混乱局面。② 关于肯尼迪政府的对老政策,作品展示了政府高层对老挝危

---

① 小阿瑟·施莱辛格著,仲宜译:《一千天:约翰·菲·肯尼迪在白宫》,第257、266、267页。
② Roger Hilsman, *To Move a Nation: the Politics of Foreign Policy in the Administration of John F. Kennedy*, New York: Dell Publishing Co., Inc., 1967, pp. 112 - 114, p. 116.

机的反应过程:犹豫不定、政治军事双重努力、富米接受中立,南塔失守后肯尼迪政府又在军事、政治手段解决危机之间短暂摇摆,最后仍回到支持老挝中立的轨道上。

比起《老挝的冲突:中立的政治》,希尔斯曼有关肯尼迪政府与老挝危机的论述更为系统、准确,美国政府的反应过程充分呈示出来。且作者因亲历其事,各阶段的主要外交活动及重大决策均有交代。《一千天》中这方面的材料虽也不乏深度,但仅露一鳞半爪,整个论述给人以难窥全貌的感觉,而在《推动国家:约翰·菲·肯尼迪政府外交政策中的政治学》中,整个危机反应过程是清楚完整的。正因为如此《推动国家:约翰·菲·肯尼迪政府外交政策中的政治学》开辟了一个新的研究领域:肯尼迪政府与老挝危机。《推动国家》一书的成功之处还在于,对艾森豪威尔政府对老挝的政策形成明确的分析框架:美国推动老挝政坛不断右倾化,经历了中立、偏西方的中立与彻底右倾化三个层次分明的阶段。比起同期作品只有以年代推移为线索的史实堆积,该作品显得更为系统紧凑,实现了材料与逻辑的统一。

20世纪60年代是关于冷战与老挝的学术研究的奠基时期,该时期的学术探讨提出以下几个方面的问题:其一,艾森豪威尔政府对老挝的政策;其二,肯尼迪政府与老挝危机;其三、中、苏、北越对老挝的政策;其四,越南劳动党与巴特寮的关系。70、80年代的学术探讨在这些问题的基础上继续深入。

1973年查尔斯·A.史蒂文森(Charles A. Stevenson)出版《漫无目的:1954年以来的美国对老挝的政策》。该书论述了1954—1972年以来美国对老挝政策的演变。其重点是批判美国各有关部门在对老决策时"均强调本部门的政策立场,各部门对老挝形势的反应都是从本部门的视角来进行的"[①]。书中揭示了艾森豪威尔政府期间中央情报局驻老挝

---

① Charles A. Stevenson, *the End of Nowhere: American Policy Toward Laos Since 1954*, p. 246.

工作站与美国驻老挝大使馆之间相互拆台①,美国对老挝经援虽暴露出问题却因政府部门间相互推诿无人过问。② 萨拉尼空任政府首相期间,艾森豪威尔政府中大使馆支持老挝的老牌政客,但中央情报局支持富米,美国在老挝的计划评估办公室亦可绕开大使馆与决策层直接联系,大使馆对中情局、计划评估办公室活动所知不多等③。对肯尼迪政府的对老政策,涉及老挝国内政治力量的相互妥协和美国对有关力量的态度变化两个层面,比起以往作品仅论述肯尼迪政府的对老政策这无疑是一个进步,但因材料不足失之松散零碎。全书论述问题交代过快,且平均着墨,总体感觉如流水账一般罗列事实、平铺直叙。

在整个70年代,除《漫无目的:1954年以来的美国对老挝的政策》这部作品探讨美国的对老政策,其余研究均集中于共产党国家与老挝的关系。一位华裔美籍学人1970年发表《共产党中国对老挝的政策,一个个案研究:1954—1967》。该书把中国对老挝的政策演变概括为和平共处(1954—1957)、施加压力(1958—1960)、外交谈判(1961—1962)、政策重估(1963—1967)四个阶段。④ 书中引用的中方材料多出自中国官方媒体报道,如《人民日报》《红旗》《北京评论》等。彼时中国有关人员的回忆录、官方文献资料尚未问世解密,对中国外交政策的深入探讨离开这些深层材料显然是极其困难的。作品未能揭示中国对整体国际局势认识的变化,亦未展示此种认识怎样影响中国政府的印支政策,而这两个高级层面的因素恰恰是中国对老政策变化的重要推动因素。

---

① Charles A. Stevenson, *the End of Nowhere: American Policy Toward Laos Since 1954*, pp. 62 - 63.
② Charles A. Stevenson, *the End of Nowhere: American Policy Toward Laos Since 1954*, p. 50.
③ Charles A. Stevenson, *the End of Nowhere: American Policy Toward Laos Since 1954*, p. 85.
④ Chae-Jin Lee, *Communists China's Policy toward Laos, a Case Study, 1954 - 1967*, New York: Paragon Book Gallery, LtD, 1970, p. 11.

1970年保罗·菲·兰格(Paul F. Langer)与约瑟福·扎斯罗夫(Joseph J. Zasloff)又从一个新的视角考察共产党国家与老挝的关系:《北越与巴特寮:争夺老挝斗争中的伙伴》。作品的立意是探讨北越与巴特寮的关系。作者在材料搜集方面遇到巨大困难,老挝这方面的资料在50、60年代变动不宁的政治生活中多已散失,或毁于兵火。越南方面的材料更是可遇而不可求。作者曾亲赴老挝实地搜寻资料,晤见老挝居民、前巴特寮部队的俘虏等,制作了许多会晤材料。全书只勾勒出北越与巴特寮关系的概貌,有些地方较为详细(如巴特寮在初创阶段与北越之关系),多数部分失于简约。材料不足成为探索北越与巴特寮关系的最大障碍。作品未能展示越南劳动党与老挝共产主义运动的组织关系如何,仅提出这一问题①;1955—1957年在建立老挝联合政府问题上北越对巴特寮产生何种影响;1961—1962年日内瓦会议期间北越与巴特寮的关系等,这些关键性问题作品均未能回答。客观地说,这是一部令人遗憾的著作:在一个颇具吸引力的书名下提出一些未予回答的问题。面对这部著作我们称赞的只能是作者的理论勇气。

1973年,1961年起担任国际监控委员会代表团成员的波兰代表马立克·西(Marek Thee)推出力著《见证人手记:老挝与第二次印度支那战争》②。此书大部分材料出自作者在任驻老挝国际监控代表团代表期间撰写的现场笔记、一日总结、对话讨论记录等。这是一部国际监控代表团代表的回忆录。由于作者是波兰代表,回忆录对揭示1961—1962年日内瓦会谈期间共产党阵营国家,特别是中、苏、越南民主共和国及巴特寮间的互动关系极有价值,这也是迄今为止唯一一部专门披露社会主义阵营在第二次日内瓦会议期间外交活动的著作。

---

① Paul F. Langer and Joseph J. Zasloff, *North Vietnam and the Pathet Laos: Partners in the Struggle for Laos*, Massachusetts: Havard University Press, 1970, pp. 95 – 96.
② Marek Thee, *Notes of a Witness: Laos and the Second Indochina War*, New York: Random House, 1973.

1970年代,关于冷战与老挝的研究集中在探讨共产党国家50、60年代对老挝政策的变化。

1986年扎斯罗夫与麦卡利斯特·布朗(MacAlister Brown)又推出著作:《学徒革命者:1930—1985年的老挝共产主义运动》①。与上部著作一样,囿于材料,该书未能展示老挝共产主义运动发生、发展的全貌。老挝共产主义运动到底与越南共产主义运动的关系怎样,后者是怎样指导、推动前者的,这个重要问题仍未回答。1987年美国前驻阿富汗的一名外交官诺曼·汉纳(Norman B. Hannah)发表著作《失败的主要原因:老挝与越南战争》。作者根据其外交亲历,揭示1961—1962年老挝危机期间,在对南越、老挝国内存在问题的性质判断上,美国高层含混不清:一说问题性质是政治性的,一说为军事性问题。肯尼迪则在两者之间摇摆不定②。作者认为,一旦老挝实现中立,外国力量即无法取道老挝大力支持南越共产党力量,美国在南越遇到的问题将主要是政治性的:维持社会稳定与获取民众支持。③ 这是一部颇有见地的著作。

二、20世纪90年代以来有关老挝与冷战的研究状况

90年代,在老挝与冷战的研究领域开始出现一些可喜的现象:其一,有关著述大量使用中、美、英等国的外交档案。这令论著立论更为坚实可信;其二,著述视角更为宏大,对老挝与有关国家关系的研究开始突破仅限于双边关系,特别是把中国、苏联、北越等社会主义国家与老挝的关系作综合考察;其三,开辟了一个新的研究领域,中央情报局在老挝的活动;其四,前期研究的一些观点开始为后来解密的档案材料所证实。这

---

① MacAlister Brown, *Apprentice Revolutionaries: the Communist Movement in Laos, 1930-1985*, California: Hoover Institution Press, 1986.
② Norman B. Hannah, *the Key to Failure: Laos and Vietnam War*, New York: Madison Books, 1987, p. 24.
③ Norman B. Hannah, *the Key to Failure: Laos and Vietnam War*, p. 34.

些现象的出现表明对冷战与老挝关系的研究日益走向全面、深入与准确。

进入 90 年代,美国国务院系统解密了关于老挝与冷战的国务院对外关系文件集(Foreign Relations of the United States,以下略为 FRUS)。其内容涵盖了 1954 到 1964 年的相关文件。① 这批档案为认识美国政府在 1954—1964 年的印支地区冷战政策提供了扎实的史料依据。90 年代以来美国学者还推出一批力作:1997 年罗杰·沃纳(Roger Warner)出版《后方的炮火:中央情报局在老挝的秘密战争及其与越南战争的联系》②。作者展示美国中央情报局 1961 年以来对老挝苗族武装的支持。中央情报局在老挝的活动在 1957 年就已卓有成效,建立起完备的情报网络,1958 年又帮助建立以年轻政治精英为主体的政治组织:"捍卫国家利益委员会"。③ 此后美中情局又向老挝军方渗透,与富米建立起密切关系。美中情局对老挝苗族的支持只是其在老挝活动的一个部分,且这支武装力量并未发挥大的作用。但不管怎样,这部作品为老挝与冷战的研究提出一个新的课题:冷战时期美国中央情报局在老挝的活动。

1997 年一位美籍新加坡学者推出力作《越共与中国、第二次印支冲突的关系:1956—1962》④。全书体例是编年史,以 1956 年为起点,研究了 1956—1962 年的中越关系,其中部分章节涉及老挝问题。作者详细论述了此间中越在外交政策上的变化及其与中苏关系的联系,老挝问题则放在这一大背景下考察,这对于深化社会主义国家对老政策的认识大

---

① 美国国务院 1990、1992、1994、1998 年分别解密了以下档案集:FRUS 1955 - 1957,volume. 21,FRUS 1958 - 1960,volume. 21,FRUS 1961 - 1963,volume. 24,FRUS,1964 - 1968,Vol. 28。

② Roger Warner, Back Fire: the CIA's Secret War in Laos and Its Link to the War in Vietnam, New York: Simon &. Schuster, 1995.

③ Charles A. Stevenson, the End of Nowhere: American Policy Toward Laos Since 1954, p. 43, pp. 63 - 65.

④ Angchengguan, Vietnamese Communists' Relations With China and the Second Indochina Conflict, 1956 - 1962, North Carolina: Mcfarland. &. Company, Inc., Publishers, 1997.

有助益:北越的老挝政策和中国的外交政策、中苏关系的变化是密切联系着的。在冷战大背景下,老挝与有关社会主义国家的关系不是简单的、可以相互分离的双边关系,对此问题的考察必须突破双边关系的框架,采取更为宏大的国际视角。在档案材料的使用方面,著作除大量使用已解密的美国对外关系文件集(*Foreign Relations of the United States*,以下略为 *FRUS*),还使用了英国外交部解密档案(*Foreign Office*,以下略为 *FO*);中文材料则不仅使用中国政府官方媒体报道,还运用了有关人员的回忆录、中方 90 年代解密的一些珍贵文献。

特别值得一提的是 1999 年 4 月,哈佛大学历史系博士研究生乔治·克理斯脱夫·伊利亚德斯(George Christopher Eliades,Ⅱ)在导师厄内斯特·梅、入江昭指导下撰写出博士论文《美国在老挝的决策:1942—1962》①。论文试图解决美国为何卷入老挝这一问题。其主要观点是美国在老挝的卷入是因为美国政府中有关机构在对老政策上相互争夺主导权,从而导致决策混乱、相互拆台,终致美国在老挝越陷越深、不能自拔。客观地说,论文观点在查尔斯·史蒂文森的著作《漫无目的:1954 年以来的美国对老挝的政策》中已经提出,但在这篇论文中作者把此观点上升为全篇主线,并大量使用 90 年代解密的美国外交文件档案(主要是 *FRUS*)作支撑,使这一观点立论坚实、持之有据。

2000 年华裔美籍学者翟强教授发表:《中国与越南战争:1950—1975》一书②,这部著作广泛使用了中、美等国的档案文献,特别是对有关中国方面文献的引用丰富了对印支冷战的研究。此书一改此前美国学者在研究印支地区冷战时不能通过使用中国文献展示中国在印支冷战中的作用的不足,凸显了中国在印支地区冷战中的地位,从而有力深化

---

① George Christopher Eliades,Ⅱ,the *United States Decision-Making in Laos*,*1942 - 1962*,phD.,diss,Harvard University,1999.
② Qiangzhai,*China and the Vietnam Wars*,*1950 - 1975*,the University of North Carolina Press:Chapel Hill,2000.

了美国学术界对此地区冷战的研究。

随着苏联的解体,俄罗斯也在 90 年代解密了一批涉及中、苏、越等国关于印支冷战的档案材料。① 这批档案的解密为认识中、苏、越等国关于印支冷战的决策提供了重要的历史依据。90 年代以来中国也出现了一些档案材料及当事人的回忆录,对认识中国与印支冷战的关系大有裨益。② 另外中国一批学者在借鉴中、美等国档案文献的基础上发表了一些中国与印支冷战的关系的著作和文章。其中较为重要的有:《中越关系演变四十年》《中国与印度支那战争》《大外交家周恩来》等③。90 年代中国学者对印支地区冷战的研究文章也值得重视。④

进入 21 世纪,关于老挝与冷战的讨论仍在深入进行着。2001 年,在沉寂多年以后多曼推出一部 100 余万字的力作《法美在印度支那的经历:老挝柬埔寨越南的民族主义和共产主义》。多曼对此部著作寄望甚高,试图象修昔底德展现 27 年的伯罗奔尼撒战争史那样展示 1945—1975 年 30 年间的印支地区冷战历史。⑤ 但全书涉及美国、法国和越南、老挝、柬埔寨五个研究主体,整体结构松散不系统,仅停留在就事论事的

---

① 较为重要的文件集为苏联外交部的 *Archive of Foreign Policy of the Russian Federation*。
② 中方比较重要的传记文献包括:逄先知、金冲及主编《毛泽东传》(上、下),中央文献出版社 2007 年版;金冲及主编《周恩来传》,中央文献出版社 1998 年版。《陈毅传》编写组《陈毅传》,当代中国出版社 1995 年版等。
③ 郭明:《中越关系演变四十年》,广西人民出版社 1992 年版;李连庆:《大外交家周恩来》,香港天地图书有限公司 1994 年版;李丹慧编:《中国与印度支那战争》,香港天地图书有限公司,2000 年版。
④ 这方面的文章包括:杨奎松《中国与印度支那战争》,载李丹慧编《中国与印度支那战争》;曲星《中越在印度支那战争中的策略差异》,载李丹慧编《中国与印度支那战争》;陶文钊《遏制与反遏制:日内瓦会议上印支问题的和平解决回顾》,载《中共党史研究》1998 年第 2 期;原祖杰《关于美国卷入越南战争的几个问题》,载《世界历史》1990 年第 3 期;袁小红《论艾森豪威尔政府的越南政策》,载《东南亚纵横》1991 年第 4 期;姚椿龄《美国与东南亚条约组织的建立》,载《美国研究》1995 年第 3 期;周军《50 年代中期美国对越南的军事与外交渗透》,载《安徽师范大学学报》1997 年第 1 期等。
⑤ Arthur Dommen, Introduction of *The Indochinese Experience of the French and the Americans: Nationalism and Communism in Cambodia, Laos and Vietnam*, Bloomington: Indiana University Press, 2001, p. IX.

叙述上,且语言拉杂拖沓。美国《外交史》杂志有专文对其进行了批判。2003年伊亚·盖杜克(Iiya U. Gaiduk)出版《对抗越南:苏联对印度支那冲突的政策:1954—1963》①。书中第7、8两章专门论及老挝问题。著作的引人入胜之处是大量使用苏联解密档案,这批档案极大地充实了对苏联印支政策的认识。从苏联印支政策的视角考察印支冷战是本书的主题,在此背景下,老挝问题的研究更具国际史的特色。特别值得一提的是,2006年中国外交部解密并系统出版了关于1954年日内瓦会议的档案文献。② 2002年中国又推出一部反映中国军事顾问在第一次印支战争中的作用的著作:《中国军事顾问团援越抗法实录:当事人的回忆》。③

20世纪60年代以来关于冷战与老挝的学术研究大致经历了这样的历程:60年代为奠基阶段,提出一系列有价值的问题:美国对老挝的政策,又可分为艾森豪威尔政府的老挝政策及肯尼迪政府对老挝危机的反应两个研究范畴;中、苏、北越与老挝的关系。70年代的研究重点是社会主义国家对老挝的政策,主要包括中国对老挝的政策变化、北越共产主义力量与老挝共产主义力量间的关系、社会主义国家在第二次日内瓦会议期间的外交活动等。80年代则考察了1961—1962年的老挝危机与越南局势的关系,有关北越与巴特寮的关系也继续探讨。90年代以来,学人一方面回应着前期研究中对美国对老挝政策的批判,另一方面在美国解密档案的基础上令这种批判更加准确与坚实可信。同时,有关社会主义国家与老挝的关系也发掘出有价值的档案材料,并作了综合的考察;再有,中央情报局在老挝的活动也开始披露。进入21世纪以来,苏联解密档案对深化苏联与中国、越南在印支地区的关系的认识产生极大助益,社会主义国家对老挝政策的背景材料也更为充实。在研究方法上,

---

① Iiya U. Gaiduk, *Confronting Vietnam: Soviet Policy toward the Indochina Conflict, 1954 - 1963*, Washington D.C.: Woodrow Wilson Center Press, 2003.
② 中华人民共和国外交部档案馆编:《1954年日内瓦会议》,世界知识出版社2006年版。
③ 本书编写组:《中国军事顾问团援越抗法实录——当事人的回忆》,中共党史出版社2002年版。

90年代末以来老挝与有关国家关系的研究开始突破双边范畴,更具国际史研究的特色。

目前关于老挝与冷战的学术研究大致分出以下几个研究范畴:其一,美国对老挝的政策演变;其二,中国对老挝的政策;其三,北越与老挝的关系;其四,美国中央情报局在老挝的活动;其五,中、苏、北越关系的变化及三国对老政策的影响。

这五个范畴的研究中较丰富的是关于美国对老挝政策的演变,但缺憾是研究仅限于美老双边,特别是在试图回答美国为何卷入老挝这个问题时,完全抛开中国、北越、苏联等有关国家,单纯从美国对外政策本身找原因是很不够的。

三、论著探讨的问题

本书试图在几个关键问题上深入分析和研究以老挝为主要舞台的冷战。第一,以老挝为中心的冷战,其本质内容是什么?前人成果或探讨美国对老政策之演变,或研究社会主义国家(中、苏、越)的对老政策,但均未能对老挝与冷战的关系作以准确、全面的界定。老挝与冷战的关系其本质到底是什么?具体内涵是什么?这些具有全局性、根本性的问题一直无人给出答案,因此在冷战背景下,以老挝为舞台的国际关系的跌宕起伏其实质内容未能揭示出来。这个问题不能解释清楚也就无法真正理解东西方有关国家以老挝为中心的较量,其分歧与矛盾的焦点何在,双方要达到何种政策目标。

第二,老挝作为东南亚地区一个落后狭小的内陆小国,为何会引起中、苏、美、英、法、越南等大国和地区大国的高度重视,老挝在印支冷战中的价值与地位是什么、老挝对于越南问题、美国的印支政策、中国等国家究竟具有何种价值,引得大国在老挝角逐较量达十余年之久。

第三,中、苏、越与美国等国家的印支政策和对老政策相互间存在何种互动关系？由于中、苏、越等国的档案解密较晚,关于老挝与冷战的前期研究成果中对中国、苏联、越南的地区政策及对老政策的论述很不充分,以老挝为中心的冷战,主要是在论述美国的地区政策、对老挝的政策,而对双方的政策互动无法揭示。冷战是双方互动的产物,不能对东西方两个方面的政策进行系统论述,以老挝为中心的冷战其历史过程的揭示必然是片面的,不可能展示出其全貌。

第四,美国与中、苏、越等国的整体外交政策与各自的印支地区政策的关系是什么？有关大国对老挝的政策是在整体外交政策与印支地区政策确定后产生的,不能很好地阐述有关国家前两个层面的政策,关于它们对老挝政策的论述就成为无源之水、无本之木。

第五,在以老挝为中心舞台的冷战中,东西方阵营有关国家间在政策上是否存有分歧,这些分歧的影响是怎样的？20世纪50年代中期到60年代中期,恰逢东西方两大冷战阵营各自调整内部关系的历史时期,特别是从50年代末期起社会主义阵营内部中苏两国出现严重分歧,中苏对国际形势的认识出现巨大歧义,两国关系经历着从盟友走向敌对的历程。这对两国的印支政策有何影响？在对老政策上双方又进行了怎样的调整？中、苏、越三国的关系发生了何种变化,这种盟友关系的变化和调整又是怎样影响到三国的印支政策和对老政策的？这些问题前人论述甚少,但在印支地区冷战的研究中这些内容不可或缺。从西方阵营来看,50年代中期起,在印支地区,法国的势力逐渐为美国所替代,经历了第一次印支战争的法国竭力避免在印支再次面对战争,在印支冷战中,法国、英国的政策与美国并不总是和谐一致,英、法与美国的分歧令东南亚条约组织几乎无法发挥作用。东西方阵营内部有关国家的合作和分歧对印支与老挝的冷战产生重要影响,对于东西方在印支地区的对抗,在不同的阶段各自阵营内部既有国家主战,也有国家主和,东西方阵营内部的分歧限制了有关大国的政策选择,大国对老挝的政策游移不定,大国关系间的多边互动令以老挝为中心的冷战呈现不稳定的特点,老挝的冷战中既有国家要求避免战争,也有国家试图突破冷战界限进行热战尝试,以老挝为中心的冷战中蕴涵着热战的种子,这极大地增加了在老挝的冷战的复杂性,结果在第一次印支战争停火的基础上拉开帷幕的老挝的冷战,在经历了十年左右的较量之后,又以热战而告终结。对于老挝冷战的这一特点,前人的关注是极其缺乏的。

第一章 1954年：老挝冲突的起点

老挝地处印支地区东西方冷战的前沿，在第一次印支战争中，老挝对越南战场的重要地位就十分凸显。1954年日内瓦会议上在构建未来印支地区政治、军事格局的外交努力中，东西方提出不同的政策构想，以对抗为特征的美国的印支政策与以和平共处为特征的中、苏等国的印支政策平行展开激烈较量，最后中苏等国的和平共处的政策团结了老挝，构建起老挝的中立。

第一节　老挝简要情况

老挝是东南亚的内陆小国，面积23.68万平方公里，相当于俄勒冈洲的大小。老挝全境地势北高南低，全国自北而南分成上寮、中寮、下寮三部分。上寮包括丰沙里、会晒、琅勃拉邦、桑怒、川圹、沙耶武里六省；中寮包括万象、甘蒙两省；下寮包括沙湾拿吉、沙拉湾、巴色、阿速坡四省。山地、高原占老挝全国总面积的80%。老挝气候为热带气候，每年分为雨季（5—10月）、旱季（11—4月）。

根据 1968 年联合国《统计年鉴》，当年老挝人口为 276.3 万。[①] 20 世纪 60 年代，老挝 90% 的人口为农民。老挝人口不稠密，这在亚洲是少见的。老挝民族有 60 多个，通常分为三大族系：老龙族、老听族、老松族。老龙族为主体民族，分布在老挝平原地区。老听族是第二大民族，主要分布在中寮、下寮的山区里。老松族包括苗、瑶、姆苏等民族，大多居住在上寮地区 1500 米的高山上。其中苗族是在 19 世纪中期从中国进入老挝的。[②] 在老挝，苗族、瑶族占人口的 6%。在越战时期，老挝人均收入为每年 50—67 美元，文盲率为 12%，全国现代医生只有十人，公路总长 3600 英里。[③] 复杂的民族成分、语言及宗教背景，加上现代交通、通信工具的缺乏，老挝的民族统一十分困难。

14 世纪老挝王国作为一个统一的国家出现，都城为琅勃拉邦。1353 年法昂统一老挝，建立澜沧王国，这是老挝历史上第一个统一的多民族国家，存在了三个半世纪，18 世纪初分裂为三个王国：琅勃拉邦王国、万象王国、占巴塞王国。1778、1828 年万象两度为暹罗抢掠。老挝古代史的下限是 1893 年沦为法国保护国，直到 1954 年，称"法属时期"，法属时期老挝的三个传统王国依然存在，其中琅勃拉邦王国的国王是老挝的最高统治者，其他两个王国的国王称为亲王，国王仍然是老挝形式上的最高统治者，但实权都在法国驻扎官手里。

一、老挝伊沙拉运动的兴起及分裂

法国认为从老挝不能获得多少利益，因而对老挝的改造致力不多。在老挝的法国人不过几百个，唯一重大影响是把法语引入老挝成为其官

[①] *United Nations Statistical Yearbook 1968*, New York: United Nations, 1968, cited from "Introduction", in Chae-Jin Lee, *Communist China's Policy Toward Laos: A Case Study, 1954–1967*, New York: Paragon Book Gallery, Ltd., p. x.

[②] 杜敦信、赵和曼主编：《越南老挝柬埔寨手册(1988)》，时事出版社 1988 年版，第 290—294 页。

[③] See *Fact Sheet* (Vientiane: USAID/Laos, 1967), pp. 1–11.

方语言。由于老挝社会民族成分复杂，且各民族间缺乏融合，老挝人民统一的国家与民族意识十分缺乏，除了少数在越南或法国接受教育的精英人士，民族主义在老挝没有太多民意基础。"二战"后亚洲的民族主义是强大的力量，共产主义运动成功与否在很大程度上取决于它对民族主义的影响力，能否把民族主义纳入共产主义运动的轨道。① 但在老挝，这是个例外，老挝反法民族主义情绪并不强烈，这与越南形成鲜明对比。老挝的一位精英人士农·阿贝(Nhouy Abhay)说道："可以在1940年代充满自信地宣称，老挝人基本上很少关心国家事务，通讯设施的缺乏、法人50年的保护国地位，这些已经烙印在老挝人灵魂深处，并令老挝人民在不负责任的软床上酣睡不醒"。②

1940年法国在"二战"中的失败令老挝的一些精英开始考虑老挝的前途。这一年50名老挝青年，大部分是老挝唯一的大学Pavie大学的学生，在万象制造了一起反法政变，但这些失败者被逐出老挝，逃亡泰国，这是老挝第一个有案可查的独立运动。1945年9月15日，老挝首相佩差拉亲王不顾国王反对在万象宣布老挝的统一和独立。10月12日，万象群众举行宣布独立的庆典，会上宣布了临时宪法及组成以坎冒为首相的新政府，老挝伊沙拉政府，"老挝伊沙拉"的意思是"自由老挝"。在新政府中佩差拉亲王同父异母的弟弟梭发那·富马任工程部部长，苏发努冯任外交部长。苏发努冯生于1909年7月13日，与富马、佩差拉均是老挝汶孔亲王的同父异母的儿子。1937年苏发努冯在巴黎大学完成学业，次年回到印支，1945年回到老挝。苏发努冯与越南人的接触超过其与老挝人的接触，他的太太是越南人。老挝伊沙拉政府成立后，11月开始前来镇压的法军逐渐向其进逼。1946年4月2日，伊沙拉政府迁往琅勃拉

---

① Paul F. Langer and Joseph J. Zasloff, *North Vietnam and the Pathet Laos: Partners in the Struggle for Laos*, Massachusetts: Harvard University Press, 1970, p. 18.
② Paul F. Langer and Joseph J. Zasloff, *North Vietnam and the Pather Laos: Partners in the Struggle for Laos*, p. 24.

邦,5月13日,法军占领琅勃拉邦,伊沙拉政府许多内阁成员逃亡泰国避难,史称此次运动为"老挝十月独立运动"。

流亡泰国的老挝伊沙拉政府很快陷入分裂,佩差拉亲王为首的一部分人主张以老挝自己的力量赢得独立,而以外交大臣苏发努冯亲王为首的一部分人希望借助于外国力量赢得老挝的独立。这其中特别值得一提的是伊沙拉政府外交大臣、国防大臣与伊沙拉武装力量总司令(该武装力量不过几百人)苏发努冯。现有材料表明,苏发努冯从不认为单凭老挝自身力量即能从法国统治下赢得独立。他与胡志明一样,认为印支三国人民必须齐心协力才能取得独立与统一。① 苏发努冯在1945年夏日本投降时已与越盟正式取得联系,1945年秋苏发努冯在越南独立同盟士兵的保护下回到老挝参加伊沙拉运动。富马曾这样评论苏发努冯:"1946年苏发努冯看问题即与我们不同,他深受他的越盟朋友们的影响,渐渐地完全受控于他们。"②1946—1949年晚些时候,苏发努冯在曼谷曾与美国人进行接触,希望得到美国援助,但当时美国对奉行干涉法国殖民地的政策没有兴趣,拒绝了苏发努冯的援助请求。③ 苏发努冯随后向泰国政府求助,但泰国政府对其与越盟的联系及政治倾向上的"左"的趋向表示不信任,越盟成为老挝伊沙拉运动的主要援助来源。越盟向老挝伊沙拉运动出钱出枪。在泰国的老挝伊沙拉运动领导人不得不承认,其运动的大部分财政援助来自越盟在曼谷的代表,由其直接拨给苏发努冯。1946年9月,法国已经完全控制老挝,老挝独立运动十分需要外援,此间越盟给予老挝反法活动以主要支持。1946到1949年间,苏发努冯十分活跃,他的许多同伴在他身上感到"非老挝人"的个性特征,并令他们想起越南人的性格。苏发努冯很少服从佩差拉亲王的权威,象一个独

---

① Paul F. Langer and Joseph J. Zasloff, *North Vietnam and the Pathet Laos: Partners in the Struggle for Laos*, p. 32.
② From a speech reported in *Lao Presse*, November 3, 1967, cited from ibid., p. 31.
③ Paul F. Langer and Joseph J. Zasloff, *North Vietnam and the Pathet Laos: Partners in the Struggle for Laos*, p. 232.

立的领导人那样活动,傲慢与桀骜不驯常常使他轻视自己的老挝战友。

在支持老挝流亡曼谷的伊沙拉政府活动的同时,1946年夏天越南独立同盟在老挝境内发动、支持成立了东老挝抵抗委员会,它的成员中有些成为后来巴特寮运动的领导人。这一抵抗委员会在越盟支持下逐渐发展壮大,活动范围为越老边界地区。越盟对老挝境内反法武装的援助方式是出钱、米、枪、弹药,在一定条件下还派出顾问,有时对老挝的反法武装提供保护。从1947年晚期起,老挝境内的反法武装力量在苏发努冯与越南独立同盟要求下从老挝西部向东部转移,也即是说逐渐离开泰国而更靠近越南。① 1948年底、1949年初,老挝境内抗法力量建立起东南、东北军区,主要活动地区在桑怒省。

1949年,法国政府指示万象政府与老挝伊沙拉流亡政府和解,邀请其成员参加万象政府。许多伊沙拉政府成员对此反应积极,并在1949年晚期回国,这其中包括梭发那·富马亲王,但佩差拉亲王直到1955年才回国。

1949年1月20日,反对回国参加万象政府的苏发努冯宣称建立起只对自己负责的老挝伊沙拉武装力量,3月26日,苏发努冯的一封信正式宣布其不参加万象政府,在信中这位亲王指责"老挝人民天性中存在着听之任之、不做抗争的倾向,这一倾向将导致老挝人民只能处在亚洲苦力的低贱地位上,不会享有领土、自由,不会取得民族独立",并声称要打击法国殖民主义者。亲王认为,他没有把老挝出卖给胡志明的越南,在法国压力面前,只有从越盟得到援助才能在老挝东部保持一个民族解放战线。② 正是在如何对待越盟、是继续接受越盟支持还是参加万象政府等问题上,苏发努冯与伊沙拉运动其他领导人达不成一致,分道扬镳。

---

① See the official Communist publication *Su That*[*Truth*], No. 154, *Hand in Hand with Viet-Nam for Freedom*, p. 18, cited from Paul F. Langer and Joseph J. Zasloff, *North Vietnam and the Pathet Laos: Partners in the Struggle for Laos*, p. 39.
② 该信用法文写成,为Nhouy Abhay家族所拥有,编号是No. 3235/KT,机密。此信是写给佩差拉亲王的。引自ibid., p. 232 - 233, Note 36.

5月6日,老挝伊沙拉政府正式把苏发努冯从其政府中驱除。富马亲王回首1949年春的事情时写到:"分歧已达到如此地步,我们的政府(指伊沙拉政府)厌倦了苏发努冯从越盟那儿接受的对我们的役使,1949年5月把他逐出政府,从那时起,苏发努冯的命运已经注定,他成了北越的附属品。"①1945到1949年间,老挝与法国的关系发生一些变化,1947年5月11日,老挝国王西萨旺·冯颁布了由法国帮助起草的宪法,根据新宪法规定,老挝在法兰西联邦中获得了一个独立国家的地位。1949年7月19日《法老协定》签字,给予老挝在法兰西联邦内的独立,可是法国仍然掌握着这个国家的国防和外交大权。老挝并未摆脱法国附庸的地位。②10月25日,老挝伊沙拉政府解散,大部分成员回国参加老挝政治生活。

二、巴特寮的兴起

1949年11月,苏发努冯在伊沙拉运动解体后去了距河内70英里的宣光,在宣光越南独立同盟总部会晤到胡志明。据亲王的一位随行人员回忆,亲王向越盟提出给他以军事、经济支持。武元甲在会晤中向苏发努冯建议乡村地区是取得战争胜利的决定性地区。③ 随后,在越盟支持下苏发努冯组建寮国抗战政府。1950年8月13日,寮国抗战政府举行成立大会。会议发表了12点宣言,在宣言末尾提出"巴特寮"一词,既指从法国统治下解放的老挝解放区,也指老挝苏发努冯为首的共产主义组织。"巴特寮"一词在1954年日内瓦会议上得到国际社会的广泛使用。苏发努冯任抵抗政府首相兼外交部长。会议上的12点宣言主要内容为:其一,驱逐法国殖民主义者,反对国际帝国主义干涉;其二,与法国支

---

① 此话摘自梭发那·富马首相1967年11月2日在堪培拉的一个讲话,也可见老挝官方消息 *Laos Presse* of November 3, 1967.
② [泰国]姆·耳·马尼奇·琼赛:《老挝史》(下册),福建人民出版社1974年版,第424 - 425页。
③ Arthur J. Dommen, *Conflict in Laos: the Politics of Neutralization*, Frederick A. Praeger Publishers: New York, 1967, p.69.

持的万象政府组建联合政府;其三,成立寮国战斗部队;其四,强调与越南、高棉人民的团结。① 这次会议成立了"寮国自由阵线"取代了老挝伊沙拉运动,并成立新的抵抗政府,苏发努冯任首相,凯山·丰威汉任国防部长,诺罕·冯沙万任财政部长,富米·冯维希任内政部长。值得一提的是,这次会议有两名越南顾问指导了新的抗战政府的内政外交方针的制定。巴特寮认为自己是老挝伊沙拉运动的继续,仍以10月12日为老挝独立日。此时对巴特寮的称谓还有"寮共""老挝自由民族统一战线"。

关于越南党与巴特寮的关系问题。虽然印支共产党在1945年宣布解散,但实际上其活动一直秘密持续到1951年2月,当月11日至19日召开了印支共产党第2次大会,决定以越南劳动党的名义公开出现。② 印支共产党的前身是1930年1月6日阮爱国(胡志明的原名)在香港成立的越南共产党,10月越南共产党中央常务委员会在西贡举行会议,把越南共产党更名为"印度支那共产党"。1931年2月6日越共主办的报纸《工农兵报》这样解释更名的原因:"既然革命的敌人有一支遍布整个印度支那的集中的统一的力量,那么共产党也只有把印度支那无产阶级的力量集合到印支无产阶级领导的统一的战斗行动中来,才能抗击敌人。因此,越南共产党必须改名为印度支那共产党"。③ 事实上,在1930年到1931年的整个印支地区革命高潮中,印支共产党还没有在老挝和柬埔寨建立党部。1935年3月在澳门召开的党的第一次全国代表大会上,已经有老挝和柬埔寨的党代表出席会议。④ 这次会议指出印支共产党面临的三大主要任务是:巩固和发展党组织,广泛争取群众,反对帝国

---

① Arthur J. Dommen, *Conflict in Laos: the Politics of Neutralization*, p.70.
② Texts of party documents adopted at the congress in Cameron, cited from Arthur J. Dommen, *The Indochinese Experience of the French and the Americans: Nationalism and Communism in Cambodia, Laos and Vietnam*, Indiana University Press: Bloomington, 2001, p.203.
③ [越南]陈辉燎:《越南人民抗法八十年史》(上册),生活·读书·新知三联书店1974年版,第47页。
④ [越南]陈辉燎:《越南人民抗法八十年史》(上册),第48页。

主义战争。① 1941年5月19日党的八中全会决定组织"越南独立同盟"（简称"越盟"），以便发动广泛的爱国运动，建立革命根据地，准备武装起义夺取政权。1944年12月22日，组建了"越南解放军宣传队"（后改为越南人民军），逐步开展游击战争，扩大革命根据地。1945年8月，印支共产党中央决定趁日寇投降的有利国际条件发动总起义，夺取全国政权，领导越南人民取得"八月革命"的伟大胜利。1951年2月11日至19日，印支共产党在宣光省沿化县召开第二次全国代表大会。大会通过新的党纲、党章，新党纲提出："越南是民主阵营在东南亚的前哨。"②"越南人民愿与寮国及高棉人民长期合作，在三个民族自愿原则下，进一步实现独立、自由、富强的越南、寮国、高棉联邦。"③大会决定将"印支共产党"改名为"越南劳动党"，并从3月3日起公开党的活动。对于把印支共产党更名为越南劳动党，越南党内一些中层干部不能理解，认为这是否意味着越南党放弃了越南以外的印支地区的共产主义利益，一份时间为1951年11月1日，密级为"绝密"的越南党内文件对此作出解释："三国各自建立自己的政党不损害印支的革命运动……越南党保有监督老挝、柬埔寨兄弟党的权力。越南劳动党中央执行委员会委托柬、老共产主义政党负责帮助本国的革命运动。越南劳动党定期召开三党会议，讨论涉及共同利益的问题，越南劳动党谋求建立越南-高棉-老挝统一阵线，从军事上讲，越、柬、老构成一个战区。"④1951年2月19日《劳动党宣言》阐述："越南党保有监督柬、老兄弟党活动的权力。印支共产党的名称如保持下去，可能会损害越南人民的革命给柬、老革命的支持，柬、老的民族主义分子会怀疑越南想控制柬、老。"文件接着论述："鉴于三国为一个

---

① 杜敦信、赵和曼主编：《越南老挝柬埔寨手册》，第76页。
② 《新华日报》1951年4月号第1287页。
③ 《越南劳动党纲领》，人民出版社1953年版，第13页。
④ Quoted in Department of State, *The Situation in Laos*, Washington: September, 1959, pp. 2-3, cited from Arthur J. Dommen, *Conflict in Laos: the Politics of Neutralization*, p. 72.

战区,以后如情况允许,越、柬、老三国的革命党将组成一个单一的党:越南-高棉-老挝联邦党。"①此时,印支共产党在老挝有2091名党员,其中31人是老挝人;1784名党员在柬埔寨,150名是柬埔寨人。② 越南《劳动党宣言》还提出了印支联邦思想:"为了三国人民的共同利益,越南人民愿意与老挝、柬埔寨人民进行长期合作,并在三国赞同的基础上形成一个独立、强大、繁荣的越南、老挝、柬埔寨联邦国家。"③在越南劳动党成立后,苏发努冯与孙德胜(越南劳动党人)等人举行会议,宣布越-柬-老同盟成立,共同为反对法国殖民主义者与美帝国主义者而奋斗。这一巴特寮与越南劳动党的同盟为越南志愿军进入老挝铺平了道路。曾被巴特寮派往万象政府的一个政治代表团的秘书凯温·科拿空(Kavinh Koenakorn)上校在叛变后提供了一些越南党控制巴特寮的情况:"越南人绝对控制巴特寮的各级组织,如无越南干部的命令巴特寮的干部什么决定也不能做。1954年以后,一些巴特寮控制区百姓的家庭被拆散,妇女、孩子被送到北越。"④

1953年在越盟帮助下巴特寮在桑怒省建立起其武装力量司令部,到1956年中期超过3000农民从桑怒、丰沙里两省中参加巴特寮武装力量,两省中任何一个省的人口数量都不超过10万人。⑤ 1954年《日内瓦协议》签署后,根据协议规定,越南决定从老挝、柬埔寨撤出大部分武装力量。1953—1956年绝大部分越盟干部撤出老挝,留下少数政治、军事干

---

① Arthur J. Dommen, *The Indochinese Experience of the French and the Americans: Nationalism and Communism in Cambodia, Laos and Vietnam*, p. 204.
② Arthur J. Dommen, *The Indochinese Experience of the French and the Americans: Nationalism and Communism in Cambodia, Laos and Vietnam*, p. 204.
③ Vietnam Central Information Service, Manifesto and Platforms of the Vietnam Lao Dong Party (no place of publication given), April 1952, cited from Paul F. Langer and Joseph J. Zasloff, *North Vietnam and the Pathet Laos: Partners in the Struggle for Laos*, p. 50.
④ *Lao Presse Bulletin*, Vientiane, November 26, 1955, cited from Arthur J. Dommen, *Conflict in Laos: the Politics of Neutralization*, pp. 80–81.
⑤ Arthur J. Dommen, *Conflict in Laos: the Politics of Neutralization*, p. 82.

部负责训练巴特寮部队。巴特寮的士兵被送往北越学校进行政治、军事科目的培训,其中一个重要的培训中心在越南西北的山西(Son Tay),在此处一次可轮训 200 多名学员,学时为 3—6 个月。日内瓦会议后 2 个月,北越把培养巴特寮军事预备干部的主要学校"库马丹学校"从越南的义安省转移到桑怒省,大部分巴特寮部队的军官都从这个学校毕业。据一名 1954—1955 年在此校执教的越南人所言,此学校有一个 20 人组成的越南顾问团,帮助轮训 300 到 400 个干部,为时约 6 个月。学校有 12 名老挝教官,6 个负责军事,6 人负责政治工作。①

此阶段北越在老挝的主要控制机构是 100 大队。该组织约有 300 人。日内瓦会议后 2 个月,100 大队从越南一个不知名的地方移到班纳蒙(Ban Na Meo),直接处在老挝、越南边界上,从该处到苏发努冯与凯山的司令部只需走上很短的一段路。

北越对巴特寮的控制是全面的。从其成立时起即帮助制定了该组织的外交、政治等行动纲领,越南党从政治、军事上指导、支持巴特寮,后者受到前者的监督,其内部的一些高级干部往往具有浓厚的越南背景:凯山·丰威汉,从 1954—1957 年任寮国战斗部队总司令、老挝抗战政府国防部长。其父亲是越南人,母亲是老挝人,凯山曾在印支共产党领导下做过学生工作,从越盟得到政治、军事训练。1945 年胡志明派凯山回老挝沙湾拿吉搞乡村运动,1946 年凯山加入印支共产党。诺罕·冯沙万 1947 年加入印支共产党,在越盟内受过严格训练。1952 年 12 月作为越南党代表团随员到北京参加会议,在寮国抗战政府刚成立时被任命为财经部长,1954 年 5 月在日内瓦会议上被任命为寮国抗战政府外交部长。

1955 年 3 月 22 日,印支共产党老挝支部(注:此时老挝的共产主义政党仍沿用"印支共产党老挝支部"的名称)举行第一次代表大会,成立

---

① Paul F. Langer and Joseph J. Zasloff, *North Vietnam and the Pathet Laos: Partners in the Struggle for Laos*, p. 63.

"老挝人民党"(1972年改名为"老挝人民革命党")。1956年1月考虑到巴特寮与老挝王国政府的和解已经较为可能实现,巴特寮成立老挝爱国战线党,老挝人民党是老挝爱国战线党的秘密领导组织,老挝人民党的高级领导人同时拥有越南劳动党党员身份。老挝爱国战线党处在老挝人民党全面领导之下,并为老挝人民党征集干部,到1964年老挝人民党人数约为700人。①

巴特寮的兴起是老挝伊沙拉反帝运动的延续,由于老挝国内缺乏民族独立运动所需的民族主义基础、老挝国家相对弱小,它在形成之初即较多地依靠外援,并在反对法、美的斗争中与越南共产主义力量结成同盟关系。巴特寮运动不仅后来在老挝建立起政权,并且对越南的抗法、抗美斗争也大有裨益:为越盟部队进军老挝调动法军实现军事战略转移、从而赢得第一次印支战争的胜利,及后来北越取道老挝联系南越民族解放力量均作出巨大贡献,巴特寮运动是印支地区冷战舞台上不可忽略的政治军事力量。巴特寮从其建立之日起即得到越南党的有力支持,越南党帮助巴特寮制定革命纲领、建立武装组织,在巴特寮政党组织内部,越南党拥有一批严格遵从自己意志的高级干部,如凯山·丰威汉、冯沙万等人,同时老挝人民党党员一般均具有越南劳动党党员身份,在政治上越南党对巴特寮的控制是有力的。在政治上严格控制了巴特寮的同时,越南在军事上对巴特寮也予以有力的支持,越南通过其在山罗的西北军区给在桑怒、丰沙里二省的巴特寮提供军事支持,巴特寮在老挝中南部地区的军事活动由在荣市的越南第4军区负责。巴特寮控制的每个省都有一个越南军事顾问团,北越在巴特寮部队中的军官每月至少向其所属的越南军区汇报一次军事情况,通常是通过15瓦的电台与越南方面联系,每3个月作一次汇报总结。北越向每个巴特寮的营级单位

---

① Arthur J. Dommen, *Conflict in Laos: the Politics of Neutralization*, p.92.

派出一名军事、一名政治顾问,各带一个 3—5 人的工作班子,这些人均在营部工作。从 60 年代中期起,北越在巴特寮的连级单位也开始设有顾问。① 北越与巴特寮的关系中既带有无产阶级国际主义援助精神的特点,也具有前者对后者控制的意味。北越把老挝视为与本国革命与统一事业密切相关的一个地区,高度重视本国在老挝的影响,老挝的巴特寮运动对越南的独立与统一事业也作出巨大的贡献。

第二节 老挝在第一次印支战争中的重要地位

老挝是一个落后狭小的印支内陆小国。在 1960 年 6 月一位美国印第安纳州的农民来到万象以北约 100 英里的小镇上,他吃惊地发现"老挝当地居民还未进入轮子时代……他们对现代生活一无所知。"这位美国农民的任务是指导老挝乡村居民"如何锯木板,如何使用水和肥皂,告诉他们开水是什么"。② 然而就是这么一个落后、狭小的内陆国家在第一次印支战争中为越南人民军实施军事战略方向转移、赢得印支战争的全面胜利发挥了重大作用。

一、向老挝方向靠拢的西北战役

1950 年是第一次印支战争中具有重大意义的一个年头,在这一年,中国与苏联承认了越南民主共和国,并开始给予越南以支援,同时美国政府也开始给在印支作战的法军以军事和经济援助。1950 年 9 月,越南人民军在中国人民解放军的杰出将领陈赓的协助下发动边界战役,10 月

---

① Paul F. Langer and Joseph J. Zasloff, *North Vietnam and the Pathet Laos: Partners in the Struggle for Laos*, pp. 110 – 111.
② Roger Warner, *Back Fire, the CIA's Secret War in Laos and Its Link to the War in Vietnam*, Simon & Schuster: New York, 1995, p. 21.

战役结束时,法国几乎放弃所有红河三角洲以北的越南地区。① 受边界战役胜利的影响,一些越南高级干部认为印支战争中的战略总攻阶段已经开始,时为越南人民军领导人之一的武元甲在1950年撰写了题为《战略反攻准备阶段的军事任务》的小册子,认为打大的歼灭战、占领大城市的时机已经成熟。② 越南人民军的主攻方向选择南下打红河三角洲。1951年1月对永安的进攻造成人民军损失600人,3月打冒溪同样损失惨重,5月在打河内以南的府里与宁平时也遭失败。③ 1951年9月27日至10月5日,越南劳动党中央举行第2次全体会议,指示10月上旬人民军第312师在越西北的义路地区打击敌人,但312师未执行指示。越南人民军主力仍围着越北平原地区打圈圈,而此时法军已经站稳脚跟,法国驻印支远征军司令塔西尼甚至认为已到了开始反攻、夺取西北战场主动权的时候了。④ 这是越南人民军坚持把战略发展方向指向敌人重兵守卫的越北平原的结果。

在遭受严重失败后,越南人民军开始考虑调整军事战略方向。1952年初向越西北进军、取道老挝调动敌军的军事战略构想开始酝酿。1952年4月越南劳动党中央第3次全体会议决定将主攻方向转向西北地区与老挝方向。这为越南人民军确定了正确的军事战略方向,也为其赢得第一次印支战争的胜利拉开帷幕。

1952年10月14日人民军发动西北战役,历时近2个月,12月10日战役胜利结束。西北战役把越西北与越北已有根据地联成一片,形成一个比较稳定安全的后方,为战略方向的转移开了个好头。

---

① Qiangzhai, *China and the Vietnam Wars*, 1950 – 1975, the University of North Carolina Press: Chapel Hill, 2000, p.31.
② Qiangzhai, *China and the Vietnam Wars*, 1950 – 1975, p.33.
③ Qiangzhai, *China and the Vietnam Wars*, 1950 – 1975, p.34.
④ 本书编写组:《中国军事顾问团援越抗法实录——当事人的回忆》,中共党史出版社2002年版,第152页。

二、上寮战役及其影响

老挝地形北高南低,由北向南自然分布成上寮、中寮与下寮。1953年春,越南劳动党中央主席胡志明与老挝抗战政府共同决定:派越南人民军到老挝同巴特寮(即寮共)解放军一起发动上寮战役。战役目的是消灭敌人有生力量,解放桑怒地区,扩大游击根据地,发展老挝人民的抗法战争。① 此时法国在上寮有三个营。

上寮战役于1953年4月8日发起,参加战役的越军和巴特寮解放军分三路进攻:主攻是第一路,由308、316、312师部队组成,进攻桑怒;第二路是304师,进攻川圹;第三路是越西北战场主力148团,由奠边府向桑怒北部进攻,威胁老挝王城琅勃拉邦。上寮战役与5月3日结束,越老联军解放了桑怒全省和川圹、丰沙里两省的各一部分地区,使桑怒与越西北、越北根据地联成一片。

上寮战役的胜利进行触动了美国高层对老挝的关注。1953年4月28日,美国召开国家安全委员会(NSC)会议,艾森豪威尔总统对老挝的法军部署十分失望,新上台的艾森豪威尔政府很快得出结论:法国在印支战争中的努力在各条战线均较欠缺。NSC同意派出运输机与民航驾驶员帮助法国把重型装备运入老挝,艾森豪威尔在会议结束时说:"如果老挝丢失,我们可能失去印支与东南亚,通往印度、缅甸、泰国的门户将洞开。"② 这是艾森豪威尔政府召开的第一个论及老挝的国家安全委员会会议。1953年5月3日,在上寮战役的最后一天,NSC再次召开会议,艾森豪威尔总统又一次阐述法国正处在失败之中,如果不给予印支各国

---

① 本书编写组:《中国军事顾问团援越抗法实录——当事人的回忆》,第161页。
② Memorandum of Discussion at the 141th Meeting of the NSC, 28 April, 1953, in *Foreign Relations of the United States* 1952 - 1954. volume. 13, pp. 516 - 519.

独立,美国援助的金钱将会继续"丢在水里"。①

上寮战役的成功进行动摇了美国高层对法在印支的战争的信心,1953年5月美国国务院致电驻法国大使馆:"目前老挝的形势已耗尽法国在印支空军的后备力量,法国在印支的空军无力维持下去了。"②与此同时法国国内和平呼声抬头。1953年5月23日下午美国驻法大使馆致电国务院:法国内一些非共产党人士在报纸上撰文探讨谈判以便使法从印支撤军的问题,主张撤军的不仅仅有孟代斯·弗朗斯,还包括一些右翼人士与报纸,右翼报纸发表社论称,"解脱的时间到了"。考虑撤军的最主要的诱因是对法在印支的胜利缺乏信心。③

1953年6月4日的一份美国《国家情报估计》清楚地反映出美国对老挝在第一次印支战争中地位的认识:文件首先承认法国与印支联邦三国反对越盟的努力将会减弱,印支军事形势的好转不太可能,法军处境将会恶化。越盟将加强对"自由老挝"的控制。入侵老挝可被视为越盟在泰国制造不安及最终控制东南亚共产党人长期计划的一部分。越盟入侵老挝令其在军事、政治上保有主动权,分散了法的军力,使其无法在越南北部地区对越盟进攻。④ 1953年8月28日,美国参谋长联席会议同意法国在印支实施"纳瓦尔计划",并为此计划付钱,但参联会反对把美国部队投入印度支那。当法国询问美国是否准备在越盟再次入侵老挝时发出"美将作出反应"的警告时,美国驻法大使道格拉斯·狄龙的答复是否定的。⑤ 老挝战役的发动揭示:这一战役不仅成功调动法军,并且具有国际影响力,引起美国政府对印支局势的关注,而且上台不久的艾森豪威尔政府不愿在印支投入美国部队。

---

① Memorandum of Discussion at the 143rd Meeting of the NSC, 6 May1, 1953, in *FRUS 1952 – 1954*, volume. 13, pp. 546 – 549.
② *FRUS 1952 – 1954*, volume. 13, p. 576.
③ *FRUS 1952 – 1954*, volume. 13, p. 579、p. 581.
④ *FRUS 1952 – 1954*, volume. 13, pp. 594 – 595.
⑤ *FRUS 1952 – 1954*, volume. 13, pp. 694 – 695.

三、第二次进军老挝

法军在上寮战役失败后于 1953 年 5 月 7 日派亨利·纳瓦尔担任法国印支远征军总司令,并于 7 月 24 日批准实施"纳瓦尔计划"。该计划主要内容为:大力发展越南伪军,把法国占领军集中编成机动师,到 1954 年编成 7 个机动师,1955 年与越南人民军决战;1953 年冬到 1954 年春在越北持守势,集中力量消灭在越南南部、中部的游击队、根据地。1953 年 8 月,法军在暂时保持防御的态势中进行着和人民军决战的准备。①

正当纳瓦尔准备在越南北部平原地区稳扎稳打、对人民军严阵以待之际,越南劳动党中央内部又泛起放弃向西北、老挝进军的军事战略方向的转移,回到 1951 年打越北平原的老路上去的想法。8 月 22 日,越南劳动党中央政治局召开会议。会上武元甲谈到在红河三角洲平坦地带展开军事行动,而不再理睬越西北,并降低老挝的重要性。

1953 年 9 月越南劳动党中央政治局召开会议讨论 1953 年冬与 1954 年春的作战计划。会上仍有两种意见:南下在平原地带开展军事斗争与向西北和老挝进军。时至 1953 年 9 月越党内还有人坚持在平原作战,这足以说明实施战略方向转移中的阻力的严重程度。会上胡志明主席否决了武元甲的红河三角洲作战计划,强调"战略方向不变"。

1953 年 11 月中旬越人民军开始向越西北预定作战地区推进。为保住越西北莱州和上寮等重要战略地区,法军于 11 月 20 日在奠边府空降 6 个营,另外又从中部地区调第 2 机动兵团和 2 个机动营增援中寮,11 月又用 6 个营在上寮和奠边府沿线布防,法军被充分调动。12 月 6 日越南总军委在中国顾问帮助下决定:解放越西北的莱州,进军老挝的丰沙里和中寮地区,并随即发动奠边府战役。分兵 3 路:312、316 师向越西北挺进打莱州;308 师、351 师向奠边府急进;325 师的 101 团、304 师的 66

---

① 本书编写组:《中国军事顾问团援越抗法实录——当事人的回忆》,第 165 页。

团向中寮进军。战役在1954年2月底结束,基本实现了打通印支南北战略交通线的计划,在很短时间内解放老挝中部、北部、柬埔寨东北部等重要地区。分散了越北平原法军机动力量,为决战奠边府创造出有利条件。待第二次老挝战役结束,越南通往老挝、柬的6、7、8、9、12、19这六条东西公路全部被越军控制,法军在印支地区的战略交通线几乎全被斩断。同时,越老联军解放了丰沙里全省。老挝爱国力量拥有了桑怒、丰沙里两个稳固的根据地。越盟主力撤出后,巴特寮开始在桑怒建立政府,越南人民军留下相当多的部队帮助寮共在其控制区维持秩序。此次对老挝的进军既减轻了越南战场的压力,又帮助老挝共产党力量建立起政权。

第二次进军老挝对美法等国的印支政策产生深远影响,对加快第一次印支战争结束的进程起了重要作用。

首先,老挝战役的胜利进一步坚定了美国艾森豪威尔政府不在印支投入美国地面部队作战的决心。1954年1月,艾森豪威尔坚决地表示"极其反对"把美国地面部队投入印支取代法军,那将会"成师地消耗我们的部队"。艾森豪威尔认为马来亚是印支唯一值得动用美国部队的地方。[1] 1月美国国家安全委员会出台的NSC5405号文件清楚反映了美国当时对印支政策的两面性:共产主义对东南亚的统治会严重损害美国利益,但美国不派出地面部队参战,除非中共出兵印支。[2]

其次,1954年1月底,越人民军占领湄公河边的老挝重镇他曲,然后威胁老挝王城琅勃拉邦。这时适逢美苏英法四国外长柏林会议召开的第一周。在2月份武元甲的部队不断从他曲西进,法国外长皮杜尔在柏林会议上的让步应被视为是武元甲的军事胜利使然。[3] 1954年2月6

---

[1] Meeting of the NSC, 8 January, 1954, in *FRUS 1952-1954*, volume. 13, p. 949.
[2] *FRUS 1952-1954*, volume. 12, pp. 367-375.
[3] Robert F. Randle, *Geneva 1954, the Settlement of the Indochina War*, Princeton University Press: New Jersey, 1969, p. 27.

日美国国务卿约翰·福斯特·杜勒斯从柏林会议上致电艾森豪威尔总统:"2月5日我敦促皮杜尔在柏林不要就印支谈判作任何提议,一旦开始讨论谈判,在印支与法国西方的士气就会继续低落。而皮杜尔认为,如不表现出愿意结束印支危机的愿望,法国内形势将会不可收拾。"①这份电文表明第二次老挝战役已严重动摇法国内在印支打下去的决心与士气。这一点为另一份美国外交档案材料证实:1954年2月13日美国驻法国大使馆代办致国务院的电文中写道:"法国一只眼睛盯着印支军事形势的发展,一只眼睛盯着柏林会议上印支问题的进展。也许盯着柏林的眼睛更关切一些。"②"法国人更普遍希望并期盼皮杜尔能找到某种途径谈判结束中国给越盟的援助。法国记者开始第一次提出问题:中国共产党停止给越盟援助的要价是什么? 如果皮杜尔在柏林不能找到终结中共停止向越盟提供援助的途径,法国可能会直接与越盟谈判。"③

再次,美国政府也感到继续支持法国打下去回避谈判已难持续下去。2月9日,杜勒斯在给艾森豪威尔总统的信中进一步说:"法国要求为印支开会的压力日增,美国反对会议召开的前提必须是为法提供进一步的军事支持,而美国对法军事表现的不满可能会导致国会或国防部丧失给法以军事装备、经济援助的兴趣。"④

最后,1954年2月12日西方盟国在柏林外长会议上提议4月15日召开一次关于朝鲜、印支的国际会议,并邀请中国代表团参加。但随之而来的是中国的国际地位如何确定? 2月15、17、18日,四国外长连续讨论这一问题。杜勒斯表示同意召开一次有中国参加的东亚会议,但"与中共的对话只是以事实为基础的",即不含有美国承认中共政权的意义,"美国仅就地方性的、具体的战争和平问题与中共谈判"⑤。2月18日,

---

① FRUS 1952 – 1954, volume. 13, p. 1021.
② FRUS 1952 – 1954, volume. 13, p. 1045.
③ FRUS 1952 – 1954, volume. 13, pp. 1045 – 1046.
④ FRUS 1952 – 1954, volume. 13, p. 1025.
⑤ FRUS 1952 – 1954, volume. 13, p. 1057.

四国外长柏林会议发表联合公报,公报特别指出:会议邀请及召开此国际会议不得被认为有外交承认共产党中国的意义。① 虽然四国柏林外长会议对新中国参加远东国际会议讨论朝鲜、印支问题加上限制性条件,但行动本身说明:中国作为远东主要国家的国际地位已经不容忽视。

第二次老挝战役的实施对国际关系也具有重大影响:它有力地推动了西方对中国国际威望与大国地位的确认,并促使美、法,特别是法国开始谋求外交途径解决印支危机。对于法国的求和态度,美国虽不情愿但也无可选择。

从以上分析看出,老挝在第一次印支战争中表现出重大的价值:1951年在越人民军向平原地区进攻受挫后,修改原定军事战略方向,向越西北及老挝进行军事战略转移,从而保持住边界战役后越人民军在印支战场的军事主动权。西北战役拉开越军进军老挝的序幕。上寮战役胜利的实施引起新上台的艾森豪威尔政府对老挝的关注,动摇了美国对法国在印支作战前景的信心,并推动法国国内主张和谈的呼声有所抬头。从军事上看,进军老挝分散了法军,减轻了越南战场上人民军的压力,具有避实就虚、从敌薄弱地带向其心腹地区发动奇袭的军事效果。第二次老挝战役的实施,打乱了法军"纳瓦尔计划"的实施,法国在印支打赢的希望也随即破灭,1954年2月法军总参谋长保罗·厄利与法总理拉尼埃确认:印支问题不能以军事方式解决,只能通过军事行动为和谈创造条件,政治谈判才是法国在印支的出路之所在。②

通过两次老挝战役的实施,特别是第二次老挝战役,老挝国内的共产党力量急剧增长,在桑怒和丰沙里建立起稳定的革命根据地。这为日后在日内瓦会议上为寮共在北老挝争取到一块军事集结地打下基础。

---

① *FRUS 1952-1954*, volume. 13, p. 1058.
② Robert F. Randle, *Geneva 1954, the Settlement of the Indochina War*, p. 27.

第二次老挝战役还对 1954 年 1 月 25 日到 2 月 18 日在柏林召开的四国外长会议产生重要影响,促使美法承认中国作为远东主要国家的国际地位,谋求在外交解决印支危机上迈出第一步,同时这次战役也导致法美矛盾的扩大。

另外,第二次老挝战役的施行为奠边府战役的进行创造出有利条件。

特别应当指出的是:正是在中国援越军事顾问团的敦促与指导下,越南劳动党中央与人民军才认识到老挝的重要价值,并开始实施从进军红河三角洲到进军越西北与老挝的军事战略方向的转变。到 1953 年 9 月,上寮战役胜利并取得重大成果后,越人民军的一些高级干部还没有从南下到平原地区作战的错误思想中扭转过来,中方为此作了耐心细致的说服工作,为越南党和军队保有正确的军事战略方向作出巨大贡献,从而为赢得第一次印支战争的全面胜利铺平了道路。

第三节 大国对 1954 年印支日内瓦会议的态度

1954 年日内瓦会议是朝鲜战争后大国关系的一次重大调整,它深远地影响着中国与西方国家的关系、中国与印度支那的关系、中国的对外政策。这次会议十分重要,西方学者较为重要的专著为 20 世纪 60 年代末的两本著作:罗伯特·兰德尔的《日内瓦 1954》与琼·拉库切尔等的《战争的结束》。① 中国学者也对此会议发表过一些相关文章与著作。②

---

① Robert F. Randle, *Geneva 1954*, *the Settlement of the Indochina War*, New Jersey: Princeton University Press, 1969. Jean Lacouture and Phillippe Devillers, *End of a War*, New York: Praeger, 1969.
② 中国学者的文章有:曲星《试论 1954 年日内瓦会议上的周恩来外交》,载于《研究周恩来——外交思想与实践》,世界知识出版社 1989 年版;蔡佳禾《周恩来与 1954 年印支问题日内瓦会议》,载于《周恩来百年纪念》(下),中央文献出版社 1999 年版。著作:李连庆《大外交家周恩来》(第二部),《舌战日内瓦》,香港天地图书有限公司 1994 年版。

有关日内瓦会议的档案材料多已解密:1981年美国国务院解密了有关日内瓦会议的《美国对外关系文件》。① 这是西方关于这次会议最系统全面的档案材料。中国方面档案较早的有1954年世界知识出版社的《日内瓦会议文件汇编》,从20世纪90年代以来一批有价值的档案陆续解密:1998年中共中央文献研究室出版金冲及主编的《周恩来传1949—1976》(上、下卷),其中上卷第7章披露了有关日内瓦会议的部分材料;2003年中央文献出版社又推出逄先知、金冲及主编的《毛泽东传》(上、下卷),其中上卷第15章专门涉及此问题。尤其值得关注的是2006年中国外交部档案馆出版《1954年日内瓦会议》②,系统全面解密了中国有关这次会议的档案材料。另外,苏联解体后也披露了一些有关此次会议的档案。总体来看,有关日内瓦会议的档案材料是充分的。本文拟在参阅上述档案及前人研究成果的基础上,阐述1954年初在日内瓦会议召开前夕,东西方有关国家对这次会议的态度及政策,这是认识日内瓦会议的逻辑起点。

一、酝酿缓和:中、苏、越对日内瓦会议的态度与政策

1953年印度支那的战争虽在继续,但是远东国际关系已经呈现缓和迹象:这一年朝鲜战争实现停火,斯大林逝世后苏联对外政策流露出寻求缓和的端倪,新中国大规模的经济建设也拉开帷幕,年底周恩来在接见印度一个代表团时,在与印度的关系问题上初步提出"和平共处五项原则"的外交方针。在此种背景下召开大国会议,讨论缓和远东国际关系提上日程,大国对这次会议的态度直接反映了其印支政策的趋向。

1953年9月28日,苏联照会美、英、法三国,提议"召开有中华人民

---

① *Foreign Relations of the United States 1952 - 1954*: *the Geneva Conference*, Vol. 16, Washington, D. C.: United States Government Printing Office, 1981.
② 中华人民共和国外交部档案馆编:《1954年日内瓦会议》,世界知识出版社2006年版。

共和国参加的五大国外长会议,审查缓和国际紧张局势的措施"。10月8日周恩来也发表声明,赞成这一提议。① 1954年1月25日—2月18日,中断近八年的苏、美、英、法四国外长会议在柏林举行。在会议上,苏联外长莫洛托夫努力使法国对谈判解决印支问题抱有希望。1月27日,莫洛托夫在与法国代表团宴会时说:"苏联愿意为印支问题调解,……",此前莫洛托夫曾暗示法国应在会上对召开五大国会议表露出积极态度。② 在另一次会晤中法国外长乔治·皮杜尔表示,法国政府在印支问题上急于找到"在不损害法国国家荣誉前提下的恰当解决方案",莫洛托夫立即表示,"解决印支问题,能给法国最好帮助的是中国"。③ 柏林四国外长会议虽然没有在欧洲问题上达成协议,但在亚洲问题上却取得重要成果:决定4月间在日内瓦举行讨论朝鲜和印支问题的国际会议,苏、美、法、英、中五国参加会议的全过程,会议委托莫洛托夫把这个建议转告中华人民共和国政府。

苏联愿意和平解决印支战争的主要原因是:苏联在印支地区现实利益较小,担心美国卷入的日渐加深会引发重大国际危机;苏联还希望通过缓和国际紧张局势加快国际社会对中华人民共和国承认的进程。事实上,斯大林逝世后在苏联缓和国际紧张局势并与西方接近的新的外交政策中,加快国际社会对新中国的承认问题占有突出地位。1954年3月2日莫洛托夫在向苏最高苏维埃中央委员会汇报柏林会议成果时,就是从允许中国参加大国俱乐部的角度汇报的:"我们努力利用法国政府显而易见的急于从印支脱身的愿望,这样中华人民共和国就取得了一个以

---

① 金冲及主编:《周恩来传1949—1976》(上),中央文献出版社,1998年版,第152页。
② Ilya V. Gaiduk, *Confronting Vietnam: Soviet Policy Toward the Indochina Conflict, 1954-1963*, Washington, D.C.: Woodrow Wilson Center Press, 2003, p.13.
③ *Vyacheslav Molotov-Georges Bidault*, memorandum of conversation, February 11, 1954, Arkhiv Vneshnei politiki Rossiiskoi Federatzii (AVP RF), Mosow, fond 06, opis 13a, papka 25, delo 7, list 25.

大国身份参加国际会议的机遇。现在第一步已经成功。"①2月16日苏联驻华大使尤金会见周恩来提交柏林会议决议草案,次日凌晨4点周恩来召见尤金,表示完全同意决议草案。② 中国政府对召开日内瓦会议反应积极,2月27日,周恩来在接见印度驻华大使赖嘉文时说:"中国人民是支持这个会议的。它可以推进国际和平,首先是朝鲜和越南的和平。"③

随后,中、苏、越三国为即将到来的日内瓦会议进行认真准备。越南驻苏联大使阮隆朋(Nguyen Long Bang)于2月26日会见苏联外交部东南亚司司长基里尔·诺维可夫(Kirill Novikov),请求苏联政府指示越南应对日内瓦会议采取何种行动方针。3月26日,又要求苏联提供给越南政府一些苏对印支形势的分析材料。④ 苏联对日内瓦会议达成成果抱有希望,并提出印支局势中关键问题的具体解决提议。早在1月29日四大国柏林外长会议期间,美国国务院得到情报称:"得到消息,苏联命其驻法大使……提出印支问题解决方案:在越南,在北纬16度线附近划一条临时停战线……法国将撤出河内与东京三角洲。"⑤1954年3月初,美国驻伦敦大使馆外交官告知英国外交部东南亚司司长约翰·塔豪丁(John Tahourdin),苏驻英国使馆外交官在一个会议上建议:"如不能就建立有越盟加入的联合政府方案达成协议,解决方案可以是以北纬16

---

① V. M. Molotov, *Verbatim Record of Report on Results of the Berlin Conference of Ministers of Foreign Affairs of the Four Powers at the Plenum of the CPSU CC*, March 2, 1954, Rossiiskii Gosudarstvennyi Arkhiv Noveishei Istorii (RGANI) (Russian State Archive of Contemporary History), fond 2, opis' 1, delo 77, list 75.
② *Pavel Yudin-Zhou Enlai*, memorandum of conversation, February 16, 1954, AVP RF, f. 0100, op. 47, 379, d. 7, 1. 22.
③ 金冲及主编:《周恩来传1949—1976》(上),第152页。
④ *Kirill Novikov-Nguyen Long Bang*, Memorandum of Conversation, February 26, 1954, AVP RF, f. 079, op. 9, p. 6, d. 5, 1. 26.
⑤ 《美国对外关系文件,1952—1954年》第13卷,第1009页注释1。

度线划界。"①从现有史料看,中国政府在1954年2、3月间也在印支问题特别是越南问题的解决上形成与苏联大致相同的意见。1954年2、3月间周恩来起草的《关于日内瓦会议的估计及其准备工作的初步意见》(以下简称《初步意见》)于3月2日在刘少奇主持召开的中央书记处会议上讨论通过,该文件称:"在实现印度支那停战问题上,要力争在北纬16度线附近划定南北双方停战线。"②目前尚无史料表明中苏是共同磋商,还是各自单独形成此预案。但至少可以断定,到1954年3月份中苏已就以北纬16度线划定停火线达成共识。3月6日,中国驻苏大使张闻天在与莫洛托夫会谈中提出沿此线停火"是对胡志明十分有利的提案,一旦提出应会被接受"③。但是这一方案遭到越南的反对。1954年3月5日越南驻华大使黄文欢在与苏驻华大使尤金的会谈中说:"在越南没有确定的前线,分界线与非军事区的划分十分困难……"④苏对越南的反对并未予以太多理会,到3月中旬,苏联驻各国的外交使节均以越南分治作为解决越南问题最便当的解决方案。

苏联与中、越第一次就日内瓦会议进行的正式人员会商是在1954年4月3日。会谈内容尚未解密,但已披露出一份苏外交部为莫洛托夫准备的与周恩来会谈文件,苏方拟提出以下几点:其一,坚持越南民主共和国参加会议;其二,不反对老挝、柬埔寨、保大越南代表与会;其三,支持邀请民主老挝、柬代表参加会议,但不把此作为会谈必须的条件。⑤ 印支敌对行动结束的条件是:法国承认民主越南共和国的主权独立,法军从印支三国撤出,民主越南共和国承认法在该地区的文化、经济利益等。

---

① *Tahourdin*, *Memorandum*, March19, 1954, Public Record Office(Great Britain)(PRO), Foreign Office(Great Britain) (FO)371 112048.
② 逄先知、金冲及主编:《毛泽东传》(上),中央文献出版社2003年版,第555页。
③ *Vyacheslav Molotov-zhangwentien*, Conversation, March 6, 1954.
④ *Pavel Yudin-Hoang Van Hoan*, *Memorandum of Conversation*, March5, 1954, AVP RF,f. 0100,op. 47,p. 379,d. 7,1. 63.
⑤ "*Plan of Talks for Molotov with Zhou Enlai and Ho Chi Minh*", *Memorandum*, top secret, April4, 1954, AVP RF, f. 022,op. 7b,p. 106,d. 7,1. 23.

到1954年4月初,社会主义有关国家在一系列主要问题上达成共识:苏将推动会议在印支问题上达成停火,三国为未来会谈准备了三种可能方案:其一,上策是法从整个越南撤出,承认越南的主权与独立,这意味着整个越南处在越盟统治之下;其二,以分治为原则,法军撤出北纬16度线以北领土,并在一定期限内从越南撤出;其三,法军在一些地区集中,达成停火后,越盟与法直接谈判,达成印支和平的条件。三种情况下均应建立联合监督委员会,承认法在印支地区剩余的文化、经济利益,结束美国在印支卷入的可能性。①

中国政府抱着恢复和平的强烈愿望参加日内瓦会议。《初步意见》确定:"我们应尽一切努力务期达成某些可以获得一致的意见和解决办法的协议,甚至是临时性的或个别性的协议,以利于打开经过大国协商解决国际争论的道路。"②到4月中旬中国政府对日内瓦会议形成的大致政策思路是:会议虽涉及朝鲜、印支两大问题,但"朝鲜总是一个僵局,再打起来是不容易的"③,会议的重点是印度支那问题,周恩来总理预计到"争取在印度支那实现停战是有可能的"④,中国政府决定"与该地区国家团结友好,熄灭印支战火,不使印支国家参加军事侵略性集团"。⑤

到1954年4月召开日内瓦会议前夕,中、苏、越等国已经大致确定了恢复印支和平、与印支等东南亚国家和平友好、力争在会上达成协议——特别是印支问题、制止美国卷入印度支那的政策思路,这个政策路线的总体特征是争取缓和。与这条路线平行展开的是西方美、英、法的政策思路。

---

① "*Draft of the Directives on the Issue of Restoration of Peace in Indo-China*," memorandum, top secret, undated, AVP RF, f. 0100, op47, p. 389, d. 107, l. 6-7.
② 逄先知、金冲及主编:《毛泽东传》(上),第555页。
③ 金冲及主编:《周恩来传 1949—1976》(上),第159页。
④ 金冲及主编:《周恩来传 1949—1976》(上),第156页。
⑤ 金冲及主编:《周恩来传 1949—1976》(上),第159页。

二、美国对日内瓦会议的态度:拒绝缓和

日内瓦会议将涉及朝鲜、印支两个问题,对于朝鲜问题,西方主要国家的态度正如英国外交大臣安东尼·艾登所言:"朝鲜那个地方没有关系,我不感兴趣,反正打不起来,问题在印度支那。"①美国十分重视印度支那的战略意义。1950 年 2 月 27 日 NSC64 号文件第一次以后来被称为"多米诺骨牌理论"的逻辑来阐述印支的战略重要性:"如果印度支那被共产党主导的政府控制,那么相邻的泰国和缅甸也将落入共产党统治之中。"②1952 年 6 月的 NSC124/2 号文件继续强调该地区的战略重要性:"美国应当增加对法国的援助,但仍应当由法国承担保卫有关国家的基本军事责任,只有在中国直接卷入时美国才应参战。"③1953 年艾森豪威尔入主白宫后,面对印支战争中法国的军事颓势,美国在 1953 年上半年大大增加了对法援助。5 月,美国向老挝、泰国紧急运送大量物资,为向老挝的空运专门配备了 6 架 C - 119 运输机。一方面,美国政府对日内瓦会议持抵制态度。1954 年 2 月 27 日,美国国务卿约翰·福斯特·杜勒斯在他的办公室召开会议,他对与会者说,日内瓦会议,尤其是关于印支问题的讨论,是一种"拖延性行动"④。4 月 7 日,美国国务院东南亚事务司与其他几个部门拟就的一份备忘录中称,美国派工作小组出席日内瓦会议是为了支持法国,使其不致在会议上采取一种直接或间接意味着印支落入共产党之手的立场。美国要在会议上"通过揭露共产党的真正立场来帮助法国政府顶住国内的压力"⑤。美国对日内瓦会议的态度

---

① 金冲及主编:《周恩来传 1949—1976》(上),第 160 页。
② FRUS, Vol. 16, pp. 744 - 747.
③ *The Pentagon Papers: The Defense Department History of United States Decisionmaking on Vietnam*, Vol. 1, Boston: Beacon Press, 1971, pp. 386 - 390,转引自陶文钊主编:《中美关系史(1949—1972)》(中卷),上海人民出版社 2004 年版,第 107 页。
④ FRUS, Vol. 16, p. 427.
⑤ FRUS, Vol. 16, pp. 503 - 505.

是"拖"。"为法国批准欧洲集体防御条约争取时间,以及为实施纳瓦尔计划积聚军力拖延时间。"另一方面,美国决策层研究了日内瓦会议上可能达成的各种方案:维持现状、强制停火、建立联合政府、印支有关国家分裂而治等,但到3月17日美国国务院、国防部、参联会等主要决策机构形成共识:在日内瓦会议印支阶段讨论开始之前,美国应与英、法达成一致,反对在印支问题上达成任何上述可能方案,如不能达成一致美国应在会上拒绝讨论印支问题,或即使讨论这一问题,也应确保达不成协议。如法国接受了谈判达成的解决方案,且不能确保印支地区非共产主义化的前途与有关国家的领土完整,美国应拒绝接受此案,并直接与印支三国或别的盟国(特别是英国),谋求继续在无法国参加的情况下与越盟争夺印支地区。① 27日杜勒斯国务卿表示:"在目前军事形势下,任何谈判达成的方案均只会造成印支最终完全为共产党力量控制的结果,美国无法通过向共产党中国作让步换取其作出某些承诺,经验告诉我们共产党的承诺只是骗局。"②美国政府对日内瓦会议的另一个担心是中国的与会会造成中国具有大国身份的印象。在2月27日,杜勒斯即指示美国国内主要报纸负责人:"共产党宣传力量努力把日内瓦会议贴上五强会议的标签,一些美国记者也无意中使用五强会议的提法,这提高了共产党中国的地位,有损美国国家利益。美国的记者及新闻媒体应避免把此次会议贴上五强会议或五大国会议的标签,建议统一使用'日内瓦会议'的提法。"③到了4月17日,美国政府对日内瓦会议的前途已作出明确结论:"只有两种选择,要么达成一种事实上是法国投降的方案,要么达成一种事实上是共产党国家投降的方案。"④显然,美国政府根本不准备在日内瓦会议上就印支问题认真谈判,并竭力阻挠盟国达成协议的努

---

① FRUS,Vol.16,pp.427、478-479.
② FRUS,Vol.16,p.485.
③ FRUS,Vol.16,p.425.
④ FRUS,Vol.16,p.530.

力。美国政府也没有对会议进行认真准备,4月15日,美国国防部对外军事事务办公室主任戴维思写道:"国防部对到目前为止美国就日内瓦会议的缺乏准备深表关注……鉴于距日内瓦会议开幕时间无多,确有必要考虑美国的会议立场问题了。"① 概括而言,美国对日内瓦会议的态度是:拖延时日,让法国在军事上喘口气,然后在军事上继续对抗;反对会议在印支问题上达成任何协议,认为妥协的结果只能是印支的最终共产主义化,印支局势只有两种极端选择:要么共产党国家向西方投降,要么西方向共产党国家投降。美国的会议态度是极端的、不负责任的,主张对抗与拒绝缓和是其态度的实质。

三、美、英、法之间的分歧

既然不愿谈判缓和印支局势,面对法国不见好转的战场颓势,从1953年末艾森豪威尔政府一直为一个问题深深困扰:美国能否在印支投入地面部队,进行直接军事干预?

1953年12月18日的一份特别情报估计中,参谋长联席会议与中央情报局统一认识:美国军事干涉印支将给中国出兵印支以借口,美国如果在越南作战,那里的气候、地形、当地民众对西方干涉的仇恨一起可能导致一场"持久不决的战争……最终,美国与越南本国的军队将打得筋疲力尽"②。12月份联合战略计划委员会(The Joint Strategic Plans Committee,JSPC)与参联会在上述情报评估之后提交了一份迄今为止最详尽的美国在印支作战的假想军事计划,认为美国如卷入战争,需20万地面部队、花费数十亿美元,将影响到调拨给北约的资源,并令美军后

---

① FRUS, Vol. 16, p. 520.
② The Pentagon Papers: The Defense Department History of United States Decisionmaking on Vietnam, Vol. 1, pp. 429 – 434.

勤储备干涸。① 1953年底到1954年的奠边府之战又引发美国决策层在1954年春就是否军事干涉印支问题展开争论。国务卿约翰·福斯特·杜勒斯与参谋长联席会议主席阿瑟·雷德福希望美国在印支进行军事干预,援助奠边府被困法军。但美国陆军参谋长马修·李奇微、空军参谋长霍伊特·范登保、海军陆战队司令莱缪尔·谢泼德（Lemuel Shepherd）等均反对直接进行军事干预。在参联会内李奇微带头反对雷德福的意见,认为"美国出兵奠边府招致的负担将超出美国能力所及,并有可能引发全面战争"②。艾森豪威尔总统坚持如无盟友支持、国会同意,美国不能单边军事干涉印支地区。③ 但奠边府危机迫在眉睫,这两个前提条件短时间内不能具备,面对分歧,美国决策层推出一个妥协性方案：由美、英、法等国组成一个东南亚集体防御组织,以此作为西方对法国在印支溃败的反应。

3月29日,国务卿杜勒斯对美国海外新闻俱乐部发表公开讲话：呼吁西方采取联合行动反对共产党阵营向东南亚强加共产党俄国与中国式的政治体制。4月1日艾森豪威尔总统写信给英国首相丘吉尔：建立一个反对印支共产主义威胁的西方集团或联盟,"在我心目中,除贵我两国外,再加上法国、印度支那联邦、澳大利亚、新西兰、泰国和菲律宾"④。3天后,艾森豪威尔收到丘吉尔的回信,"简短的答复表明,英国很不热心同我们一起采取一项坚定的立场"⑤。4月3日,杜勒斯召见法国驻美大

---

① Robert Buzzanco, "Prologue to Tragedy：U. S. Military opposition to Intervention in Vietnam, 1950 – 1954", in *Diplomatic History*, *Vol.* 17, No. 1, 1993, p. 212.
② Robert Buzzanco, "Prologue to Tragedy：U. S. Military opposition to Intervention in Vietnam, 1950 – 1954", in *Diplomatic History*, *Vol.* 17, No. 1, 1993, p. 214.
③ Robert Buzzanco, "Prologue to Tragedy：U. S. Military opposition to Intervention in Vietnam, 1950 – 1954", in *Diplomatic History*, *Vol.* 17, No. 1, 1993, p. 215.
④ 德怀特·D.艾森豪威尔著、复旦大学资本主义国家经济研究所译：《艾森豪威尔回忆录——白宫岁月（上）：受命变革1953—1956》,生活·读书·新知三联书店1978年版,第384页。
⑤ 德怀特·D.艾森豪威尔著、复旦大学资本主义国家经济研究所译：《艾森豪威尔回忆录——白宫岁月（上）：受命变革1953—1956》,第385页。

使,提出准备与盟国一起在印支采取联合行动,拟议中的参加联合行动的盟国包括英、法、菲、新西兰、澳大利亚、泰国。4月初,法、英两国对建立这一联盟兴趣不大。法国认为这一行为会导致中国态度强硬,甚至给它以出兵的借口。英国也认为不宜丧失在日内瓦缔造和平的机会。4月9日拉尼埃总统在法国议会就印支政策提出三点纲领:其一,使用一切手段保卫奠边府;其二,用美援坚持在印支的军事行动;其三,在即将召开的国际会议上谈判获致和平①。为了推动拟议中的东南亚集体防御组织,4月11日杜勒斯飞抵伦敦,英国外交大臣艾登表示:英国不能在日内瓦会议前作出任何承诺。13日,杜勒斯飞巴黎,法国外长皮杜尔认为应避免在日内瓦会议召开前采取任何可能令中国态度强硬的措施②。15日杜勒斯返回华盛顿,并准备于4月20日召集英、法等国大使就建立集体安全机制进行磋商。18日,英国大使罗杰·梅金斯告知杜勒斯英国政府指示不许其与会讨论这一问题。杜勒斯只好把磋商主题改为就朝鲜局势的政治解决进行讨论,梅金斯这才参加了4月20日的会议③。

显然,在日内瓦会议召开前夕,在对会议的态度问题上西方阵营陷入分裂之中。美国无意在日内瓦会议上认真谈判达成缓和,但同时也不愿单方面在印支投入美国部队,艾森豪威尔政府提出西方国家在东南亚建立集体防御组织的折中方案。法国在日内瓦会议前夕采取两手政策,仍竭力争取美国采取直接军事干涉。为此,法国在1954年4月4日第一次向美国请求军事干涉印支,4月23日杜勒斯在巴黎参加北约会议,法国第二次向美国作此请求④。美国则提出美军事干涉的条件是:印支三国独立、与盟国一道行动、美国国会批准、法国训练出能有效作战的印支国家本土军队等⑤。显然,这些条件短期内是不能满足的,美国等于向军

---

① Robert F. Randle, *Geneva 1954*, *the Settlement of the Indochina*, p. 75.
② Robert F. Randle, *Geneva 1954*, *the Settlement of the Indochina*, p. 80.
③ *FRUS*, *Vol*. 13, p. 1469.
④ *FRUS*, *Vol*. 13, pp. 1473 – 1474.
⑤ *FRUS*, *Vol*. 13, p. 1475.

事干涉说"不"。在争取美国军事干涉受挫后,拉尼埃政府便寄望于日内瓦会谈,希望谈判达成缓和,以从印支脱身,对建立集体防御组织,法国采取回避态度,以免破坏和谈。英国也希望日内瓦会谈能达成协议。英国对会议的态度在4月25日晚(日内瓦会议于26日开幕)艾登与杜勒斯的会晤中表露无遗。英国认为军事援助奠边府的被围法军无济于事,英国的立场是:支持法国在日内瓦会议上达成令人满意的方案;如达不成方案,英将与美国一起研究采取何种措施保卫泰国与东南亚的剩余部分。英国不同意军事干涉印支,希望在日内瓦会议上谈出结果,并认为即使印支落入共产党国家之手,仍能守住马来亚。特别值得注意的是,在这次会晤中,艾登请杜勒斯对分裂印支的方案进行评论,后者表示分界线划在北纬17—18度之间,显然,杜勒斯认为美国这个要价是不会被接受的。艾登则表示,分界线应划得偏南一些。① 不难看出,英国对苏联的印支分治方案是进行了认真考虑,并愿意就此妥协的,但美国对此是不能接受的。总之,会议召开前,"美、英、法之间没有一致意见,没有共同立场……"②

虽然与盟国态度大相径庭,美国仍在日内瓦会议上希望通过建立东南亚集体防御组织抵制会议达成缓和的协议。这样,在1954年初,东西方阵营围绕日内瓦会议的态度主要表现为:美国谋求以建立东南亚集体防御拉住英、法,抵制中、苏等国的和平政策,拒绝缓和远东特别是印支地区紧张局势。英国、法国对和谈均抱以希望,但又担心会议可能达不成协议,因此没有完全拒绝美国的东南亚集体防御计划。在1954年初有关大国对日内瓦会议存在这么三种态度:中、苏等社会主义国家主张通过会议恢复印支和平;美国拒绝缓和、强调对抗;英、法徘徊在对抗与和平之间。哪种态度占上风将决定着日内瓦会议的最终结果,也决定着

---

① FRUS, Vol.13, p.555.
② FRUS, Vol.16, pp.654-663.

印支地区是继续战争还是走向和平。

基于美、英、法的会议态度,中国政府提出一系列应对方针:首先,明确美国是印支和平的主要威胁。"(美国)要避免印度支那战争的停火,要阻挠日内瓦会议就此问题达成协议","(美国副总统尼克松)说假若法国的军队撤离印度支那,美国的军队就要进去"①。因此,中国在日内瓦会议上要实现的一个重要目标是把美国堵在印支地区之外,不让其在印支进行军事存在。其次,中国政府强调要加强亚洲国家间的团结,并提出把和平共处原则用于处理亚洲国家间关系。1954年4月19日周恩来总理会见印度驻华大使赖嘉文时说:"亚洲各国和人民……要团结友好,反对侵略,不参加军事侵略性的集团","我们互不侵犯,互相尊重领土主权,互不干涉内政……我们赞成亚洲各国人民应该可以选择他们自己的国家和社会制度……"②这是周恩来总理在1953年底会见印度代表团时提出"和平共处五项原则"后,又一次提及类似政策原则。中国政府准备以此为原则争取亚洲有关国家,抵制美国的僵硬对抗政策。另外,中国政府也认识到美国与英、法之间存在矛盾分歧,在《初步意见》中周恩来写道:"美英法三国之间在朝鲜问题特别在印度支那问题上以及在许多国际事务上的意见并非完全一致,有时矛盾很大,它们的内部困难也很多。"③中国政府认识到在美、英、法之间存在利用其矛盾的可能性,并在会见赖嘉文时向英、法晓以利害:"要告诉英法等西方国家,他们面临着两条任选其一的道路,要么搞好和亚洲人民的关系,从而保存他们的一部分利益,要么拒绝这条道路,选择同美国一起走的道路,从而就会失掉一切而且还会永远被亚洲人民所唾弃,这将是两头失塌。"④

这样,日内瓦会议前夕基于美、英、法的会议态度,中国政府制定出

---

① 中华人民共和国外交部档案馆编:《1954年日内瓦会议》,第16页。
② 中华人民共和国外交部档案馆编:《1954年日内瓦会议》,第17页。
③ 金冲及主编:《周恩来传1949—1976》(上),第154—155页。
④ 中华人民共和国外交部档案馆编:《1954年日内瓦会议》,第17页。

孤立美国、团结亚洲国家、利用美英法矛盾的应对方针。这个方针是中国代表团在日内瓦会议上的行动指针，它的产生是大国会议立场互动的结果。不了解大国的会议立场就不能明白中国在日内瓦会议上政策方针的来龙去脉。

第四节　1954年日内瓦会议上构建老挝、柬埔寨的中立

　　1954年召开的日内瓦会议于4月26日至6月15日讨论朝鲜问题，主要由于美国的阻挠，没有达成和平统一朝鲜的协议。从5月8日到7月21日，会议讨论印度支那问题，中、苏、英、法、美、越南民主共和国、越南国、老挝王国、柬埔寨王国的代表参加了会议。印支阶段的讨论是两大阵营之间的一次严重外交斗争，斗争的实质是如何构建第一次印支战争后印支地区的政治、军事格局，斗争内容涉及老挝、柬埔寨问题和越南问题两个方面。在老挝、柬埔寨问题上，讨论分为三个阶段：第一阶段，从5月8日到25日，着重讨论老挝、柬埔寨问题是否应与越南问题分开处理，但在此问题上未能取得进展。第二阶段，5月25日第六次限制性会议上起，大会搁置老、柬问题，转而谋求实现印支地区停火、首先是越南停火，但因各方分歧较大，会议亦不能有所推进。到6月初，印支阶段的议程已陷入僵局。第三阶段，6月16日第14次限制性会议上，周恩来总理在老、柬问题上提出极富灵活性的提案，推动会议走出死胡同，日内瓦会议首先在老挝、柬埔寨问题上有所收获，并逐渐走向成功。会议计召开了8次全体会议、23次限制性会议。会上，中国代表团谋求老、柬中立化，以和平团结印支三国的外交政策，与美国试图把老挝等国纳入东南亚集体防御集团的对抗性政策对比鲜明，最终中国以和平共处为特征的会议政策挫败了美国的对抗政策，推动会议走向成功。老挝、柬埔寨的中立化是日内瓦会议印支阶段议程获得成功的关键，本书在中、外最新解密档案基础上，展示日内瓦会议建构老挝、柬埔寨中立的历史过程。

一、5月8日到25日：关于老挝、柬埔寨问题的第一阶段讨论

5月8日下午召开了日内瓦会议印支议题的第一次全体会议。会议一开始老挝问题即成为分歧的焦点之一。中、苏、民主越南提出老挝抗战政府的代表也应参加会议讨论，老挝王国政府与西方国家代表竭力反对。法国代表一上来便抛出其解决印支问题的提案，其中一主要内容是越南与老挝、柬埔寨问题分开处理，一切进入两国的越盟正规军、非正规军队全部撤出。① 10日，在第二次全体会议上，柬方代表进一步阐明老挝、柬埔寨问题与越南问题性质不同，后者既有军事问题也有政治问题，老、柬只存在军事问题。在越南军事问题指的是：法-越南国军与"叛军"交战的问题；政治问题指停战后越南政治前途的谋划。在老、柬只存在军事问题：即两国受到越南人民军的"入侵"，其解决方案是越南人民军从两国撤出。② 老挝代表支持柬埔寨代表意见。中、苏坚决支持越南民主共和国提案：印支三国问题应一体解决，不宜分开。③

会议进行到5月13日，对于西方国家的会议立场周恩来了然于胸，将其在发给中央的电报中概括为："先求得一个在国际监督下的停战，而把高棉和寮国的问题单独解决。"④ 可见，老挝、柬埔寨问题在西方国家的谈判立场中占有一半分量。在此阶段，中国代表一方面坚决支持越南民主共和国代表团团长范文同"印支问题一起解决"的立场；另一方面也在一些问题上表现出相当的灵活性：其一，在老挝抗战政府代表与会问题上未有坚持，而是同意此问题会外解决。直到会议结束老挝抗战政府代表也未正式参加会议，只在会外帮助工作。其二，支持5月10日范文同

---

① 中华人民共和国外交部档案馆编：《1954年日内瓦会议》，第213页。
② FRUS, 1952 - 1954, Vol. 16, pp. 749 - 750.
③ 陶文钊主编：《中美关系史 1949—1972》（中卷），上海人民出版社2004年版，第111页。
④ 中华人民共和国外交部档案馆编：《1954年日内瓦会议》，第129页。

讲话,宣布原则同意奠边府被困法军伤兵撤出;其中尤为重要的是5月17日在第一次限制性会议上周恩来表示同意"可以先讨论军事问题,然后讨论政治问题"①。不仅如此,中方在会外向西方明确提出中国与亚洲邻邦和平共处的外交方针。5月14日在日内瓦寓所万花山别墅,周恩来告诉来访的英国外交大臣艾登:"中国同它的亚洲邻邦都愿和平共处",在中国与印度签定的《关于在中国西藏通商的协定》序言中,中国提出了"互相尊重领土主权、互不侵犯、互不干涉内政、平等互惠、和平共处"五项原则。在这次会晤中,艾登不顾美国反对明确承认中国是世界五大国之一。②

中国灵活的会议态度及与英国相对于其他西方大国更为密切的接触令英国对日内瓦会议抱有希望,英国在与美国筹划东南亚集体防御体系问题上则裹足不前。5月11日艾登表示:"目前关于东南亚集体防御安排的事宜只限于五强范围内(注:指西方五强美、英、法、澳、新)讨论,不宜确定最后此组织包括哪些国家。"③17日丘吉尔发表下院演说,表示东南亚集体防御计划须待日内瓦会议结果出来后才能开始。④ 对于丘吉尔的这次讲话杜勒斯十分失望,他评论道:"4月13日美英联合声明说愿意研究东南亚的集体防御问题,5月17日英方将其更改为'在日内瓦会议结果出来后再研究这一问题';4月13日声明说与别的主要有关国家一起研究东南亚的集体防御问题,5月17日讲话未提这一点;4月13日声明说的是'建立集体防御',5月17日讲话则更改为'建立集体安全与防御体系',加上了'体系'一词,这意味着将有一个漫长的谈判、批准过程。"⑤对于英国在东南亚集体防御问题上闪烁其词的态度美国十分着急,5月20日杜勒斯指示美国日内瓦会议代表团尽快弄清英国在东南亚

---

① 中华人民共和国外交部档案馆编:《1954年日内瓦会议》,第131页。
② 中华人民共和国外交部档案馆编:《1954年日内瓦会议》,第237页。
③ *FRUS*, *1952-1954*, Vol. 16, p. 834.
④ *FRUS*, *1952-1954*, Vol. 16, p. 834.
⑤ *FRUS*, *1952-1954*, Vol. 16, p. 869.

集体防御问题上的立场。英国不宜继续持日内瓦会议结果不出来,不在东南亚集体防御问题上迈开实质性步伐的观点,这会使印支局势在共产党国家的军事压力下变得不可收拾。①

此阶段在老挝、柬埔寨问题上东西方终因分歧甚大不能达成协议。5月18日第2次限制性会议上,关于越南与老、柬问题是否分开处理的争论持续了3个多小时,无果而散。次日第3次限制性会议上又全力讨论这一问题,争论3小时之久毫无进展。②5月21日第4次限制性会议后,西方新闻界普遍认为:"我们(指中、苏、越)把高棉、寮国问题搁置起来了"。③次日,美国代表团团长史密斯等应邀与苏联代表晚宴。饭后,在史密斯和莫洛托夫的会晤中,气氛坦诚友好,莫洛托夫摆出一个微妙姿态,老、柬问题与越南问题确实不同,但仅此而已。赴宴的美国代表们感到莫洛托夫的态度比之斯大林在世时有所不同,更坦率、敢走得更远些,不再指责美国。④

5月25日第6次限制性会议上,大会正式接受老、柬问题先行搁置,转而讨论越南的停火问题。

二、会议步入僵局

在有关越南停火的议程上,会议仅达成一个成果:法、越军事代表立即在日内瓦会晤,军事人员会谈的首要任务是划定双方部队集结区。⑤从5月31日第9次限制性会议始,讨论印支停火后的国际监督委员会的组成及其功能问题。此问题讨论了两周半一无进展。⑥分歧的焦点是如何构建执行、监督停火协议的国际监控机制。会议认为,停火的执行、监

---

① *FRUS*, *1952-1954*, Vol. 16, p. 868.
② 中华人民共和国外交部档案馆编:《1954年日内瓦会议》,第133页。
③ 中华人民共和国外交部档案馆编:《1954年日内瓦会议》,第136页。
④ *FRUS*, *1952-1954*, Vol. 16, pp. 896-899.
⑤ *FRUS*, *1952-1954*, Vol. 16, pp. 938-939.
⑥ Robert F. Randle, *Geneva 1954: the Settlement of the Indochina War*, p. 237.

控机制应由交战双方军事代表组成的混合委员会,及中立国组成的国际中立监督委员会负责,但在两者的功能如何界定、工作关系是平等还是从属、国际中立监督委员会的组成国等一系列问题上,与会国立场相差甚远。6月9日,在第6次全体会议后日内瓦会议在停火问题上又出现死结。① 10日第7次全体会议上,艾登发表讲话,对前两次会议双方分歧的加深表示遗憾。与此同时,杜勒斯指示国务院:"日内瓦会议没有出路,共产党国家只是以会议为掩护进行侵略活动,建议降低美国与与会代表团级别,史密斯可以回国,留下罗伯特森(美国代表团团员,时任美驻捷克斯洛伐克大使)负责会谈,估计英国也会采取类似行动。这样,美英即能推进4月初关于在东南亚采取联合行动的谈判了。"② 15日,杜勒斯举办新闻发布会,公布丘吉尔、艾登即将访美,并认为日内瓦会议没有结果。此时,史密斯已宣布在6月13—20号那一周从日内瓦回国。到6月15日,日内瓦会议已经走入死胡同。③ 同一天,日内瓦会议在朝鲜问题上的谈判以失败告终。与此同时,英国也对会议陷入僵局表示失望。9日,艾登电告丘吉尔,如果共产党人不作让步,有必要结束会议,鼓励老、柬向联合国求助。12日,美国代表团团长史密斯又接到艾森豪威尔总统私人指示,指示其返美,史密斯催促艾登结束会议。同时,艾登已经感受到英国国内的压力,英国媒体经常引用美国媒体对他的攻击性语言。艾登知道保守党已对自己的表现表示出不快,甚至一些英国代表团的工作人员也对其不满,这种不快与不满来自对美英关系不协调的认识。艾登只能得到年迈的首相丘吉尔的支持,但这很不够,因为丘吉尔已于6月11日告诉他将于9月退休。④ 6月10日第7次全体会议上,艾登明确指出会议陷入僵局的症结:其一,老、柬问题是否与越南问题分开

---

① Robert F. Randle, *Geneva 1954: the Settlement of the Indochina War*, p. 271.
② *FRUS*, 1952-1954, Vol. 16, p. 1118.
③ Robert F. Randle, *Geneva 1954: the Settlement of the Indochina War*, p. 281.
④ James Cable, *the Geneva Conference of 1954 on Indochina*, New York: St. Martin's Press, 1986, pp. 93-94.

处理;其二,国际监督委员会的组成等问题,"分歧是广泛与深刻的","除非我们缩小分歧不再延迟,否则我们的任务就要失败"。① 14日,美国代表团致电国务院:"估计艾登将于周四(17日)离开日内瓦,并带走大部分英国代表团成员。"②同一日,杜勒斯幸灾乐祸地指示美国代表团:"我们认为会议休会符合我们的利益,艾登离开会议将表明再无充足理由延宕在东南亚集体防御问题上的对话了。史密斯离开日内瓦的时间也不宜晚于艾登。"③

在会议讨论印支停火议题的过程中,中国代表团对老、柬问题的认识也在发生变化。5月30日,周恩来发电给中共中央:"印度支那三个成员国的民族和国家的界限是非常明显而严格的……过去我们没有看得这样严重","柬埔寨、老挝两个王国政府在大多数人民看来仍然是合法的政府,并且是被世界30多个国家承认的政府","这次在日内瓦会议的接触中我们才懂得……必须严格地以三个国家来对待。"他请中央考虑所提意见,并与越南劳动党中央电商。6月4日,劳动党中央复电中共中央,同意周恩来的意见。13日晚中、越、苏三方代表商谈后决定:由中国提出关于老、柬必须予以具体讨论,并提出与越南不同的办法,而由越南提出"三国应相约互相尊重独立、统一和国内制度"。④

在日内瓦会议步入僵局的同时,中、苏、越已酝酿在老、柬问题与越南问题分开处理的议题上改变原有立场。

三、会议的突破性进展

中国代表团准备在老、柬议题上作出破冰之举前夕,英国代表团也作了最后一次努力。6月15日,英国外交及联邦事务部次官卡西亚等与

---

① 中华人民共和国外交部档案馆编:《1954年日内瓦会议》,第165页。
② *FRUS, 1952-1954*, Vol. 16, p. 1136.
③ *FRUS, 1952-1954*, Vol. 16, p. 1147.
④ 中共中央文献研究室编、金冲及主编:《周恩来传》(三),第1126—1127页。

中国代表张闻天会谈,卡西亚表示在从老、柬撤出越盟部队问题上,西方是决不会让步的。如越盟部队从两国撤出,与会各国将没有任何一国会利用这个协议在老、柬建立基地。艾登希望在16日第14次限制性会议开幕前会晤周恩来。① 16日上午周恩来往访艾登。周恩来总理表示,中国不能看到老、柬成为美国军事基地威胁中国安全,中国愿意看到两国成为像印度那样的东南亚型的国家,并愿意与之和平共处。在政治上,越南民主共和国愿意尊重老、柬独立、主权和统一,军事方面应该承认有本地抵抗部队,也承认过去有越南志愿军在两国作战,有的已经撤出,如果现在还有,也应该撤出。艾登表示,这也是英国的要求。② 在这里,周恩来已明确表示希望老、柬成为"东南亚型国家"。7月13日,在与艾登的会晤中,周恩来解释了"东南亚型国家"的涵义。"东南亚型是我用的名词,尼赫鲁总理用的名词是中立,也就是说像印度、缅甸一样的国家。"③这样,周恩来总理于6月16日上午在老、柬问题上明确表态,越盟从老、柬撤军,两国中立,中国、越南民主共和国与两国和平共处,美国不得在两国建立军事基地。从此次会谈开始,中国与越南民主共和国对老、柬外交的关键词便是中立与和平共处。比之1953年到1954年初中国政府强调老挝在印支战争中的军事价值,这是一次重大的对老政策调整。

16日下午,第14次限制性会议上,周恩来提出关于老、柬问题的六条建议,其中核心是:其一,老、柬的交战双方司令部代表在日内瓦会晤研究在两国境内停止敌对行动的问题。这个问题包括两个方面:一方面是老、柬本国敌对军队包括两国抵抗部队在内的部署问题;另一方面是研究一切外国军队撤退的问题。其二,印支全境停止敌对行动的同时,

---

① 中华人民共和国外交部档案馆编:《1954年日内瓦会议》,第240—241页。
② 中共中央文献研究室编:《周恩来年谱,1949—1976》(上卷),中央文献出版社1997年版,第385页。
③ 中华人民共和国外交部档案馆编:《1954年日内瓦会议》,第244页。

55

停止从印支境外输入各种新的部队、军事人员和各种武器弹药。但也可以考虑老、柬输入必要的自卫武器问题。其三,停战后任何外国不应在印支国家中任何一国建立军事基地。其四,应在老、柬进行国际监察。①

周恩来的建议在会上赢得广泛支持,连美国代表史密斯也承认中国代表团的建议是"温和的、合理的","许多地方是可以同意的"。② 17日中午周恩来拜访皮杜尔,皮杜尔说:会议因周恩来的建议而有进展,艾登和史密斯愿意在下周前不离开日内瓦,周恩来总理重申了希望老、柬中立的观点。③ 第14次限制性会议是日内瓦会议的突破口。在这次会议中,周恩来把老、柬中立的原则具体化:从老、柬撤出外国军队,不得从境外输入两国自卫所需之外的武器、军队和军事人员,不得在两国建立军事基地,并对以上问题的落实施行国际监控。19日在第16次限制性会议上,以中国建议为基础,通过了《关于在柬埔寨和老挝停止敌对行动达成协议的公报》,其中规定,双方司令部代表将立即在日内瓦或在当地会晤,就停止敌对行动的各项问题进行研究,从撤退在两国的一切外国武装力量和外国军队问题开始,21天内向大会提交研究报告。④

6月17日积极主张和谈的孟戴斯-弗朗斯组成法国新政府,在就职演说中其保证新政府将在四周内实现印支停火。老、柬问题的进展,孟戴斯-弗朗斯的保证令英国对日内瓦会议重又充满希望。22日,艾登告诉英国内阁,日内瓦会议达成协议并非不可企及,但希望美方不要以东南亚筹建集体安全机制而破坏会议。25日,艾登拟与丘吉尔一同访美,艾登认为他访问华府的目的是说服美国政府给法一个在日内瓦达成协议的机会,在日内瓦会议之前不要发布任何在东南亚建立反共联盟的消

---

① 中华人民共和国外交部档案馆编:《1954年日内瓦会议》,第171—172页。
② 陶文钊主编:《中美关系史1949—1972》(中卷),第113页。
③ 中华人民共和国外交部档案馆编:《1954年日内瓦会议》,第171—172页。
④ 陶文钊主编:《中美关系史1949—1972》(中卷),第114页。

息。我们将清楚表明,在日内瓦会议结果出来之前,我们不会承诺参加东南亚地区任何形式的联合行动。① 6月25—28日,美英首脑会于华盛顿。杜勒斯对日内瓦会议关于老挝、柬埔寨可能达成的安排表示担心:"中立与非军事化的程度对于训练装备两国部队、安插外国顾问会有很大的限制性影响。如果没有这些援助,这些政府不可能存在下去。"② 早在24日,美国政府在为这次峰会准备的会晤立场文件中指出:拟议中的东南亚集体防御安排是否应包括老、柬仍是应当考虑的问题。美国认为应当包括老、柬及可以从共产党手中拯救出的越南剩余部分。③ 英国并没有接受美国立场。28日美英达成七点共识,其中关于老挝的有关内容是:老挝独立,但应可自由取得外国军事援助。④ 同日,艾登在华盛顿举行记者招待会声称对与社会主义国家和平共处抱有信心,并说服美国同意在日内瓦会议后考虑东南亚集体安全问题。⑤ 美英达成共识后,两国又与法国沟通。7月13日,杜勒斯、艾登与孟戴斯-弗朗斯会于巴黎,三国达成一致:日内瓦会议后美国不在印支建立军事基地,但杜勒斯强调,日内瓦会议上西方不能同意这样的条件:禁止老挝等国从自由世界获取军事、经济援助。⑥

老挝、柬埔寨的中立化成为日内瓦会议印支阶段讨论走向成功的突破口。日内瓦会议获得重大进展的同时,中国对老挝的政策方针也趋于明朗:在老挝中立的前提下中国与之和平共处。中国准备以和平共处团结老、柬。随着新的对老政策的形成,中、越与老挝、柬埔寨的关系得到改善。

---

① Robert F. Randle, *Geneva 1954: the Settlement of the Indochina War*, p. 296.
② *FRUS*, *1952-1954*, Vol. 12, p. 577.
③ *FRUS*, *1952-1954*, Vol. 12, p. 573.
④ *FRUS*, *1952-1954*, Vol. 13, p. 1758.
⑤ Robert F. Randle, *Geneva 1954: the Settlement of the Indochina War*, pp. 298-299.
⑥ *FRUS*, *1952-1954*, Vol. 13, pp. 1819-1821.

四、以和平团结老挝

6月16日周恩来总理在第14次限制性会议上的提议并非仅是从会议需要出发制定的一时权宜之计,而是有着深刻的政策背景。当时中国代表团工作人员、中联部越南处处长张翼回忆,在16日会议前夕周恩来向汇报工作的张翼谈道:"……彼此都通过谈判赢得一段和平共处的和平时期,我们都在和平时期发展生产……","如果我们对社会主义充满信心,我们就应该这样做。要把世界对抗变为世界和平。美国还是一个很强大的国家,与其对抗,不如和平共处。双方都在经济建设上搞竞赛,最终地来解决谁为优劣的问题。"据张翼回忆:当时的周恩来就认为,东西方两大阵营里有大国也有小国,采取什么样的社会制度是各国人民自己的选择,别国不能干涉,……最好在和平共处的国际环境中,……给人民提供选择的机会。① 周恩来关于和平共处五项原则的思想在这个时候成熟了,并逐渐系统化。日内瓦会议正是他贯彻这个思想体系最为突出的实践。

6月20—21日,日内瓦会议休会后周恩来并没有立刻离开日内瓦,开始着手在和平共处外交方针下改善印支三国彼此关系,改善中国与老挝、柬埔寨的关系。周恩来对自己的助手们明确表示:"是用战争能够团结老挝和柬埔寨,还是用和平可以团结它们?是用战争团结东南亚呢,还是用和平团结它们?答案是用和平可以团结它们,用军事手段只会使它们投向美国。"②20日下午,周恩来在下榻的花山别墅会晤应邀前来的柬埔寨外交大臣泰普潘。会晤中泰普潘对越南侵犯柬表示担心。周恩来表示,越南民主共和国不会有这种想法,否则就成了小帝国主义,我们也反对。为了驱除这种担忧,周恩来表示愿意在次日安排范文同与柬代

---

① 1990年2月4日在北京访问张翼的记录,转引自钱江:《周恩来与日内瓦会议》,中共党史出版社2005年版,第356页。
② 中共中央文献研究室编:《周恩来年谱,1949—1976》(上卷),第389页。

表团进行直接接触。① 21日中午12时,周恩来在花山别墅会晤了老挝代表团团长、老挝外交大臣培·萨拉尼空。周恩来表示,我们在尽力促成(印支)三国接近,尊重三国的独立,反对美国在三国建立军事基地。萨拉尼空表示希望能与中国、越南建立外交、经济和文化关系。萨拉尼空认为老挝的政治问题不大,苏发努冯亲王并不想要推翻国王,他只是想参加政府。周恩来还与萨拉尼空探讨了苏发努冯亲王与富马亲王(时为老挝首相)会晤的可能性。② 21日晚,周恩来宴请范文同等与泰普潘、萨拉尼空一行。范文同同意从两国撤出越南志愿军,同意继续在老挝保留法国军事基地。③ 席间,大家为三国和平和四国友好干杯,"三国都用法语交谈起来,互道过去相识情况及同学关系"。④ 在和平共处方针指导下、在中国推动下,印支三国领导人坐到了一起,这是日内瓦会议的一件大事,也是印支三国关系中的一件大事。到6月底,中国关于印支三国间关系及中国与老挝、柬埔寨关系的思路已十分清楚:印支三国相互尊重主权领土完整、和平共处,谋求老挝中立化,剩下的工作是落实这些政策原则。

7月3—5日周恩来在广西柳州会晤胡志明、武元甲与黄文欢。双方进行了八次会谈。周恩来在会晤中明确指出,在印支我们只有一个任务就是和平。关于老挝的讨论双方达成一致,底线是在老挝要求上、中、下寮各有一块地区,要力争到上寮、中寮有一块地区,如不行再议。根据柳州会谈精神,越南劳动党形成了《七·五文件》,发给在日内瓦的范文同,其中关于老挝的内容是:争取把靠近中国和越南的桑怒和丰沙里两省划为老挝抗战力量的集结区。⑤

---

① 李连庆:《大外交家周恩来》,第二部《舌战日内瓦》,香港天地图书有限公司1994年版,第306—311页。
② 中华人民共和国外交部档案馆编:《1954年日内瓦会议》,第329—330页。
③ 中共中央文献研究室编:《周恩来年谱,1949—1976》(上卷),第388—389页。
④ 中华人民共和国外交部档案馆编:《1954年日内瓦会议》,第330页。
⑤ 李连庆:《大外交家周恩来》,第二部《舌战日内瓦》,第335页。

7月12日周恩来返回日内瓦,继续致力于推动印支的和平与老挝、柬埔寨中立。这一努力包括两个方面:利用西方国家矛盾,阻止老挝、柬埔寨落入西方军事联盟、阻止美国在两国,特别是老挝建立军事基地;推动两国接受中立。13日,艾登到周恩来寓所会晤周总理。周总理表示,希望老、柬中立,"不希望老、柬成为任何外国的军事基地,也不希望两国参加敌对另一方的军事同盟"。① 17日周恩来往访艾登,会晤中周恩来集中关注两件事情:美国是否会在老、柬建立军事基地;印支三国是否会被"搞进"美国筹建的东南亚防御同盟中。对于前一个问题,艾登的答复是明确的:"我可以很有把握地说,美国并不想在这两国的任何一国建立军事基地";对后一个问题,艾登闪烁其词,仅表示只能以个人名义作答,"并没有想到要印支三国成为(东南亚集体防御)成员国"。在周恩来的一再追问下,艾登表示将和美国代表团团长史密斯澄清此事。② 次日,艾登派卡西亚会晤张闻天,转达对此问题的澄清结果:"英方认为在将达成的解决办法(注:指日内瓦协议)中,将会使这些国家中立化,使它们不和任何方面结成同盟"。③ 另一方面,周恩来积极争取老挝代表接受中立,7月14、18日与老挝外交大臣萨拉尼空两次会晤。周恩来表示老挝问题分为两个方面:对外方面,希望老挝不让外国在其境内建立军事基地,不和外国缔结军事同盟;内政问题是,老挝抵抗部队应该承认王国政府,王国政府应该承认抵抗部队。……至于老挝抵抗部队的集结地区,越南的提议是在上、中、下寮分散为11个点,萨拉尼空认为这无异于老挝分治。周恩来表示已与英、法谈过,在老挝东北两省划定一个集结地区,不要分散在11个点上,并设混合委员会来处理双方关系,另外老挝抵抗部队可以编入王国军队或警察队伍,一部分还可以复员。选举以后,抵抗运动方面可以参加王国政府。划分集结区只是临时办法,……不是分治。在

---

① 中华人民共和国外交部档案馆编:《1954年日内瓦会议》,第244页。
② 中华人民共和国外交部档案馆编:《1954年日内瓦会议》,第247—248页。
③ 中华人民共和国外交部档案馆编:《1954年日内瓦会议》,第252页。

中国作出妥协后,萨拉尼空谈到:"我们只在报上看到美国打算建立东南亚防御同盟,并准备把印支三国包括进去,但是我们没有这样的考虑,我对许多记者都这样讲过","老挝不应该参加任何军事集团"。周恩来表示,我们曾经提到的和平共处五项原则也可以适用于我们之间的关系。①

根据以上会晤,7月20、21日,日内瓦会议达成《关于在老挝停止敌对行动的协定》(以下简称《停止敌对行动协定》)、《日内瓦会议最后宣言》。《停止敌对行动协定》规定:禁止一切增援部队和军事人员进入老挝,禁止在老挝全境建立新的军事基地,禁止各种武器、弹药和装备进入老挝,但为老挝自卫所需,一定数量和一定类型的武器不在此限。② 另外,成立国际监控委员会负责监察、监督在老挝停止敌对行动协定的实施。国际监控委员会设立固定、机动视察小组,由委员会组成国(加拿大、印度、波兰)派同等人数的军官组成。在老挝国内政治问题解决以前,抵抗部队转移到桑怒和丰沙里两省。③ 在《日内瓦会议最后宣言》中,《老挝王国政府声明》表示:不允许老挝领土被利用来为侵略政策服务,不在老挝领土上建立外国军事基地(法国在老挝保有两个军事基地),老挝不参加任何外国军事集团。④ 有关柬埔寨的问题也作了类似安排。

日内瓦会议基本建立起老挝、柬埔寨中立的国际安排。如张闻天与卡西亚会晤所说,老挝的中立安排大致包含以下几个方面内容:"军事联盟问题、基地问题、自国外进入外国军事人员问题和外国武器问题。"⑤另外,还应加上中立的国际监督问题。

日内瓦会议于6月15日在朝鲜、印支问题的讨论上均陷入僵局,16日周恩来总理关于老挝、柬埔寨问题的提案是会议走向成功的突破口。

---

① 中华人民共和国外交部档案馆编:《1954年日内瓦会议》,第332—335页。
② 中华人民共和国外交部档案馆编:《1954年日内瓦会议》,第530—531页。
③ 中华人民共和国外交部档案馆编:《1954年日内瓦会议》,第520—535页。
④ 中华人民共和国外交部档案馆编:《1954年日内瓦会议》,第507页。
⑤ 中华人民共和国外交部档案馆编:《1954年日内瓦会议》,第252页。

在作出这一重大提议的同时,中国政府对印支地区的外交方针趋于明确,以和平团结老挝、柬埔寨,和平共处五项原则也适用于指导印支三国的关系。在和平共处方针指引下,印支三国领导人坐到了一起,建立起直接的接触,这对于印支地区的和平是极其有益的,同时,中国以和平团结了老挝。老挝代表团明确接受日内瓦会议有关老挝中立的安排。老、柬中立是对美国以对抗为特征的东南亚政策的有力挫败。在实现老、柬中立的过程中,英国外交大臣艾登向周恩来明确表示印支三国不会加入东南亚集体防御条约。周恩来-艾登"君子协定"在西方联盟内部设置起把印支三国纳入西方集体防御体系的障碍。

中国以和平共处为特征的对老政策赢得了老挝政府对东方阵营的友谊,7月22日上午在日内瓦会议闭幕后,萨拉尼空专程到周恩来寓所对会议的成功道贺:"总理阁下……作了有效的努力,因而印支的和平才能得以恢复。我们要对您表示衷心的感谢","在停战后,我们必须派代表到河内,……我愿意首先要求出任驻北京大使"。[①]

在日内瓦会议上,中国和平共处的印支地区政策遏制了美国以对抗为特征的战争政策。在中国代表团和平政策的感召下,艾登坚持西方在东南亚的集体防御安排需待日内瓦会议结果出来后才能施行,这令从4月份以来美国酝酿施行的东南亚集体防御计划举步维艰,一波三折,终日内瓦会议,这一计划都未能步入实质性阶段,而日内瓦会议达成的协议又给西方的东南亚集体防御计划设置了限制,令美国无法在印支地区建立起军事存在。

虽然确保老挝、柬埔寨中立的国际机制在日内瓦会议上确立起来,但是美国政府并不甘于失败,在美国政府的破坏阻挠下,印支地区仍然存在着对抗与和平两种政策的较量。

---

① 中华人民共和国外交部档案馆编:《1954年日内瓦会议》,第474—476页。

小　结

在第一次印支战争中老挝的军事价值得到充分体现,进军老挝是北越调动法军、减轻越南战场压力、赢得战争主动权的一个重要决策,没有在老挝的战争就没有后来的奠边府战役,也不可能迫使法国尽快接受谈判。在1954年日内瓦会议印支阶段的谈判中,老挝在冷战中的价值也开始体现出来:美国希望加强西方特别是本国在老挝的军事存在,把老挝这个与中、越接壤、地处冷战前沿的国家变为其反共反华的桥头堡,中国、苏联则谋求老挝中立,把它变成一个在印支地区隔离东西方接触的缓冲地带。结果中、苏等国的政策目标得到实现——至少在国际协议中是这样。老挝在地缘上处在东西方冲突第一线的特点赋予其在军事、政治上以重大的价值,并成为在印支地区进行冷战的大国关注的重点。

在1954年日内瓦会议上,东西方围绕老挝的较量其分歧焦点已经充分展现:老挝要不要中立。在今后以老挝为中心的冷战中,双方纷争的核心仍然是一方要破坏老挝中立,另一方要维护老挝中立。

美国政府不希望老挝中立,但英、法等盟国不能接受美国继续与中、越对抗的政策,美国政府对于单独出兵印支又不能接受,最终艾森豪威尔政府不能左右盟友特别是法国的意志,《日内瓦协定》初步设定了老挝的中立。从东方阵营看,中、苏两国主张缓和印支局势,越南虽然希望趁胜追击,但又无力单独进行战争,在中苏两国主导下,越南也接受了日内瓦会议的安排。

在这一回合的东西方较量中,中、苏以和平共处为特征的对老政策得到西方英、法等国的接受,美国对此虽不乐见,但也无可奈何。

第二章　万象协议

1954—1957年,在日内瓦会议之后,中国、苏联与北越积极谋求与老挝的和平共处,维护老挝中立。美国艾森豪威尔政府继续奉行僵硬对抗的印支地区政策,逐渐形成以东南亚条约组织"保护"老挝、直接援助老挝、反对老挝建立中立联合政府等对老政策原则,其目的在于破坏《日内瓦协议》中老挝中立的条款,把老挝变成反共的桥头堡,纳入美国冷战政策轨道。北越国内经济建设百废待兴,恢复经济、休养生息是其对内政策的首要任务,在统一问题上,越南党致力于与南越政权对话和谈,对劳动党内主张在南方开展武装斗争实现统一的意见未有采纳。在对老政策上,北越接受中苏的和平共处外交方针。老挝卡代政府对和巴特寮的谈判一度寄予希望,但在美国压力下只好放弃和谈,谋求以军事手段解决巴特寮问题。1956年3月富马首相上台后,加大推行与巴特寮对话、谋求老挝中立的政策力度,对中、越进行了友好访问,并与巴特寮达成体现老挝中立、建立联合政府的万象协议。艾森豪威尔政府的对抗政策与社会主义国家的和平共处政策较量的结果是,老挝建立起以富马为首相的中立联合政府,艾森豪威尔政府的对抗政策受到挫败。本章论述在中、苏、越与美国等国家印支及对老政策的背景下,老挝王国政府与巴特寮通过和谈达成万象协议的历史过程。

第一节 美国对老挝政策三原则的形成

日内瓦会议后美国对老挝的政策逐渐形成,其主要内容是:直接对老挝进行经济、军事援助,通过东南亚条约组织"保护"老挝和反对老挝中立、抵制巴特寮参加联合政府。其中反对老挝中立、抵制巴特寮参加联合政府是核心,其余两项政策内容为此服务。

一、日内瓦会议后美国对老挝政策形成背景

《日内瓦协议》签署后,面对新的印支局势艾森豪威尔政府于1954年8月3日作出评判:《日内瓦协议》的签署给了共产党国家在印支的军事、政治力量以国际承认,并给此种力量以确定的存在区域。共产党国家不会放弃控制整个印支地区的目标,但手段上不会是公开的武装入侵,而会是政治、心理等手段的运用。越盟对北部越南的控制将是牢固的,老挝政府面临日益严重的共产主义威胁,柬埔寨较有可能维持内部安全。① 美国政府感到印支地区的前景是灰暗的,法国在《日内瓦协议》签署后在印支采取逐渐淡出军事力量的政策,美国国务院认为在"丢失中国"、朝鲜战争后,美国不能再遭受失败,在印支地区应当加大干涉力度。7月22日,在第207次NSC会议上,国务卿杜勒斯认为美国在印支的当务之急是能否从共产主义阴影下拯救出印支地区剩余的未赤化部分,希望直接与印支本地国家打交道。② 从杜鲁门政府到《日内瓦协议》签署,美国把其印支政策从属于法美关系,美国支持法国在印支的军事存在,承认法国在印支地区的领导权。1954年下半年到1955年初,吴庭艳政权在南越完成其巩固工作后,美国对法国-南越的政策重心开始偏

---

① *FRUS*,1952-1954,Vol. 13, p. 1905.
② *FRUS*,1952-1954,Vol. 13, p. 1869.

移,从强调美法关系发展为强调美国与南越的关系,美国对越政策乃至对印支地区的政策开始逐渐摆脱美法关系背景,表现出较强的独立性①,同时,美国政府在印支地区的介入程度逐渐加深。

1954年9月29日,美国国务院发布第542号新闻通告,将直接给印支三国以经济援助。② 此前,美国对印支三国的经援是通过法国间接提供的。1955年初,美国又承担起对南越军队的训练任务。不但如此,美国插手南越政局,从1954年7月开始,一再阻止法国更换吴庭艳的计划。在美法是否更换吴庭艳的分歧中,美国开始怀疑法国印支政策的意图。9月24日第215次NSC会议上,国务卿杜勒斯说:"南越问题的关键是知道孟戴斯的意图,法国是准备与越盟进行某种程度的合作呢,还是准备重回殖民主义的老路。"③11月23日的美国《国家情报估计》中写道:"法国对吴庭艳政府的支持是三心二意的,法国倾向于与越盟和解。"④虽然美国国务院主张加大美国在印支地区的介入程度,但国防部对于加大在该地区的军事介入程度持反对态度。1954年8月12日,国防部长查理·厄文·威尔逊致函国务卿杜勒斯:参联会提出在美国承担起印支三国军队的训练任务之前应满足以下条件,三国应建立强有力的政府……法国给三国以独立……⑤但杜勒斯不予认同,他在18日给威尔逊的回信中写道:"是先有一支强大的军队还是先有一个稳固的政府,这是一个是先有鸡还是先有蛋的问题。越南国在1954年6月18日即向美国递交了训练本国军队的请求,5月20日柬也曾递交类似请求",而且"《日内瓦协议》未阻止美国在西贡的军事援助顾问团承担起训练越南国

---

① Daniel Greene, "John Foster Dulles and the End of the France-American Entente in Indochina", in *Diplomatic History*, Vol. 16(Winter 1992), No. 4, pp. 551–552.
② *FRUS*, *1952–1954*, Vol. 13, pp. 2097–2098.
③ *FRUS*, *1952–1954*, Vol. 13, p. 2059.
④ *FRUS*, *1952–1954*, Vol. 13, pp. 2291–2297.
⑤ *FRUS*, *1952–1954*, Vol. 13, p. 1939.

军队的使命,在柬埔寨也应设立军事援助顾问团"。① 9月7日,国防部副部长罗伯特·安德森在与参联会主席、助理国务卿等人的会晤中提出,国防部认为在印支缺少稳固的政治基础的前提下,大规模军援是不合理的。② 24日,在第215次NSC会议上,国防部长威尔逊明确提出,美国在南越的可行之举是从那儿彻底抽身退出。③ 面对国防部与国务院的分歧,10月22日第218次NSC会议上,艾森豪威尔总统支持国务院立场:必须给法国人立个规矩,在欧洲问题上必须说服法国,但在印支毋需这样。这次会上,参联会同意在柬埔寨设立军事援助顾问团,同时NSC指令开始起草重建与训练"自由越南"军队的计划,先由参联会提出一份口头报告。④ 26日,在第219次NSC会议上,威尔逊继续坚持从印支抽身,艾森豪威尔总统表示从该地区不断后退会给美国国家安全带来巨大不利影响。⑤ 总统虽然支持国务院在印支加大军事、政治、经济介入的政策,但在介入程度上也给杜勒斯国务卿以明确指示:美国部队不卷入印支取代法军,"(美国)不能在象越南这样糟糕的地方部署军队"。⑥

概而言之,1954年《日内瓦协议》签署后,美国政府认为印支地区主要的共产主义威胁不是共产党国家的公开入侵,而是其对印支三国从内部进行的颠覆。1954年11月23日美国《国家情报估计》写道:"目前阶段共产党国家在越南南部的政策是从军事斗争转为政治斗争……估计在共产主义阵营和平共处路线之下,越南民主共和国不会太过激进地支持巴特寮。"⑦美国的印支政策应基于NSC5429/2:印支国家保持军队确

---

① FRUS, 1952–1954, Vol. 13, p. 1955.
② FRUS, 1952–1954, Vol. 13, p. 2010.
③ FRUS, 1952–1954, Vol. 13, p. 2059.
④ FRUS, 1952–1954, Vol. 13, pp. 2157–2158.
⑤ FRUS, 1952–1954, Vol. 13, p. 2185.
⑥ Daniel Greene, "John Foster Dulles and the End of the France—American Entente in Indochina", in *Diplomatic History*, Vol. 16(Winter 1992), No. 4, p. 557.
⑦ FRUS, 1952–1954, Vol. 13, pp. 2186–2299.

保各国内部安全,以马尼拉条约组织遏制对东南亚地区的外来侵略。①同时,美国开始加大对印支地区的卷入程度,撇开法国直接给三国以经济援助,并从1955年起承担南越军队的训练任务,在柬埔寨也设立了军事援助顾问团。美国对老挝的政策就是在这样的背景下展开的。

二、"保护老挝"

1954年艾森豪威尔政府的"新面貌"军事战略呈现一些引人注目的特点:强调依靠核武器、心理战、秘密行动及联盟威慑力量,而非依靠常规战争力量。"新面貌"既要发展经济,又追求遏制共产主义。从1954年春天开始,杜勒斯计划创立一集体安全体系加强美在东南亚(包括印支地区)的地位。但在与英国磋商的具体过程中遇到三个障碍。

其一,作为《日内瓦协议》两主席国之一,英国外交大臣安东尼·艾登不想违反协议。艾登曾向周恩来明确保证老挝、柬埔寨不会成为东南亚集体安全条约的成员国。② 英国的态度令杜勒斯气愤,在美国看来艾登更关心的是不要惹怒共产党国家而不是防止共产党国家在东南亚搞扩张。③ 杜勒斯坚持美国应对老挝、柬埔寨、南越的防御承担义务,为绕开《日内瓦协议》限制,东南亚集体防御条约单独拟订一个条款,确保签字国对东南亚有关地区给予保护,但未把老挝、柬埔寨、南越变为其成员国,以此消除艾登顾虑。

其二,美方希望拟议中的东南亚条约组织要采取行动阻止共产党国家的侵略与颠覆行为。艾登认为,这样的条约内容太具挑衅性,会招致不必要的麻烦。同时,美国也担心自己不要被卷入难以预见的冲突中去④,英国赢得了这一争论的胜利,"共产主义威胁"一词未在条约文本中

---

① FRUS, 1952-1954, Vol. 13, pp. 2132-2133.
② Foreign Office, 371/111873/270, Public Record Office, London, Eland.
③ FRUS, 1952-1954, Vol. 12, p. 735.
④ FRUS, 1952-1954, Vol. 12, pp. 616-619.

出现,但美国单方面发布一个声明,声称美国认为东南亚条约组织是一个用于阻挡共产党国家侵略颠覆行为的组织。①

其三,如何对中国出兵"入侵"东南亚的情况作出反应?英国对此十分保守。1954年6月3日的NSC会议上艾森豪威尔总统说道:"如果我们的盟友不同意在亚洲与我们一起反对共产党中国的侵略,这实际上等于抛弃我们。"②杜勒斯认识到,如果美国坚持东南亚集体防御条约中包含可能攻击中国的内容,英国不会签署该约③,结果美英在中国出兵印支的情况下是否会给中国以打击未有提及,美英任何一方都不想在东南亚集体防御中承担军事义务。1954年9月8日在马尼拉签署的《东南亚集体防务条约》(又称《马尼拉条约》)美国在老挝问题上承担了以下义务:对老挝及条约签字国的直接入侵将导致美国干涉,条约签字国将驱除入侵者。对于条约区的间接入侵,条约成员国协商解决,在出现共产党力量领导的叛乱时如何措置,条约无具体承诺。④ 美国虽在条约声明中承诺保护老挝,但政府内部对于东南亚的防御问题存在分歧:参联会不主张过深卷入包括印支地区在内的东南亚,认为东南亚共产主义威胁的源头是红色中国,要打击就应该直接打击中国。⑤ 但美国国务院感到必须在东南亚划出一条明确的反共界限,特别是"中国在亚洲继续扩张"的界限。⑥ 在经历了"丢失中国"的指责、朝鲜战争、《日内瓦协议》的签署等一系列事件后,国务院不愿再受到任何"丢失自由世界土地"的指责,如果再不采取行动,不用通过战争,我们即会丢失整个东南亚,总统同意国务

---

① Kaplan Lawrence S., Denise Artaud and Mark R. Rubin, eds., *Dien Bien Phu and the Crisis of France-American Relations*, 1954-1955, Washington, D. C.: SR Books, 1990, p. 161.
② *FRUS*, 1952-1954, Vol. 12, p. 533.
③ *FRUS*, 1952-1954, Vol. 12, p. 522.
④ *FRUS*, 1952-1954, Vol. 12, p. 904.
⑤ *FRUS*, 1952-1954, Vol. 12, p. 655.
⑥ *FRUS*, 1952-1954, Vol. 12, p. 667.

院的观点,同意把老挝纳入《马尼拉条约》的保护范围。① 不难看出,东南亚条约组织从建立之初就陷入分歧之中,既有美英分歧,也有美国政府内部的分歧,这一系列分歧的存在预示这将是一个无所作为的条约。

三、直接援助老挝

《日内瓦协议》禁止美国向老挝输入军事人员、部队及用于自卫以外的战争物资;允许法国在老挝保持1500名军人训练老挝王国部队,3500名军人防守塞诺等两个军事基地。美国如向老挝提供军援将由法国人掌握。但美国务院与军方均怀疑法国在印支抵制共产主义侵略颠覆的能力,美国已不愿在日内瓦会议后把美援交给法国。美国驻西贡大使西斯说:"我们日益确信我们的援助如要其有效必须直接输送给印支联邦三国,不再通过法国。"②国务院、国防部均认为法在训练印支国家军队抵抗共产主义扩张方面已经失败,美国能做得更好。同时美国政府认为既然巴特寮已被日内瓦会议给予在桑怒、丰沙里两省存在的权利,老挝内部的稳定也将是脆弱的。③

在国务院建议下,1954年8月17日,艾森豪威尔总统同意直接向印支三国提供经济援助,法国起初反对,但在10月同意了美国意见,作为补偿,美国同意继续支付法国在印支远征军的一切费用。④ 美国取代法国成为印支三国的直接援助国,这是美国亲自出马试图将老挝拉入自己东南亚外交路线计划中的一个举措,美国在取代法国深深卷入印支事务的轨道上迈出了一大步。

1954年11月以卡代·萨索里特为首相的老挝新政府取代梭发那·富马政府,12月3日,卡代向美国提出第一个军事援助计划,其背景是法

---

① *FRUS*, *1952-1954*, Vol. 12, p. 735.
② *FRUS*, *1952-1954*, Vol. 12, p. 1882.
③ *FRUS*, *1952-1954*, Vol. 12, p. 1906.
④ *FRUS*, *1952-1954*, Vol. 13, pp. 2095-2097, pp. 2107-2109.

国已经宣布于12月31日停止向老挝王国政府军队支付费用,老挝王国政府无力支付军队工资。1954年9月到任的美国驻老挝公使查尔斯·约斯特向国务院建议,老挝可保持23650人的军队,美国每年援助其4120万美元。美国驻西贡的军事援助顾问团支持这个计划,要求老挝军队在1955年7月1日前从31000人减少到23650人。① 这个方案成为国务院在给老挝直接军援问题上的基本立场。但国防部对于这个方案持保留态度。首先,按上述数字提供美援,每名老挝士兵年花费2000多美元,老挝军队的人均花费将居亚洲第一,太过巨大。② 其次,由于《日内瓦协议》的限制,美国军方不宜建议老挝军队的规模。最后,美国不能向老挝输送军事人员管理美援使用,美国的援助将主要由法国1500名军人管理,向老挝提供军事援助并不能达到控制老挝军队的目的。③ 一方面,美国政府在是否直接给老挝提供军援问题上陷入分歧之际,1955年1月,巴特寮武装力量与老挝王国政府军在巴特寮驻扎的桑怒与丰沙里,为争夺北方两省的行政领导权发生交火。另一方面,老挝王国政府与巴特寮从1955年1月开始就北二省恢复王国政府权威问题谈判,老挝国内局势陷入边谈边打的局面。1955年1月底,约斯特公使对美国未能与老挝王国政府就直接军援问题开始谈判表示关注,认为美国的延宕会削弱老挝王国政府军队应付紧急情况的能力,也会令老挝领导人感到美国的支持不可靠。目前美国正致力于让老挝王国政府勇敢面对共产党邻国威胁、在北方两省不向巴特寮让步,在此情况下,美援应被用作一个杠杆。④ 另外,卡代政府继续寻求获得美国军援。2月27日,卡代在万象会晤来访的美国国务卿杜勒斯时表示:"希望依靠美援加强老挝军力。"杜勒斯表示:"受《日内瓦协议》限制,只能把老挝军队送往外国训练,比

---

① *FRUS*, *1955–1957*, Vol. 21, p. 598.
② *FRUS*, *1955–1957*, Vol. 21, pp. 651–653.
③ *FRUS*, *1955–1957*, Vol. 21, pp. 585–586.
④ *FRUS*, *1955–1957*, Vol. 21, p. 596.

如泰国。"①在国务院的努力下美国国防部作出妥协,国防部虽不宜正式对老挝所需军队的规模及经费作出建议,但出于政治考虑,不反对约斯特的建议。② 到了4月初,为获取美国军援,老挝王国政府同意把军队员额降至23650人。

与此同时,美国高层开始意识到老挝的重要地缘价值,4月6日远东事务助理国务卿罗伯特森致函杜勒斯国务卿:"老挝边界1/4与共产党国家接壤,处在潜在的共产党入侵的第一线,通过老挝-安南山脉防御东南亚要比通过湄公河布防容易得多。"③5月底,美国负责共同安全事务的国务卿特别助理瑙尔汀指示:老挝的防御从其地缘上看对于东南亚安全及整个自由世界极为重要。④ 在这些认识的基础上,美国公使在万象就直接给老挝军队以援助问题开始谈判,国务院指示,美国援助的条件是老挝政府接受美方认定的军队规模23650人。⑤ 至于美国军援的监督,美国无法在老挝建立军事援助顾问团,国务院与国防部考虑安排合适的文职人员派往老挝。⑥ 6月15日,美国国务院指示公使告知老挝王国政府,美国同意当财年给老挝军队以4000万美元援助,其中3000万将于6月30日之前拨到位。1955年6月28日,老挝王国政府与美国签署直接军援协定,年军援拨款4000万美元。⑦ 11月美国国防部批准成立由文职人员组成的计划评估办公室,由16名退役军官及4名文职官员组成,到1956年9月,计划评估办公室在老挝人员达40人。计划评估办公室向国防部负责,其作用完全等同于军事援助顾问团。公开地直接军事援助老挝是对《日内瓦协议》的一个破坏,美国试图以军援为杠杆阻

---

① FRUS, 1955-1957, Vol. 21, p. 615.
② FRUS, 1955-1957, Vol. 21, p. 647.
③ FRUS, 1955-1957, Vol. 21, p. 634.
④ FRUS, 1955-1957, Vol. 21, p. 654.
⑤ FRUS, 1955-1957, Vol. 21, pp. 654-655.
⑥ FRUS, 1955-1957, Vol. 21, pp. 654-655.
⑦ State Department Central Decimal File 751J.5-MSP/6-1255.

止老挝王国政府与巴特寮建立联合政府。

1955年美国对老政策中的重要变化是国防部决定成立计划评估办公室,虽然军方对美国在印支的卷入十分警觉,但随着对老直接军援的实施,军方在老挝的介入开始逐步加强。在这一年,老挝在美国外交中的地位获得上升,1955年8月10日,美-老外交关系从公使级升级为大使级。

1956年2月,美国国防部与国际合作署达成协议,向老挝提供训练警察的必要装备,并在6周内招募了1000名警员,其中大部分警员将被送往泰国集训。2月13日助理国防部长致函中央情报局局长艾伦·杜勒斯,希望CIA加强在老挝的行动。中央情报局在老挝的第一个重大任务是帮助老挝王国政府训练地方民团武装"自卫队",对付巴特寮。到1956年,国务院、国防部、中央情报局均在老挝建立起工作机构,美国在老挝的卷入全面铺开。

1955年12月圣诞节前后,老挝国民议会举行大选,在巴特寮拒绝参加选举的背景下,老挝王国政府赢得了这场选举。这场选举在美国决策者眼中意义不小,老挝已经成为印支地区第一个民主政府,选举胜利似乎是美援所起的立竿见影的功效所致。随着美国国防部、国务院、中央情报局等部门均开始插手老挝事务,老挝建立起"民主政府",以及美-老挝外交关系的升级,美国对老挝的政策朝着不断加深介入程度的方向演进。虽然美国已经向老挝直接提供经济、军事援助,中央情报局也在游击战中援助老挝,但是1956年3月上台的梭发那·富马政府面对的局面并不乐观:巴特寮仍牢牢掌握着北方两省,老挝王国政府军的素质十分可悲,老挝处于分裂的边缘,这是这个新独立的国家面临的主要问题。1956年美国军方对老挝的政策发生一个重大变化。8月30日召开的NSC295次会议上达成NSC5612/1号文件,文件宣布美国对老挝政策的目标是置之于共产党阵营之外。军方在文件中论证,美国应加强老挝军队,使其能保持内部安全,并对"侵略在初期阶段进行有限的初步抵抗",

国务院则认为,老挝军队能维持国内秩序即可。艾森豪威尔总统与国防部站在一起,要求对"有限的初步抵抗"作以正式定义。几个月后,军方给出定义:越南、柬埔寨、老挝在抵抗共产主义侵略时能"拖延时间,保持政府及军队的完整,直到联合国或东南亚条约组织介入,或者是拖延时间,直到美国政府完成关于国家安全的思考,并对老挝军队作出承诺提供支持"。① 值得注意的是,一年多以前参联会甚至不愿意对老挝拥有多少军队予以评估,现在则公开直接要求加强老挝军事力量,要求军事援老的力度超过国务院。

四、反对老挝中立、巴特寮参加联合政府

日内瓦会议后,巴特寮集中力量于桑怒、丰沙里两省,老挝王国政府试图在两省重建政府行政权威,遭到巴特寮及其武装力量的抵制。在老挝出现巴特寮与老挝王国政府并立的局面。1954年8月3日的《美国国家情报估计》这样评论《日内瓦协议》:"协议对政治问题十分模糊,(老挝)全国(议会)的选举具体落实问题交由有关方自行决定。"② 据约斯特报告,11月20日200名越盟、巴特寮人员袭击了老挝王国政府军在丰沙里的军事据点,在过去3个月中已经发生好几起武装冲突,这一次规模较大。③ 同时,《日内瓦协议》设立的国际监督控制委员会囿于老挝北部山高林密、交通不便,不能对巴特寮与老挝王国政府的武装冲突进行有效控制。老挝王国首相富马强烈谴责国际监督控制委员会的无效,要求其裁减在万象及老挝南部的人员数量。④ 美国并不准备让国际监督控制委员会发挥太大作用,11月26日,美国代理国务卿史密斯表示,不向该

---

① FRUS, 1955–1957, Vol. 21, pp. 240–250.
② FRUS, 1952–1954, Vol. 13, p. 1908.
③ FRUS, 1952–1954, Vol. 13, p. 2276.
④ FRUS, 1952–1954, Vol. 13, p. 2277.

委员会提供其所要求的六架直升机。①

对于巴特寮,美国政府起初持除之而后快的态度,在11月22日致国务院的电文中,约斯特公使建议对巴特寮予以军事打击,并认为这并不困难,巴特寮只有2000人的武装力量。②11月23日,美国《国家情报估计》认为:美国对老挝王国政府反对巴特寮有信心,只要北越不干预,……老挝政府能得到外援,就可以限制巴特寮力量发展。共产党国家在和平共处路线下,对巴特寮的支持不会太激进。③美国政府积极主张以武力除去巴特寮的政策主张并没有得到老挝卡代政府的完全认同。

11月24日卡代·萨索里特出任老挝王国政府首相,富马任国防大臣,培·萨拉尼空任外交大臣。面对老挝事实上两个政权并立的局面,卡代打算在12月初派代表到桑怒与巴特寮谈判,如达不成协议,将派军队在北方两省重建王国政府权威。④对于卡代两手准备的态度,美国政府理解为对巴特寮态度软弱,约斯特公使写道:"卡代对抵制联合政府问题不太坚决,认为巴特寮领导人不是共产党人。"⑤12月6日,国务卿杜勒斯指示美驻老挝公使馆:"任何与共产党的合作都会以共产党力量的胜利告终。认为巴特寮首先是民族主义者,其次才是共产党的观点是天真的,美国不能援助一个有共产党人参加的联合政府。"⑥12月14日国务院一份备忘录中再度表现出美国政府不愿与共产党力量对话的强硬态度:卡代首相是个机会主义者,他提出与巴特寮谈判,谈判只会达成一个危险的前景。⑦这个备忘录表明美国竭力以反共否定中立,对老挝将采取破坏巴特寮与王国政府和解的政策。

---

① *FRUS*,*1952-1954*,Vol. 13, p. 2208.
② *FRUS*,*1952-1954*,Vol. 13, p. 2277.
③ *FRUS*,*1952-1954*,Vol. 13, pp. 2287-2288.
④ *FRUS*,*1952-1954*,Vol. 13, pp. 2321-2322.
⑤ *FRUS*,*1952-1954*,Vol. 13, p. 2337.
⑥ *FRUS*,*1952-1954*,Vol. 13, p. 2346.
⑦ *FRUS*,*1952-1954*,Vol. 13, p. 2374.

老挝王国政府与巴特寮的谈判在1955年1—4月、7—11月断续进行了两个阶段。① 在老挝王国政府内部对巴特寮有两种态度：卡代为代表的政客们认为巴特寮急于回到老挝民族大家庭,有希望将其与越盟分开,培等保守政客则对此不抱希望。② 当约斯特问及如达不成协议,老挝王国政府将如何处理巴特寮问题时,培说老挝王国政府军参谋部正在制定计划,调动部队采取军事行动。卡代则未提及军事行动,仅说如达不成协议,应把问题提交国际监督控制委员会。③ 1月19日,巴特寮与老挝王国政府军在Nong Khang发生交火。20日,老挝王国政府与巴特寮的谈判恢复。面对老挝谈谈打打的局面,卡代仍坚持巴特寮不是共产党力量,表示愿意接受其参加政府。④ 对于卡代的怀柔,美国国务院希望公使与老挝国内保守政客联手向卡代施压,迫其强硬起来:"如你认为必要可直接接触萨旺王储,说对卡代的言行不一表示不安,卡代口头说反共、亲西方,但在巴特寮的要求面前却犹豫不决。"⑤

对于老挝国内局势,1955年2月2日,美国国务院东南亚事务司司长肯尼兹·扬致电负责政治事务的助理国务卿帮办墨菲(Murphy):老挝王国政府在北方两省的权威只能通过武力才能恢复,国际监督控制委员会被证明是无效的,支持老挝王国政府采取一切必要政治、军事手段恢复对北方两省的控制。⑥ 16日,约斯特公使致电国务院:"萨旺王储与老挝王国政府越来越多的军、政领导人倾向于对巴特寮使用武力,但担心越盟报复。"⑦面对老挝王国政府的顾虑,1955年2月在曼谷参加完东盟首届理事会,国务卿杜勒斯访问了老挝,27日在与萨旺王储、卡代首

---

① Charles Stevenson, *the End of Nowhere: American Policy toward Laos Since 1954*, p. 31.
② *FRUS*, 1955 – 1957, Vol. 21, p. 580.
③ *FRUS*, 1955 – 1957, Vol. 21, p. 580.
④ *FRUS*, 1955 – 1957, Vol. 21, pp. 588 – 589.
⑤ *FRUS*, 1955 – 1957, Vol. 21, p. 580, n4.
⑥ *FRUS*, 1955 – 1957, Vol. 21, pp. 597 – 600.
⑦ *FRUS*, 1955 – 1957, Vol. 21, p. 609.

相、国防大臣富马的会晤中,杜勒斯明确表示:"老挝王国政府在处理巴特寮问题时不必担心招致外来入侵,马尼拉条约组织会对老挝安全承担责任。美国海、空军会对入侵老挝的国家予以打击,老挝王国政府应尽快对巴特寮采取行动。"[1]2月28日萨旺王储向杜勒斯表示,如卡代政府不能采取有效措施处理巴特寮问题,可组建新政府,杜勒斯予以赞同。[2]

虽然美国政府竭力主张老挝王国政府武力镇压巴特寮,反对建立有巴特寮参加的联合政府,但是英国、法国积极游说老挝王国政府不要使用武力收复桑怒、丰沙里,应借助国际监督控制委员会。[3] 显然,英、法希望借助日内瓦会议机制解决老挝国内问题,这与美国的印支政策并不相符。3月29日,英、法驻老挝大使告诉老挝王国政府,如老挝在处理内部事务中招致外来侵略,任何情况下不要指望马尼拉条约组织会给老挝援助。[4]

盟国的分歧与美国不愿在印支投入地面部队的底线迫使美国政府在对老政策上改弦更张,4月美国国务院在对老政策上暂时放弃以武力消灭巴特寮的政策,"我们(美国)倾向于在北方两省悄悄加强王国政府力量,……在过去的6个月中,我们的政策是强调恢复桑怒、丰沙里,今年剩余的时间里,将是守住老挝剩余的10个省"[5]。5月19日,约斯特公使电告国务院,富马告知其在桑怒、丰沙里的反巴特寮的游击战正在进行。[6] 到1955年5、6月份美国致力于武力消灭巴特寮的政策已告失败,转而谋求守住老挝剩余10省。6月3日,杜勒斯国务卿认为在过去一年美国在老挝的利益有了很大提高,建议总统接受老挝王国政府所请,把美-老关系升级为大使级,约斯特出任首任大使,艾森豪威尔总统

---

[1] FRUS, 1955–1957, Vol. 21, pp. 610–615, pp. 616–618.
[2] FRUS, 1955–1957, Vol. 21, pp. 619–620.
[3] FRUS, 1955–1957, Vol. 21, p. 625.
[4] FRUS, 1955–1957, Vol. 21, p. 633.
[5] FRUS, 1955–1957, Vol. 21, pp. 637–639.
[6] FRUS, 1955–1957, Vol. 21, p. 656, n2.

批示:"OK,DE。"8月10日美老关系升级为大使级。

7月26日美国《国家情报估计》认为:"在国际监督控制委员会存在,英、法阻止的情势下,老挝王国政府不会以武力夺回桑怒、丰沙里,巴特寮也不会向南攻击,但会谋求建立联合政府","老挝王国政府只能通过增加军、警力量阻止巴特寮影响扩大"。① 为协助老挝开展针对巴特寮的游击战,1956年2月13日,美国助理国防部长致函中央情报局局长艾伦·杜勒斯,希望中央情报局加强在老挝的行动。② 4月18日在国防部的建议下,中央情报局扩大了在老挝的行动,负责武装在北方两省当地民众中招募的自卫队员,中情局把老挝政府军库存武器发给自卫队员,自卫队的干部从老挝王国政府军中抽调。③ 老挝王国政府从1955年6月开始组建第一支自卫队,到1956年11月份,在丰沙里一省即组织了3000人左右的自卫队。④

在与巴特寮的谈判中,双方除了在1955年3月9日、10月中旬达成停火协议外,一无所获,而停火协议早在《日内瓦协议》中即已达成。1956年1月7日,国际监督控制委员会通过决议,承认老挝统一,王国政府对北方两省拥有主权。⑤ 但委员会的决议并未对老挝局势产生太大影响,巴特寮与王国政府在北方两省争夺行政管辖权的纷争继续存在。

随着富马出任王国政府首相,1956年初美国外交官发现老挝王国政府存在走向中立的可能。4月16日约斯特大使致电国务院:"选择中立对老挝处在大国冲突中心区的位置是相宜的,与不结盟国家集团合作对老挝是有吸引力的。老挝目前尚不致在中立道路上走得太远,因为中立集团不能满足其对外援的需要,……但北方两省问题解决后,仍期望老挝站在反共联盟的前线将是个错误,如果共产党国家的外交足够精明的

---

① FRUS,1955-1957,Vol. 21,p. 676.
② FRUS,1955-1957,Vol. 21,pp. 743-744.
③ FRUS,1955-1957,Vol. 21,p. 759.
④ FRUS,1955-1957,Vol. 21,p. 733.
⑤ FRUS,1955-1957,Vol. 21,p. 730.

话,老挝与中国、北越关系会正常化。"①

5月底,富马表示将接受周恩来总理邀请访华。同时,富马还邀请巴特寮领导人苏发努冯于6月20日以后在桑怒会谈。② 6月7日,美国远东事务助理国务卿罗伯特森致函杜勒斯:"富马访华将导致老挝王国政府与中国距离的拉近,老挝王国政府一方面与北京-河内亲善,另一方面与巴特寮进行接触。"③在周日举行的第287次NSC会议上,美国中央情报局局长艾伦·杜勒斯提出老挝近来反共态度弱化。国务卿杜勒斯表示将派遣一名能干的外交官任老挝大使,以补约斯特之缺。约斯特大使此时回国养病。④ 显然,美国政府认为美驻老挝使馆未能有效地执行美国反共反中立的对老政策。7月格林厄姆·帕森斯到任。为了拉住老挝,美国除了美援以外,几乎无牌可打,6月8日,杜勒斯指示驻老使馆向老挝王国政府转达以下信息:老挝处在东南亚条约组织保护之下,美国与该组织成员国拥有强大的海空力量。⑤ 除美援以外,这是美国能够用来吸引老挝一起反共的全部家当,而东南亚条约组织的保护已被证实是靠不住的。7月31日,苏发努冯一行抵万象。在与富马的会谈中,富马表示老挝未同美国结成同盟,老挝王国政府的政策仍是中立,对东西方均友好。⑥ 8月5日,老挝王国政府与巴特寮在万象达成协议,发表联合公报。王国政府承诺保持中立外交政策、不加入军事条约组织。⑦ 10日,双方签署补充公报,决定在老挝国民议会增选议员,组成有巴特寮代表参加的联合政府。⑧ 8月6日,富马告诉美国驻老挝大使帕森斯,老挝的目标是在东南亚成为东西方阵营冲突的缓冲区。帕森斯也告诉富马,

---

① FRUS, 1955–1957, Vol. 21, pp. 753–754.
② FRUS, 1955–1957, Vol. 21, p. 764.
③ FRUS, 1955–1957, Vol. 21, p. 772.
④ FRUS, 1955–1957, Vol. 21, p. 773.
⑤ FRUS, 1955–1957, Vol. 21, pp. 753–754.
⑥ FRUS, 1955–1957, Vol. 21, p. 780.
⑦ FRUS, 1955–1957, Vol. 21, p. 784.
⑧ 杜敦信、赵和曼主编:《越南老挝柬埔寨手册》,时事出版社1988年版,第552页。

美国从未赞同富马访华,认为此行没有必要、充满危险。富马则明确表示,必须访华,这只是对邻国的一个礼仪性访问。① 8月19—25日,富马等人克服美国阻挠访问了中国,28日起又访问了河内。老挝的中立倾向引起美国政府对是否援助中立国问题进行讨论。8月30日召开NSC295次会议上,国务院与国防部就是否应向中立国实施美援问题展开争论。国防部认为,如给中立国家以援助,等于昭示得到美援毋须与美国结盟反共,这将不利于美国与盟国的关系。杜勒斯国务卿表示,公开声明不向中立国提供军事援助等于把它们推向苏联阵营。只能表示在美援问题上中立国不得优于美国盟国。② 艾森豪威尔总统支持了国务卿。

9月21—24日,亲西方政客老挝王储萨旺访问华府。在与艾森豪威尔、杜勒斯等的会晤中,萨旺说:老挝问题除了巴特寮问题之外,又出现了与中共接触这一新现象,情况更为复杂。③ 富马访华是对周恩来邀请的礼貌性回应,但却受到非同寻常的高规格接待,这是周恩来想曲解富马访华的涵义。④

对于老挝出现的中立化、建立联合政府倾向,10月16日美国国务院明确指示驻老使馆:"反对老挝建立有巴特寮参加的联合政府,反对大规模收编巴特寮军队,老挝中立化是走向赤化的第一步。"⑤11月13日,美国国务院致函富马,如建立联合政府,美国将重新评估对老挝的经济、政治政策。⑥ 此即是以断绝援助迫使老挝放弃中立、联合政府计划。19日富马为安抚美国,向帕森斯大使表示仅准备吸收2—3名巴特寮成员担

---

① FRUS, *1955–1957*, Vol. 21, pp. 785–787.
② FRUS, *1955–1957*, Vol. 21, pp. 243–244.
③ FRUS, *1955–1957*, Vol. 21, p. 819.
④ FRUS, *1955–1957*, Vol. 21, p. 819.
⑤ FRUS, *1955–1957*, Vol. 21, pp. 826–827.
⑥ FRUS, *1955–1957*, Vol. 21, p. 867.

任较为次要的内阁大臣职务。① 22日国务院指示大使馆:不能支持巴特寮入阁,美国基于过去的痛苦经验认为联合政府只不过是共产党人上台执政的中间站。② 27日帕森斯向富马转达了这一指示。富马不为所动。12月10日,富马向内阁建议:吸收2名巴特寮领导人进入内阁充当内阁大臣,同时收编一部分巴特寮武装力量。③ 28日,富马首相与苏发努冯签署联合声明,将成立有巴特寮参加的联合政府,巴特寮将以老挝爱国战线党为名取得合法政治存在。④ 29日,美国国务院认为,如老挝建立起有巴特寮参加的联合政府,美国不应撤走或削减美援,这意味着把老挝丢弃给共产党阵营。

面对老挝国内形势,1957年4月11日,美国国务院东南亚事务司副司长克歇尔致函远东事务助理国务卿罗伯特森,承认在抵制老挝中立、巴特寮参加联合政府等方面美国均不成功。⑤ 1957年6月26日,美国驻法外交人员与英、法外交官交换了关于老挝形势的看法。英、法认为,老挝不可避免要建立联合政府,美国则不同意这一观点,认为老挝王国政府内部反对建立这一政府的力量仍较强大。⑥ 7月5日,英国驻老挝大使认为,几乎所有的老挝人都认为建立联合政府比让老挝陷入国家分裂强,法国也不象美国那么担心巴特寮入阁。⑦

1957年8月9日,老挝政坛在经历了72天的内阁危机后富马再度组阁成功。在就职演说中,富马第一次公开表示,接受来自任何方面不附带任何条件的援助,美国认为这意味着富马准备接受共产党阵营的援助。⑧

---

① FRUS,1955－1957,Vol. 21, p. 840.
② FRUS,1955－1957,Vol. 21, p. 845.
③ FRUS,1955－1957,Vol. 21, p. 856.
④ 杜敦信、赵和曼主编:《越南老挝柬埔寨手册》,第553页。
⑤ FRUS,1955－1957,Vol. 21, pp. 907－908.
⑥ FRUS,1955－1957,Vol. 21, p. 941.
⑦ FRUS,1955－1957,Vol. 21, pp. 945－947.
⑧ FRUS,1955－1957,Vol. 21, p. 945,n3.

8月17日,国务院致电大使馆:"美、英与法国的对话对保持西方有限的团结无太大作用,……英国外交部似乎还愿意保持西方表面上的一致,法国很少愿意与我方在印支事务中保持一致。与法国一致意味着必须对巴特寮怀柔。目前我们不应再特别在意法国的支持"。① 美国在老挝问题上的盟国政策表明,美并不准备接受老挝即将建立联合政府的现实,为此不惜抛开盟国一意孤行。同时,国务院引用捷克斯洛伐克、危地马拉的例子继续劝戒富马不要以为给巴特寮人员以次要的内阁大臣职务就能避免其夺权。②

到1957年底,美国对老挝政策的全貌大致形成:反对老挝中立、建立有巴特寮参加的联合政府;通过东南亚条约组织对老挝实施"保护";直接给老挝以经济、军事援助。在这三个政策层面中,东南亚条约组织的所谓"保护"在1956年2—3月已被证明是靠不住的,美援虽然不失为控制老挝的有效手段,但当老挝真的违反美国意旨选择中立时,美国政府也不敢真的停止给老挝的援助,因为这意味着把老挝推向共产党阵营。美国反对老挝中立、组建联合政府,但这是不符合老挝国家利益的,一如美国大使约斯特所言,对老挝这样处在东西方对立第一线的小国,选择中立是符合其国家利益的。但是,美国心有不甘,力图阻止老挝中立,站在西方立场对抗共产主义阵营,其结果是不但老挝王国政府不予接受,就连其盟国英、法也不予认同。美国在老挝的政策陷入困境,它必须找到新的政策支柱以实现反对老挝中立、建立联合政府的目标。

第二节 苏联、中国、民主越南的印支政策

日内瓦会议后到1957年底,中、苏、民主越南的印支政策侧重于强调和平共处,三国的政策成为推动巴特寮与老挝王国政府达成和谈协议

---

① *FRUS*, *1955–1957*, Vol. 21, p. 966.
② *FRUS*, *1955–1957*, Vol. 21, p. 995.

的重要因素。三国以和平共处为特征的印支政策与美国强调僵硬对抗的政策对比鲜明。

一、日内瓦会议后到1957年苏联的印支政策

苏联的印支政策大致分为以下几个阶段:第一阶段是日内瓦会议后到1955年7月胡志明访问苏联。在此阶段苏联避免与北越建立全面同盟关系,在印支的卷入谨慎小心,尤其回避在军事上的卷入。苏联对日内瓦会议的结果是满意的:它消除了印支地区性战争把美苏两国拖下水的可能性。印支的和平与停火将有助于缓和国际局势,为国际局势中其他问题的解决提供有利条件:如美苏军备竞赛、欧洲建立西方集体安全体系问题、德国问题等。[1] 日内瓦会议后,苏联在印支地区的介入是谨慎与有限的。民主越南日内瓦会议代表团团长、副总理范文同在从日内瓦回国途中在莫斯科停留,并与苏联部长会议主席马林科夫会晤,提出希望苏联援助民主越南,胡志明主席在给苏联的电文中也提到"为了达到印支和平与越南统一,将欢迎苏联的帮助"[2]。范文同与马林科夫的会谈是令范失望的,马林科夫解释说,中苏之间存在责任分工,苏关注欧洲的民主与社会主义运动,而中国将主要关注东南亚。由于地缘上的接近以及存在共同传统,中国对越共的问题会比苏联更理解。苏联外交部远东司副司长贾丕才注意到"对此意见范文同反应冷淡"[3]。显然范文同副总理对苏联对越援助的消极态度表示不满。1954年8月4日苏联告知民主越南任命亚历山大·拉维里希谢夫(Lavrishchev)为首任驻越南大使,10月14日任命布恩亚新(Pavel Bunyashin)任驻越武官。

---

[1] Ilya V. Gaiduk, *Confronting Vietnam: Soviet Policy Toward the Indochina Conflict, 1954–1963*, Washington, D.C.: Woodrow Wilson Center Press, 2003, p. 55.
[2] Ilya V. Gaiduk, *Confronting Vietnam: Soviet Policy Toward the Indochina Conflict, 1954–1963*, p. 57.
[3] Ilya V. Gaiduk, *Confronting Vietnam: Soviet Policy Toward the Indochina Conflict, 1954–1963*, p. 57.

在越南党的要求下,1955年1月19日,苏部长会议决定向河内派出专家,给予越以经济技术援助。苏专家被告知与"中国顾问保持必要的良好的联系"。① 在专家作出评估后,苏承诺给越南价值3亿卢布的物资援助。② 苏联对民主越南提出的军事合作事宜持躲闪态度。一封来自苏军参谋部的信件受到苏外交部的关注,信件认为中国军事顾问团了解越军的具体情况,在援助越南同志建立武装、训练教育战士方面更有经验,"民主越南可以通过中国人民解放军统帅部向苏征求一些意见"。③ 苏外交部电告驻河内大使:避免向民主越南作出具体明确的义务承诺,并告诉胡志明,武元甲参加胡志明率领的访苏代表团是不适宜的。④

1955年2月东南亚条约组织成立。5月法美政府首脑在华盛顿会晤,美国国务卿杜勒斯表示美将不愿在越南对法国亦步亦趋,而要表现出本国政策的独立性。⑤ 面对美国在印支地区卷入的加深,1955年4月苏总理尼古拉·布尔加宁在与印度总理尼赫鲁会谈时,表达了苏联的外交思路:苏希望缓和国际局势,为奥地利问题、结束与南斯拉夫冲突等问题作出贡献。但苏无法改变美国人的想法,"通过实力政策他们希望得

---

① "Directives to the group of Soviet specialists sent on an official trip to the DRV in connection with the Decree of the Council of Ministers of the USSR dated January 19, 1955, on the rendering of help to the DRV in restoration of its economy", draft, January 27, 1955, *Russian State Archive of Contemporary History*, f. 5, op. 30, d. 120, 1. 48., cited from Ilya V. Gaiduk, *Confronting Vietnam: Soviet Policy Toward the Indochina Conflict, 1954 - 1963*, p. 60.

② Ilya V. Gaiduk, *Confronting Vietnam: Soviet Policy Toward the Indochina Conflict, 1954 - 1963*, p. 61.

③ Andrei Gromyko (deputy foreign minister) to CPSU Central Committee, memorandum, June15, 1955, *Archive of Foreign Policy of the Russian Federation*, f. 079, op. 10, p. 9, d. 8, 1. 32., cited from Ilya V. Gaiduk, *Confronting Vietnam: Soviet Policy Toward the Indochina Conflict, 1954 - 1963*, p. 63.

④ Foreign Ministry to Alexander Lavishev (Soviet ambassador in Hanoi), dipiomatic communition, June14, 1955, *Archive of Foreign Policy of the Russian Federation*, f. 06, op. 14, p. 12, d. 172, 1. 6.

⑤ Ilya V. Gaiduk, *Confronting Vietnam: Soviet Policy Toward the Indochina Conflict, 1954 - 1963*, p. 62.

到某些东西,……这一政策不会给美国带来任何好处"。①

1955年7月胡志明访苏前夕,苏联制定出与胡会谈的谈话要点:关于与民主越南的合作,越南应更多地征求中国意见,因为中国对越南情况更了解……苏拒绝向越派遣中苏联合经济军事使团,因为"中国与越南朋友已在实际上展开合作……",苏联同意给越经济援助,但在所有的政治军事合作问题上,苏要求均需通过中国。② 作为对苏在与越南发展关系时设置的限制的弥补,1955年7月胡志明访苏时受到高规格的接待,在联合公报中,苏同意给越4亿卢布的经援,比预定的3亿卢布增加了1个亿。③ 在胡志明访问期间,苏希望越南在南越的活动限于秘密进行反对西贡政权的宣传,不同意在南越开展敌对行动。越南对吴庭艳政权不宜采取谴责性称谓。④ 日内瓦会议后,虽然美国力量加紧在印支地区渗透,苏联未有与越南建立全面的同盟关系,这表明,苏不愿因为印支问题影响与西方已经开启的缓和进程,苏联领导人希望维持《日内瓦协议》达成的印支格局现状。

苏印支政策的第二阶段从1955年7月吴庭艳拒绝南北越就选举事宜磋商到1957年底。在此阶段,《日内瓦协议》的执行受到南越与美国政府的严重阻碍,但苏联继续采取克制态度,未采取与之针锋相对的措施。1955年7月16日,南越总理吴庭艳发表广播讲话,拒绝在越南举行选举。吴的拒绝是对6月份范文同总理声明愿与南越就选举事宜举行磋商的回应。吴的理由是:南越政府未签署《日内瓦协议》,不受该协议限制;只要北方有共产党政权存在,就不会有自由选举。吴的广播讲话

---

① Ilya V. Gaiduk, *Confronting Vietnam: Soviet Policy Toward the Indochina Conflict, 1954–1963*, p. 63.
② "Directives for the Negotiations," *Archive of Foreign Policy of the Russian Federation*, F. 06, OP. 14, P. 12, D. 172, 1. 19.
③ Ilya V. Gaiduk, *Confronting Vietnam: Soviet Policy Toward the Indochina Conflict, 1954–1963*, p. 65.
④ Ilya V. Gaiduk, *Confronting Vietnam: Soviet Policy Toward the Indochina Conflict, 1954–1963*, p. 67.

距"日内瓦会议最后宣言"规定的南北越代表为选举举行磋商的最后日期7月20日只有4天时间。7月20日,南越政府安排数百人手持棍子、刀等武器攻击驻西贡的国际监督控制委员会成员居住的旅馆,焚烧了该委员会的汽车,南越政府未采取任何措施。① 7月18日,苏美英法四大国在日内瓦举行峰会,虽然与会国领导人谴责南越当局扰乱国际监督控制委员会工作,但仅此而已。苏联在会上并未强调印支问题,在苏联政府起草本国关于印支地区的政策指令时,一切对美国的指责性语句均删除,苏不允许越南问题毁掉与西方关系正常化的任何希望。这次峰会关于印支问题仅达成一项成果,即安东尼·艾登的日内瓦会议主席职务由哈罗德·麦克米伦接任。②

1955年10月26日,有恃无恐的吴庭艳废除保大帝自任国家总统,次年3月4日,南越举行单边的国民议会选举,并创立"宪法"。对吴庭艳对日内瓦会议安排的破坏,苏联的意见只是推迟选举问题的解决。③ 1956年4月,在伦敦举行的苏联副外长葛罗米柯与英国副外交大臣里汀的会晤中,苏联表现为只要日内瓦会议安排不被严重侵蚀,愿意妥协。在征得北越与中国的同意后,1956年3月30日,苏联向英国发出照会支持召开新的日内瓦会议。1956年5月11日范文同以柔和的语气致函吴庭艳要求举行普选,建立联合政府,但再次被拒绝。④ 苏联认为,只要印支局势能够维持现状就没有必要为南越的斗争忧心,苏甚至开始考虑接受越南存在两个独立政权的事实,这反映在讨论南越加入联合国问题上。1957年1月23日,在联合国大会特别政治委员会上,西方13国提

---

① D. R. SarDesai, *Indian Foreign Policy in Cambodia, Laos, and Vietnam 1947 – 1964*, Berkeley: University of California Press, 1968, p.90.

② Ilya V. Gaiduk, *Confronting Vietnam: Soviet Policy Toward the Indochina Conflict, 1954 – 1963*, 2003, p.65,73.

③ Ilya V. Gaiduk, *Confronting Vietnam: Soviet Policy Toward the Indochina Conflict, 1954 – 1963*, 2003, p.65,77.

④《印度支那问题文件汇编》(一),世界知识出版社1959年版,第237-238页。

出两个决议草案,要求安理会考虑南韩、南越加入联合国的请求。24日,苏联予以反对,但建议同时吸收两个朝鲜与越南为联合国成员国。① 30日,胡志明在与苏联驻越南大使米海尔·兹米亚宁(Mikhail Zimyanin)会谈时提到苏的提案意味着苏联承认吴政府。② 9月9日,苏联驻联合国代表否决了13国提案,越南加入联合国问题待统一后再说。苏驻河内大使兹米亚宁在与中国代办在事后讨论联合国提案问题时谈到,越南将在相当长的时间内处于分裂状态。同时,苏联大使还批评北越一些在南越工作的同志试图进行武装起义反对吴庭艳政权,认为这种思路过于简单化,是非马克思主义的。③

苏对在南越开展武装斗争的反对是其20大以后确立的对第三世界政策的产物。苏希望在国际斗争中保持尽可能多的国家中立,苏一方面寄希望于不结盟国家,如印度、印尼等国,另一方面也希望向南越这样的反共的国家能离开西方阵营选择不结盟。苏联视柬埔寨为一个很好的范例,虽然反对共产主义意识形态、与美国等西方国家发展关系,却不盲目与美国结盟。老挝虽然政局不稳,但一旦建立起稳定政权,也有可能奉行柬埔寨式的中立政策,南越似乎也存在这种可能性。④

在老挝问题上美国比苏联更感兴趣。1950年美国开始通过法国援助老挝,1955年把老挝置于东南亚条约组织保护之下,日内瓦会议后对老挝采取直接的经济、军事援助。苏联未与老挝建立外交关系,同时卡代政府不主张与苏联合作。苏对老挝的主要关注点在于老挝中立、美国

---

① D. R. SarDesai, *Indian Foreign Policy in Cambodia, Laos, and Vietnam 1947 - 1964*, p. 110.
② Mikhail Zimyanin-Ho Chi Minh, Memorandum of Conversation, January 30, 1957, *Archive of Foreign Policy of the Russian Federation*, f. 079, op. 12, p. 17, d. 5, 1. 52.
③ Mikhai Zimyanin-Li Zhimin (PRC Charge d'affairs in the DRV), Memorandum of Conversation, September 18, 1957, *Archive of Foreign Policy of the Russian Federation*, f. 079, op. 12, p. 17, d. 6, 11. 69 - 70.
④ Ilya V. Gaiduk, *Confronting Vietnam: Soviet Policy Toward the Indochina Conflict, 1954 - 1963*, p. 87.

不在老挝建立军事基地。1955年7月在胡志明访问苏联时,苏外交部表示:"老挝问题最正确的解决办法是老挝王国政府与巴特寮之间直接谈判,并相互让步。"①1956年苏共20大确立了与西方和平共处、和平竞赛、和平过渡的外交路线,苏联对西方政策的总方针是谋求缓和,苏联的印支政策体现了与西方缓和的政策特点,在对老挝的政策上主张以中立取代对抗。

1954年日内瓦会议后到1957年苏联的印支政策总体特点是强调和平共处,希望维持日内瓦会议安排,维持印支地区局势现状。苏联不愿意在北越涉足太深,特别是不愿与之建立军事合作,在对越南的援助问题上更多地倚重中国。苏联在20大和平共处方针确立后,不主张民主越南以武力实现统一的政策,甚至一度考虑接受越南两个政府并立的现实。在老挝问题上,苏联几乎没有兴趣,未与之建立任何外交关系,更多地是建议中、越两个盟国推动巴特寮与老挝王国政府达成建立联合政府的协议。比起美国,苏联的印支政策是温和、克制的,更强调和平,力避印支问题成为与西方缓和的障碍。

二、中国政府的印支政策

从日内瓦会议结束到1957年,中国的外交方针总体趋向是为国内经济建设争取一个和平的国际环境,在对外政策上强调和平共处。在印支地区政策上,致力于维护日内瓦协议达成的安排,一方面给越南以援助,另一方面不赞同其在与南方的斗争中采取武力手段。在北越与柬埔寨、老挝的关系问题上,中国不主张越南在两个国家推进革命;对老挝、柬埔寨,中国政府致力于谋求两国中立,与中国友好。

从1954年日内瓦会议开始,中国高层即在酝酿新的外交方针。

---

① Ilya V. Gaiduk, *Confronting Vietnam: Soviet Policy Toward the Indochina Conflict, 1954-1963*, p.123.

1954年7月7日,毛泽东主席在听取了周恩来关于出席日内瓦会议的情况汇报后做总结讲话:"缓和国际紧张局势,不同制度的国家可以和平共处,这是苏联提出来的口号,也是我们的口号……"①8月24日,在会见英国工党领袖艾德礼时,毛泽东明确提出:社会主义、资本主义国家可以和平共处,中国需要和平环境,要创造一个和平的国际环境。这是建国以来毛泽东主席第一次向西方大国政界要人详细阐明中国的和平外交政策。②10月在与来访的印度总理尼赫鲁的会谈中,毛泽东提出:"应当把和平共处五项原则推广到所有国家的关系中去","不应该再打大战,应该长期和平。"③1956年1月30日,在中国人民政治协商会议上,周恩来做政府工作报告,强调中国希望和平,愿意遵守万隆会议与日内瓦会议精神,重提1955年7月30日,中方提议的亚太国家缔结集体安全协定,愿与日本关系正常化,支持苏联建议的美苏缔结友好条约等。特别引人注目的是周恩来在继万隆会议向美国发出友好信号后,继续提到,中国人民愿意与美国友好相处……④4月25日,毛泽东在《论十大关系》一文中,提出应压缩国防、行政开支,增加经济建设费用。在6月15日到30日举行的第一届全国人大第三次会议上,周恩来的外交报告继续强调和平共处,语气温和,催促改善中日关系、提出存在和平解决台湾问题的可能性。⑤9月的中共八大上,刘少奇在政治报告中提出中国将在处理国际关系时遵循"和平共处五项原则",在台湾问题上,提出只有在和平谈判的可能失去后才借助武力。从1957年中期到年底,中国国内开始兴起反右倾运动,中国高层主要关注国内问题,外交政策暂时停留

---

① 逄先知、金冲及主编:《毛泽东传》(上),中央文献出版社2003年版,第560页。
② 逄先知、金冲及主编:《毛泽东传》(上),第566—567页。
③ 逄先知、金冲及主编:《毛泽东传》(上),第572—573页。
④ Ang Cheng Guan, *Vietnamese Communists' Relations with China and the Second Indochina Conflict*, 1956-1962, North Carolina: McFarland & Company, Inc., Publishers, 1997, p. 14.
⑤ Ang Cheng Guan, *Vietnamese Communists' Relations with China and the Second Indochina Conflict*, 1956-1962, p. 28.

在和平共处的路线上。

在和平共处的外交方针下,中国的印支政策具体为:支持越南加强经济建设,支持老挝、柬埔寨中立。日内瓦会议后越南民主共和国的任务有二:恢复发展经济,争取国家统一。对前者中国提供经济援助。在越南统一问题上,中国此阶段致力于国内建设,主张外交上暂时持缓和路线,1956 年初苏共 20 大也提出与资本主义国家和平共处,中苏均认为应以和平统一作为政策出发点。1955 年 7—8 月北京决定从越南撤出 1950 年派往越的军事顾问团,顾问团将由军事专家取代。1956 年 3 月中旬,中国援越军事顾问团从北越撤回。对于南越吴庭艳政府拒绝就越南统一选举问题与北越磋商的态度,中国政府更多地是从外交和道义上予以谴责,支持再次召开日内瓦会议讨论日内瓦协议的落实问题。

1956 年 4 月召开的越劳动党中央九中全会虽对赫鲁晓夫在苏共 20 大上的"三和"路线表示怀疑,但还是在统一问题上认同了苏共 20 大的和平路线,主张和平统一。① 9 月 2 日,胡志明主席在纪念北越独立 12 周年时发表讲话,认为北越的首要任务是发展经济,改善人民生活条件,南方统一问题,先接触,后谈判统一。② 1956 年 12 月越南劳动党中央委员会举行第 11 次全体会议,认为从波匈事件中汲取的最重要的教训是应该对改善人民物质生活水平给予足够关注,会议进一步巩固了"北方第一"的方针,确定 1957 年的总任务是完成经济恢复,增加生产,特别是农业生产,轻工业与手工业是关键。③ 据越南白皮书披露,1957 年 7 月毛泽东告诉越南劳动党人,统一可能会花很长时间,现阶段越南必须关注维持 17 度线。④

---

① Qiangzhai, *China and the Vietnam Wars*, *1950 - 1975*, pp. 79 - 80.
② Ho Chi Minh: *Selected Works*, *Vol. 4*, Hanoi: Foreign Languages, 1962, pp. 238 - 247.
③ Truong Chinh's address to 500 cultural and art workers in Hanoi, Vietnam News Agency, 4 December 1956, *Summary of World Broadcasts*/620, p. 19.
④ *Socialist Republic of Vietnam Foreign Ministry White Book on Relations with China*, Hanoi Home Service, 4 - 6 October 1979, *Summary of World Broadcasts*/FE/6238/A3/11.

在对老挝、柬埔寨的政策上,中国支持两国中立并与之建立友好关系。中国政府对待中立的态度是经历了一个转变过程的:1949年6月毛泽东在《论人民民主专政》一文中指出在社会主义、资本主义之外不存在第三条道路,刘少奇在1949年11月也认为"中立不过是帝国主义的替身"。① 随着中国政府开始强调和平共处,在中立问题上,态度发生转变:1956年中国共产党第八次全国代表大会上,刘少奇承认绝大多数亚洲新独立国家奉行和平中立的对外政策,将对"美帝国主义的殖民扩张进行有力阻遏"。② 中国政府对中立的态度与1956年6月杜勒斯国务卿的声明对比鲜明,杜勒斯称中立观念为过时、不道德、自私、短视的。③ 9月陈毅副总理说:"中立政策不是不道德,而是美国垄断资产阶级奉行的战争政策不道德。"④

中国希望与老挝友好,因为两国接壤,任何来自老挝的威胁都会对中国南部边疆的安宁构成影响。1955年4月的万隆会议上,周恩来表示中国不侵犯老、柬一寸领土,不干预两国内部事务,并热切希望两国奉行印度、缅甸热爱和平的政策:中立与中国友好,不接受东南亚条约组织的"保护"。⑤ 周恩来与尼赫鲁还安排老挝首相卡代与北越外长范文同会晤,产生了"万象-河内协定":"老挝王国政府与巴特寮之间通过《日内瓦协议》解决国内政治问题纯属老挝内部事务,由王国政府与巴特寮完全自由地以最符合老挝国家与人民利益的方式解决。"卡代与范文同还同意在和平共处五项原则基础上发展两国友好关系。⑥ 1955年5月在全国人大常委会的报告中,周恩来把"万象-河内协定"称为万隆会议的成

---

① Chae-Jin Lee, *Communist China's Policy Toward Laos: A Case Study, 1954 – 1967*, p. 31.
② Chae-Jin Lee, *Communist China's Policy Toward Laos: A Case Study, 1954 – 1967*, p. 31.
③ Chae-Jin Lee, *Communist China's Policy Toward Laos: A Case Study, 1954 – 1967*, p. 31.
④《目前的国际形势和我们的对外政策》,新华社1956年9月25日电。
⑤ George McT. Kahin, *the Asian-African Conference: Bandung, Indonesia, April 1955*, Ithaca: Cornell University Press, 1956, p. 60.
⑥ Chae-Jin Lee, *Communist China's Policy Toward Laos: A Case Study, 1954 – 1967*, p. 26.

果之一。① 随后卡代政府与巴特寮的谈判未有产生任何协定。1956年3月富马首相上台后，对巴特寮持友好对话态度，并且有意奉行中立政策。8月19到25日富马率团访华，中国表示愿与老挝在和平共处五项原则基础上发展关系，支持富马通过谈判统一老挝。在8月25日的中老联合声明中，老挝承诺奉行和平中立政策，在安全不受威胁时不参加任何军事同盟，除了日内瓦协议有关规定以外，不接受外国在老挝建立军事基地。② 8月27日周恩来还致函胡志明催促越与老挝尽快实现关系正常化。

在万隆会议上周恩来还与西哈努克亲王建立起友好关系，亲王表示柬不会加入任何军事集团，也不会给美国提供军事基地。1956年2月西哈努克率团访华。11月周恩来访问柬埔寨，再次对柬的中立表示尊重。

中国支持中立主义是对"一边倒"外交路线的修订。随着赫鲁晓夫上台奉行与美国和平共处的缓和方针，以及中国自身需要改善国际环境集中力量发展经济，中国需要奉行温和的外交路线。在印支政策上，中国支持柬、老中立，虽然它们都接受美援，但中国仍愿意在和平共处五项原则基础上与它们发展友好关系，中国试图以和平团结两国。中国的印支政策缓和了中国与老挝特别是柬埔寨的关系，对于阻止两个国家滑向西方反华阵营起到良好的作用。正是在中国推动下，越南在巴特寮与老挝王国政府谈判问题上才更愿意采取和解姿态，为老挝王国政府与巴特寮达成万象协议奠定了基础。中国以支持中立、和平共处为特征的印支政策有力克制了美国政府在这一地区僵硬对抗、反对中立的对抗政策。

三、越南民主共和国的印支政策

日内瓦会议后，北越面临的主要任务是恢复经济和实现国家统一。

---

① 《中国与亚非会议文件集》，外文出版社1955年版，第51页。
② 《印度支那问题文件汇编》（一），第319页。

早在1954年7月15—18日的劳动党中央第六次全体会议上,河内领导人就已经确立了"北方第一"的方针,并认识到1956年不可能完成国家统一。此次会议提出,北方必须尽快加强经济建设,把北方建成统一大业的有力基础,河内的第一个目标是三年内(1955—1957)恢复为战争破坏的经济。① 为恢复发展经济,越南竭力争取中苏支持。1955—1957年是越南北方经济恢复时期,在此期间越南国内社会矛盾较为突出:1956年8月18日胡志明公开承认1955年初以来的越南土改犯了斗争扩大化错误,要予以纠正。② 9—10月越南劳动党中央召开第十次全体会议纠正土改中的错误,会议到29日闭幕。黄文欢称此次会议为"建党以来最长的一个会议"③,可见问题的严重性与大会的分歧。第十次全体会议决定,越南的统一将予以延宕,首要问题是改善北方的生活条件。10月29日,会议宣布长征辞去劳动党中央总书记职务。10月30日,河内广播电台广播第十次全体会议工作情况,在广播中,统一问题置于民主化、改善人民生活条件之后,居第三位。④

有鉴于越南北方的形势,对于吴庭艳拒绝履行日内瓦协议有关越南选举统一的安排,北越接受了中苏意见,在政治和外交上向南越施加压力。1956年3月,劳动党南方力量负责人黎笋向劳动党中央提出14点意见,建议在南方进行军事斗争,创立根据地,发展军事武装。⑤ 劳动党中央拒绝了黎笋的14点行动计划。1956年4月2日,苏联副总理米高扬访问河内,传达苏共二十大精神,在河内,米高扬发表讲话,希望越南

---

① Ang Cheng Guan, *Vietnamese Communists' Relations with China and the Second Indochina Conflict*, 1956-1962, p. 12.
② Ang Cheng Guan, *Vietnamese Communists' Relations with China and the Second Indochina Conflict*, 1956-1962, p. 31.
③ 黄文欢:《沧海一粟:黄文欢革命回忆录》,外文出版社1988年版,第302—309页。
④ Ang Cheng Guan, *Vietnamese Communists' Relations with China and the Second Indochina Conflict*, 1956-1962, pp. 35-36.
⑤ Ang Cheng Guan, *Vietnamese Communists' Relations with China and the Second Indochina Conflict*, 1956-1962, p. 19.

人民通过民主自由选举实现和平统一。这次访问表明在一些问题上苏越之间出现分歧,4月6日,米高扬结束访问时双方未发表联合公报,而在访问北京与乌兰巴托时均签署了联合公报。① 4月19日到27日,越南劳动党召开中央委员会第九次全体扩大会议,讨论苏共二十大的决议。4月27日,胡志明在闭幕词中未有低估借助武装斗争实现统一的作用,他讲道:"尽管在一些国家可以通过和平方式实现社会主义,但必须懂得在那些资产阶级行政机构、军事力量和秘密警察仍然强大的国家,无产阶级必须准备武装斗争……我们不要忘记美帝国主义及其走狗还占有我们半个国家的领土,并准备战争,那就是为什么在高扬和平旗帜的同时,我们必须警惕与审慎。"②在这里胡志明并未排除借助武力达成越南统一的可能性。但是,越南党并未与苏共二十大在和平过渡到社会主义问题上严重脱节。苏联领导人并未完全否定与放弃暴力革命推翻资产阶级专政这一观点,赫鲁晓夫只是在讲话中强调在发达资本主义国家,无产阶级可以通过议会斗争上台执政。③ 胡志明的讲话只是没有排除武力统一的可能性,在越南经济恢复阶段,在统一问题上,越南劳动党仍不主张开展武装斗争。6月19日,胡志明致信回到越南北方的南方同志,告诉他们北方是南方斗争的基础。④ 同日,劳动党中央政治局发布指示:南方的斗争是政治斗争而非军事斗争,因此,只能在自卫需要时才能借助武力。7月12日,胡志明与美国合众社编辑勒鲁瓦·汗森会谈,当被问及如果1956年7月统一选举不能如期举行,北越将如何措置时,胡志明回答:"将继续以更大的努力为在全国范围内争取自由选举而斗

---

① *Summary of World Broadcasts*/FE/551, pp. 7 – 10. *Summary of World Broadcasts*/FE/552,pp. 19 – 20.
② Ho Chi Minh: *Selected Works*, Vol. 4, pp. 153 – 156.
③ Ilya V. Gaiduk, *Confronting Vietnam: Soviet Policy Toward the Indochina Conflict, 1954 – 1963*, p. 94.
④ Ang Cheng Guan, *Vietnamese Communists' Relations with China and the Second Indochina Conflict, 1956 – 1962*, p. 29.

争。"①总体来说,1954年日内瓦会议后到1957年,北越致力于解决国内经济恢复、社会矛盾等问题,在统一问题上不主张使用武力。这是北越此阶段印支地区政策的背景。

由于中苏的缓和政策加之需要把主要精力放在国内问题上,北越对老挝的政策也定位在以和平共处为原则发展两国关系上。如前所述,在1955年的万隆会议上,范文同同意在和平共处五项原则基础上发展与老挝的关系。1955年12月25日,老挝举行没有巴特寮成员参加的国民议会选举,北越虽然谴责大选是"不民主的"、"与日内瓦会议精神及其协议相背",但同时又表示愿意与老挝发展友好睦邻关系。② 1956年8月在富马率团访问河内期间,越方不断重复不干涉老挝内政、尊重老挝主权。③

但是,北越在对老政策上的视角与中、苏不同,中、苏是从保持印支地区力量平衡的角度出发考虑问题的,越南则从南方斗争的角度出发考虑问题。从地区力量平衡角度看,中、苏担忧美国在老挝的干涉会导致在老挝建立起美国军事基地,老挝最后成为美国附庸,从而在印支与中国接壤的地区引入一股对中国安全具有严重威胁的力量。越南则认为为了能对南越吴庭艳政权构成压力,应当加强老挝的共产党力量。越南虽然不抵制巴特寮与老挝王国政府达成停火协议,但也不反对老挝局势维持南北事实上的分裂现状,北越可以接受老挝王国政府代表参加桑怒、丰沙里的行政机构,但不愿意把两省交给老挝王国政府。④ 越南与中、苏这一分歧表现在对巴特寮与老挝王国政府谈判达成协议的不同态

---

① Vietnam News Agency, 12 July 1956, *Summary of World Broadcasts/FE/579*, p. 38.
② Ang Cheng Guan, *Vietnamese Communists' Relations with China and the Second Indochina Conflict, 1956-1962*, p. 23.
③ Sisouk Na Champassak, *Storm Over the Laos: A Contemporary History*, New York: Frederick A. Praeger, Publisher, 1961, p. 48.
④ Vasilii Kuznetzov (deputy foreign minister)-Truong Chinh, Memorandum of Conversation, February 28, 1956, *Archive of Foreign Policy of the Russian Federation*, f. 079, op. 11, p. 13, d. 2, 11. 5-7.

度上。1956年8月富马与苏发努冯在万象谈判,随后双方在几乎所有的主要问题上均达成协议:巴特寮同意向老挝王国政府移交北二省权力,巴特寮武装力量编入老挝王国政府军,建立联合政府等。

第三节　万象会谈

1954年8月6日到11月19日,在《日内瓦协议》规定的时间里,越南民主共和国从老挝撤出其部队。越南部队撤出老挝后,巴特寮武装力量集结于老挝北部的桑怒、丰沙里两省,川圹成为巴特寮的总部。早在日内瓦会议上,巴特寮代表即呼吁愿意与老挝王国政府进行谈判对话。

一、卡代政府与巴特寮在1955年的谈判

1954年11月卡代·萨索里特政府上台执政,在如何对待巴特寮以实现国家统一的问题上态度游移不定。一方面,卡代政府愿意与巴特寮谈判,通过对话重建王国政府在桑怒、丰沙里两省的行政权威。另一方面,卡代政府对美援十分倚重,不得不接受美国在1955年初武力镇压巴特寮的政策,在1955年中期武力镇压巴特寮的政策失败后,美国政府主张以武力限制巴特寮影响力扩散,拒绝与之对话。老挝国内局势随即出现边打边谈的局面。卡代政府与巴特寮的谈判在1955年1—4月、7—11月断续进行了两个阶段。[1] 1955年1月18日,巴特寮代表团与老挝王国政府代表团在老挝北部查尔平原的康巴兰举行了第一次会议。2月23日,苏发努冯亲王发表关于巴特寮谈判立场的声明,其主要内容是:老挝王国政府停止在桑怒、丰沙里的军事行动;在双方达成政治解决问题的方案之前北方两省应处于巴特寮的管辖之下;政治解决巴特寮问题及北方两省的归属问题,其基础是日内瓦停战协定,应在自由普选基础上

---

[1] Charles Stevenson, *the End of Nowhere: American Policy Toward Laos Since 1954*, p. 31.

实现国家统一。① 在外交上以和平共处五项原则处理与北越、中国、柬埔寨、印度、缅甸和泰国的外交关系；反对美国组建的东南亚条约组织破坏《日内瓦协议》。谈判中巴特寮希望老挝建立有其代表参加的联合政府，但由于卡代政府本没有下定决心与巴特寮谈判解决老挝北方两省问题，谈判不可能达成任何结果。双方唯一的成果是1955年3月9日、10月11日在纸面上达成停火协议，而这一点在《日内瓦协议》中早已载明。②

老挝国内局面陷入打打谈谈的同时，驻老挝的国际监督控制委员会的工作绩效不彰，不能起到平抑战火的作用。西方通过加拿大代表对监控委员会施加压力，东方阵营通过波兰代表施加其影响。③ 监督控制委员会总部驻于万象，每月开支高达20万美元。④ 监控委员会开展工作的最大困难是老挝境内的交通不便，而真正有效的检查必须通过步行在不事先通知的情况下进入北部的高山密林中才能进行。一名法国上校评论说："从个人感受说，我充分意识到在老挝的密林高山中行动的不便，但正是这些山林中存在着我们揭开谎言的事实。你只有付出令白人不习惯的艰辛努力后才能揭开谎言。"⑤国际监控委员会为克服交通不便向美国政府要求派遣六架直升机以供使用，但美国未予答允。国际监控委员会的工作人员只好居住在万象舒适的旅馆里，每月花销巨大，不停地参加各种宴会、聚会、招待会，在这些活动中"香槟酒象水一样流淌。万象为数不多的夜总会也成为国际监控委员会成员喜欢光顾的消费场所。很快，老挝政府的抗议传到伦敦"。⑥ 到1955年底，老挝王国政府支持削减国际监控委员会人员，并对其采取冷淡的态度。⑦

---

① 《印度支那问题文件汇编》（一），第293—295页。
② *FRUS*，1955 - 1957，Vol. 21，pp. 672 - 676.
③ Sisouk Na Champassak, *Storm Over the Laos: A Contemporary History*, p. 36.
④ Sisouk Na Champassak, *Storm Over the Laos: A Contemporary History*, p. 37.
⑤ Sisouk Na Champassak, *Storm Over the Laos: A Contemporary History*, pp. 39 - 40 Sisouk Na Champassak, *Storm Over the Laos: A Contemporary History*, p. 36.
⑥ Sisouk Na Champassak, *Storm Over the Laos: A Contemporary History*, p. 37.
⑦ *FRUS*，1955 - 1957，Vol. 21，p. 711.

在与老挝王国政府军为争夺北方两省的作战中,巴特寮武装力量得到北越援助迅速发展,到 1955 年初部队员额达 5000 人①,1957 年 11 月已拥有 6000 人的武装。② 到 1955 年 8 月底,老挝王国政府部队的 1/3 已部署于北方两省,但仍感不够。③ 卡代政府与巴特寮的谈判是失败的。1955 年圣诞节前后,老挝国民议会举行了没有巴特寮代表参加的选举,虽然美国对老挝的议会选举结果"总体上是满意的"④,但老挝陷入事实上的分裂之中。1955 年 12 月 14 日苏发努冯亲王就老挝王国政府准备组织片面选举和向巴特寮进行军事进攻问题,写信给日内瓦会议两位主席艾登和莫洛托夫。信中说:老挝王国政府的行动已经严重威胁《日内瓦协定》的履行,使局势日益紧张,老挝王国政府公然停止了政治谈判。⑤ 1956 年 1 月 7 日,国际监控委员会通过决议:承认老挝的统一,老挝王国政府对桑怒、丰沙里拥有主权,建议老挝王国政府尽快在北方两省建立管辖权。在 28 天时间里巴特寮与老挝王国政府讨论磋商以上建议,并达成政治解决问题的方案。⑥ 对于这一建议,1 月 17 日老挝王国政府予以接受,巴特寮仅于 1 月 25 日表示收到此文件,未置可否。⑦ 1956 年 2 月卡代组阁失败,3 月 21 日富马组阁成功。

二、富马政府与巴特寮的谈判

1954 年 9 月日内瓦会议结束伊始,当时任首相的富马亲王即与苏发努冯进行了一次谈判,但未达成结果。1956 年 3 月富马再度组阁,出任老挝王国政府首相。在向国民议会提出施政方针时,富马首相表示:老

---

① *FRUS*, *1955 - 1957*, Vol. 21, pp. 628 - 629.
② MacAlister Brown and Joseph J. Zasloff, *Apprentice Revolutionaries: The Communist Movement in Laos, 1930 - 1985*, p. 57.
③ *FRUS*, *1955 - 1957*, Vol. 21, p. 679.
④ *FRUS*, *1955 - 1957*, Vol. 21, p. 727.
⑤《印度支那问题文件汇编》(一),第 307—308 页。
⑥ *FRUS*, *1955 - 1957*, Vol. 21, p. 730.
⑦ *FRUS*, *1955 - 1957*, Vol. 21, pp. 744 - 745.

挝王国政府将"不遗余力地使同对方(指巴特寮)进行的谈判达成大家都希望的和谐一致",老挝将"忠实于和平共处的五项原则,反对外国对我们的事务的一切干涉,致力于维持同我们的朋友、特别是同我们的邻国的友好关系"。① 老挝国民议会议长丰萨万在6月20日宣布:国民议会已经同意老挝王国政府和巴特寮谈判,以解决老挝问题。② 富马组阁后,3月底巴特寮建议恢复谈判,5月28日苏发努冯发表了《关于在目前局势下实现老挝的和平统一的声明》。声明指出:老挝对外应该坚持和平中立政策,对内应该正确地实施停战协定,重新召开协商会议,互相让步,按照《日内瓦协议》的精神争取国家的统一。③

1955—1956年亚洲共产主义运动大体处在和平状态:主要是强调议会路线,通过与政府合作参与执政。1956年1月,160名巴特寮干部在桑怒召开会议,6日通过政治宣言,支持与老挝王国政府建立联合政府,为此成立老挝爱国战线(党),取代1950年创立的老挝抗战政府。同时创立老挝劳动党,劳动党高级领导人同时拥有越南劳动党党员身份。④ 老挝爱国战线处在老挝劳动党的领导之下,并为后者征集干部,到1964年老挝劳动党人数发展为700人。⑤

在老挝王国政府与巴特寮的共同要求下,双方又开始了新一轮的谈判。1956年7月31日,苏发努冯率巴特寮代表团抵达万象。富马首相与之会谈了一个小时。苏发努冯表示他不是共产党人,美国在把老挝变成一个进攻共产主义的基地,美-老结成了攻守同盟。富马表示无此种同盟存在,老挝王国政府的政策仍是中立,避免老挝成为东西方的战场,对东西方国家均表示友好。⑥ 从8月1日—5日双方在万象会谈,内容

---

① 《世界知识》,1956年第16期,第8页。
② 《世界知识》,1956年第16期,第8—9页。
③ 《印度支那问题文件汇编》(一),第313—314页。
④ Arthur J. Dommen, *Conflict in Laos: the Politics of Neutralization*, p. 84.
⑤ Arthur J. Dommen, *Conflict in Laos: the Politics of Neutralization*, p. 92.
⑥ *FRUS, 1955-1957*, Vol. 21, p. 780.

包括五项议程:自由民主问题,巴特寮的正当权益问题,和平中立道路和和平共处五项原则问题,通过和平方式解决桑怒和丰沙里两省的问题。在政治问题上,会谈特别讨论了选举权和被选举权问题,王国政府保证全体公民都享有选举权和被选举权,富马首相表示有关部门正在考虑修改选举法。关于巴特寮的正当权益问题,王国政府同意给予苏发努冯亲王所领导的老挝爱国战线和其他组织,如青年、农民组织,以合法进行活动的权利。政府还保证不区别对待巴特寮武装力量人员,要让他们按照能力和双方之间达成的协议参加各级政权和专业部门。富马首相建议巴特寮就此提出名单。关于自由普选,老挝王国政府考虑通过国民议会增补选举的办法来弥补巴特寮未有代表参加1955年底选举的缺憾。外交上,在这次会谈的第一次会议中富马首相即表示:老挝王国政府将坚持老挝的中立道路。双方最后明白宣布:老挝赞成和平中立政策,诚挚实施和平共处五项原则,并同邻国建立友好的关系。双方还表示:老挝将不加入任何军事同盟,不允许在老挝建立《日内瓦协议》规定以外的军事基地。关于和平解决桑怒和丰沙里两省的问题,双方同意应首先停止一切敌对行动。苏发努冯亲王表示,在基本政治问题解决的基础上,巴特寮愿意本着承认两省是属于老挝王国政府系统的原则,在两省政权问题上作出合理让步。同意两省的政权隶属于王国政府最高权力之下,准备按照王国政府的形式来组织两省的政权。巴特寮武装力量将编入老挝王国政府部队,并由其统率。① 8月5日,老挝王国代表团和巴特寮代表团发表联合公报:富马政府将坚决遵行和平中立政策,并诚挚实行"尼赫鲁先生式"的和平共处五项原则的外交政策,不加入任何军事联盟,除《日内瓦协议》规定的情况外,不让任何国家在老挝的领土上建立军事基地。给予巴特寮政治组织老挝爱国战线以合法身份在王国法律下与其他党派一样进行活动。必须让巴特寮干部根据其能力参加各级政权和

---

① 《世界知识》,1956年第16期,第8—9页。

专业部门。关于普选和建立联合政府问题,双方正在研究。巴特寮武装力量将参加王国政府军。北方两省隶属于王国政府权力之下并按照王国政府的政权组织形式组建行政系统。① 8 月 10 日,王国政府又和巴特寮代表团达成最后联合公报:将举行有巴特寮候选人参加的老挝国民议会增补选举,组织有巴特寮人员参加的联合政府。

1956 年 8 月 5 日、10 日两个联合公报是中苏越等国和平共处外交路线在老挝取得的重大成果,是对美国以对抗为特征的印支地区政策的一个挫败。8 月 8 日,中国《人民日报》发表社论《老挝走上和平统一的道路》,认为老挝王国政府和巴特寮双方一致宣布赞成和平中立政策,符合日内瓦会议精神,对亚洲和平具有重要意义。②

三、老挝组建联合政府

在 8 月 5 日、10 日联合声明基础上,巴特寮与老挝王国政府解决北方两省问题、实现国家统一的谈判进入到实施阶段。1956 年 12 月 28 日,老挝首相和苏发努冯亲王签署联合声明,宣布将成立有巴特寮参加的联合政府,巴特寮将以"老挝爱国战线"为名存在。1957 年 1 月 10 日老挝王国政府副首相卡代·萨索里特从纽约返回万象,他认为谈判结果对巴特寮太过宽容。卡代随即每周在老挝新闻媒体呼吁:"小心共产党人""联合政府成立不久就可能变成苏联式的独裁政府,到时国将不国。"③卡代的活动为建立联合政府笼上了阴影。1957 年 1 月中期起,苏发努冯离开万象,回到桑怒。对于卡代的攻击,富马首相反击到:老挝不存在共产主义威胁。老挝人不会成为共产党人,巴特寮不是共产党组织。在一个没有工业、没有无产阶级的国家何谈共产主义威胁?④ 卡代

---

① 《印度支那问题文件汇编》(一),第 315—316 页。
② 《印度支那问题文件汇编》(一),第 316—318 页。
③ Sisouk Na Champassak, *Storm Over the Laos: A Contemporary History*, pp. 52-53.
④ Sisouk Na Champassak, *Storm Over the Laos: A Contemporary History*, p. 54.

的反共呼声得到其所在的亲西方的老挝国家进步党及培·萨拉尼空领导的独立党的支持,并起到了阻止建立联合政府的效果。老挝王国政府只好提出先收编巴特寮武装力量然后再建立联合政府。巴特寮代表也提出老挝应接受中国经济援助。巴特寮与王国政府的谈判陷入僵局。① 接着,老挝国内批判与巴特寮和谈的呼声抬头,富马为首的开明政客与卡代等为代表的保守政客在报纸上相互抗议、警告、发表针锋相对的声明。4月美国政府表示,原则上全力支持老挝王国政府的权威及于整个老挝,希望老挝问题能够政治解决,美国政府遗憾的是,巴特寮置《日内瓦协议》于不顾,向王国政府提出过分要求,美国希望老挝政府能强硬起来,老挝王国的未来不应由一些无宪法规定地位的持不同政见者决定。② 面对政府内部对建立联合政府的分歧,1957年5月老挝国民议会召开会议对此问题予以讨论。老挝国民议会投票表示信任富马政府,支持其继续与巴特寮就建立联合政府事宜谈判。但富马不能接受对其投信任票的勉强多数,提交辞呈。③

随后,卡代进行组阁的努力,但遭到失败。8月富马又一次组阁成功,9月王国政府恢复与巴特寮的谈判。在谈判中巴特寮放弃以接受中国经济援助为组建联合政府前提条件的要求。11月双方签署协定:联合政府包括巴特寮成员,在组建联合政府当天巴特寮向王国政府交还桑怒、丰沙里;不与任何外国缔结军事同盟,不允许外国在老挝建立《日内瓦协议》允许之外的基地;联合政府建立后把巴特寮的部队收编入老挝王国部队,收编数量限制在"财力所及范围内",余者解散;巴特寮把所有战争物资上缴王国政府。④ 11月18日,苏发努冯把北方两省象征性地交给萨旺王储,同日成立联合政府。苏发努冯领导老挝爱国战线赴万象

---

① Sisouk Na Champassak, *Storm Over the Laos: A Contemporary History*, p. 55.
② *FRUS*, 1955-1957, Vol. 21, p. 908.
③ Sisouk Na Champassak, *Storm Over the Laos: A Contemporary History*, p. 56.
④ Sisouk Na Champassak, *Storm Over the Laos: A Contemporary History*, pp. 58-59.

进行合法斗争,凯山则负责地下斗争。1957年12月初王国政府派员接管桑怒、丰沙里,王国政府部队从12月24日开始进驻北方两省,期间未有任何麻烦,这令外国观察人员感到惊奇。① 对于老挝建立联合政府,中、苏、越、法国、英国均表示赞赏。

四、美国政府对老挝建立联合政府的反应

1956年8月7日,美国国务院致电驻老挝使馆:对王国政府向巴特寮的让步表示不满,美国不喜欢老挝政府奉行中立政策。"与邻国建立友好关系"只能指共产党中国与北越。② 9月美国中央情报局局长艾伦·杜勒斯提出:老挝极有可能为共产党人夺权,其结果是一旦共产党人进入政府,将会对越南、柬埔寨、泰国安全产生重大后果,通过间接使用军事力量做威胁,共产党人能对老挝有力施加压力,并产生类似捷克斯洛伐克式的政变。③ 11月,美国国务院东南亚事务司司长肯尼兹·扬准备了一个行动计划,通告富马,哪些行动可能会导致美国援助的中止,包括:巴特寮参加联合政府;一定数量的巴特寮部队进入老挝政府军队,破坏其团结;接受共产党国家的经济、技术援助或使团。引用东欧的教训,扬的结论是:"共产党人必须尽可能地被拒之政府门外。"④

在巴特寮与王国政府签署建立联合政府的协议后,美国政府宣布对老挝的援助将实行按月支付。美国驻老挝大使帕森斯说道:"不管我们对老挝建立联合政府的行为多么反感,我们都不能立刻中止美援,这么做等于是把老挝拱手让给巴特寮。"⑤

美国政府僵硬对抗的印支政策到1957年底已经陷入两难:美国若

---

① Ang Cheng Guan, *Vietnamese Communists' Relations With China and the Second Indochina Conflict, 1956–1962*, p. 62.
② *FRUS*, *1955–1957*, Vol. 21, p. 789.
③ *FRUS*, *1955–1957*, Vol. 21, p. 824.
④ *FRUS*, *1955–1957*, Vol. 21, pp. 834–837.
⑤ *FRUS*, *1955–1957*, Vol. 21, pp. 1051–1054.

终止给老挝的援助,等于把老挝推向共产党阵营,如果继续援助,巴特寮也成为受援对象。三年来,美国在军事、经济上向老挝提供大量经济、军事援助,但却未能形成一支能夺回巴特寮占领的北方两省的老挝政府军队。美国冀望甚殷的东南亚条约组织也不能对老挝的安全提供"保护",在老挝问题上,英、法更愿意接受《日内瓦协议》的安排,而不愿追随美国与共产党国家搞对抗。美国竭力阻止老挝中立、建立联合政府,但没有成功。1957年4月11日,美国国务院东南亚事务办公室副主任科克尔在给远东事务助理国务卿罗伯特森的备忘录中写道:"美国承认在抵制老挝中立、中国援助、巴特寮参加老挝政府等方面,美国均不成功。"① 随着日内瓦会议后美国政府在老挝卷入程度的加深,到1956年美国国防部与中央情报局对老挝更感兴趣。国防部也改变了其从印支脱身的政策。参联会表示同意使用海空力量反击共产党国家对东南亚的入侵。如果中国攻击东南亚,美将对华使用核武器,把中国力量拴在国内。海军上将阿瑟·雷得福把参联会准备动用核武器的计划细节通报给国务卿杜勒斯。②

从1954年日内瓦会议结束到1957年底,在印支地区中、苏、越奉行的以和平共处为特征的外交政策有力地克制了美国政府僵硬对抗的外交政策,老挝、柬埔寨纷纷对中立、同时和东西方友好的外交路线表示出拥护,美国的印支政策既得不到老、柬的认同,也不能为英、法盟友接受,另外,美国政府也不敢公开反对、破坏《日内瓦协议》的有关规定,不敢公开拒绝老挝的和平中立,其政策是暗中破坏老挝中立。美国在印支地区的处境是孤立的。但是老挝的国内问题并非一劳永逸地得到解决,老挝王国政府只是形式上收回了桑怒、丰沙里两省的行政管辖权,巴特寮仍在军事上保持着对两省的有效控制,王国政府的行

---

① FRUS, 1955-1957, Vol. 21, p. 907.
② Kenneth W. Condit, The JCS and National Policy 1955-1956, Washington, D. C.: Historical Office of the Joint Staff, 1992, pp. 224-225

政权威也不足以取代巴特寮对两省民众的管理。老挝的分裂问题只是在形式上解决了。

小 结

在本章的论述中,美国政府开始意识到老挝重要的地缘价值:认为"通过老挝-安南山脉防御共产主义力量对东南亚的入侵要比通过湄公河布防容易得多",老挝的安全从地缘上看对于东南亚安全及整个自由世界极为重要。同时老挝四分之一的边界与共产党国家接壤,是美国政府在印支地区构建反共桥头堡的理想场所。艾森豪威尔政府对老挝地缘价值的认识并不客观准确:第一,中、苏、越等国此时的印支政策强调和平共处,无意于向东南亚进行美国所担忧的"入侵";第二,《日内瓦协议》规定老挝中立,成为东西方之间在印支地区的缓冲区,对此富马政府与中、苏、越都予以认同,英、法两国也持支持态度。艾森豪威尔政府在不放弃僵硬对抗政策的前提下,人为地赋予老挝以反共、反华桥头堡的地缘价值。这既不符合中、苏、越等国印支政策的实际,也不符合国际条约的规定和老挝政府的意愿。

艾森豪威尔政府的印支政策从一开始就与盟国存在分歧:英国不愿违反《日内瓦协议》的规定,不赞同对老挝的防御承担任何义务,不愿《马尼拉条约》中载有过分刺激共产党国家的文字。对于老挝国内巴特寮问题的解决,美国政府主张借助武力,英法两国希望老挝政府借助国际监督控制委员会。与英、法的分歧使马尼拉条约组织无法成为美国推行武力解决巴特寮问题的有力后盾,美国政府又不同意单独出兵印支,艾森豪威尔政府的对抗政策受到盟国的掣肘。在老挝建立联合政府的问题上,虽然美国政府坚决反对,但英法持支持态度。与西方阵营的分歧对比鲜明的是,中、苏、越的印支政策非常一致,强调和平共处。中、越两国对老挝采取友好睦邻政策,1956年8月富马首相访问了中国、北越。同时,在中、越推动下,巴特寮积极与万象政府和谈,并达成建立联合政府的协议。

艾森豪威尔政府在此阶段的印支政策既不能取得主要盟国的有力支持,也不能为老挝王国政府所接受,同时中、苏、越以和平共处为特征的印支政策对老挝政府及英、法两国很有吸引力,美国政府陷入孤立。

第三章 陷入危机

1958—1961年初，以老挝为中心的东西方冷战又表现出新的形态：美国在继援助老挝，把老挝置于东南亚条约组织"保护"之下，及反对老挝中立、建立联合政府等政策破产之后，开始实施新的对老政策，扶植老挝国内的反共保守右翼力量，以此破坏老挝建立的联合政府及中立政策。同时，美国政府各有关部门加深了在老挝的干涉程度，并与老挝右翼力量结合，力图从军事上铲除以巴特寮为主的老挝左翼力量。与之对应的是，社会主义阵营中的中国、越南外交政策开始脱离和平共处轨道，中国在外交政策中开始强调与西方的斗争与对抗。越南民主共和国在完成国家经济恢复后，加大了国家统一工作的力度，从1959年初起强调在南方的斗争中，军事手段应和政治手段相结合。为配合南方的军事斗争，老挝对北越的军事价值更为加强。苏联在与中国有关国际共运发展路线的辩论中，不得不对民族解放运动表现出一定的支持，在老挝也开始了经济、军事援助，苏联在印支地区的卷入程度加深。随着东西方有关国家在老挝介入的深入，及彼此政策中对抗成分的增加，以老挝为中心的冷战终于在1960—1961年酿成一场国际性危机。

第一节　日内瓦协议和老挝联合政府的破产

1958年,美国政府在老挝致力于整合以卡代、培·萨拉尼空等为代表的老一代反共右翼力量,并培植起老挝年轻政客组成"捍卫国家利益委员会"。老挝右翼力量与左派政治力量的分野与对立开始明朗化,老挝的国内形势更具对抗性。7月,美国以美援为压力,迫使主张中立与建立联合政府的富马政府下台,8月建立起以培·萨拉尼空为首相的右翼政府。新政府上台不久即宣布老挝不再受《日内瓦协议》的限制,并对巴特寮为代表的老挝左翼力量进行镇压,老挝联合政府随即破产。

一、老挝右翼政治力量的崛起

1958年是老挝国内右翼政治力量走向联合,并开始上台执政的一年。这年1月13—16日,富马首相访问美国,与美国国务卿杜勒斯就老挝的共产主义威胁问题展开辩论。杜勒斯希望富马同意美国关于目前老挝政治生活中存在巴特寮分子和平夺权危险的看法,并交给富马一份题为《东欧共产党夺权》的文件,文件记载了东欧共产党"夺权"使用的策略。富马重申巴特寮并非全是共产党人,其中只有100—200名共产党员。正因为巴特寮不是共产主义性质的运动,所以老挝才可以进行建立联合政府的试验。从1956年起,富马即认为巴特寮是纯粹的老挝人自主的政党。老挝不存在共产主义生长的土壤:佛教昌盛、人口稀少(富马称老挝有500万人口,美国政府估计为200万)、缺少工业、人民生活于自然经济状态。[①] 会晤中,富马透露,为了5月份老挝国民议会的增补选举,老挝国内两大保守政党老挝国家党与独立党已经签署了合作协定。在这次访问中,美国政府官员提出,为使老挝右翼政党尽可能多地赢得5

---

① FRUS, 1958 - 1960, Vol. 16, pp. 414 - 418.

月份议会增补选举的议席,老挝应致力于货币改革、清除腐败,以稳定民心。

同时,美国政府开始酝酿在老挝国内争取民心的行动计划。1月24日,远东事务助理国务卿罗伯特森致函负责经济事务的助理国务卿帮办狄龙,提出为阻止老挝爱国战线在国民议会中赢得相当多的席位,帕森斯大使建议立即在老挝村级单位进行投资,以使乡民认识到老挝王国政府对他们的关怀、美援的存在。美国准备投入50万美金,用于在干旱地区打井、建立公路、兴办学校、提供医疗服务等。① 从3月份起,美国驻老挝工作机构实施代号为"Boostershot"行动的乡村援助计划。2月帕森斯大使离任回华府升任远东事务助理国务卿,霍勒斯·史密斯接任驻老大使。

虽然美国与老挝王国政府为议会增补选举进行了大量工作,但5月的选举结果仍令美国与老挝王国政府吃惊:爱国战线与其盟友中立党赢得了21个增补议席中的13席,其中9席是爱国战线所得。在5月13日的电文中,史密斯大使汇报了萨旺王储对选举结果的评论:人民不是在支持共产党,而是在反对腐败与战争。② 美国政府对这一选举结果迅速作出反应,15日国务院致电大使馆:老挝爱国战线是国际共产主义的工具,老挝必须进行货币改革以清除腐败。美国急需在老挝寻找到年轻领导人,能将反共斗争延伸到遥远的乡村、少数民族部落中,新的领导人可考虑老挝军方人选。在老挝国家党、独立党这两个老牌保守政党以外组成一个新的保守反共政党,这个政党应当排除老挝老牌政客的参与。同时,希望富马下台。③ 大使馆明确了美国驻老挝工作机构的目标:继续与老挝政坛的老牌保守政客合作;老挝建立起保守政党的统一阵线;建立

---

① FRUS, 1958-1960, Vol.16, p.424.
② FRUS, 1958-1960, Vol.16, pp.439-440.
③ FRUS, 1958-1960, Vol.16, p.443.

单一的、强大的保守政党。① 6月4日,美国驻老挝使馆通告老挝政府,7月份美国援助经费是否拨发取决于老挝政府能否融合保守政党、组成排除爱国战线的保守政府、货币改革等的落实。② 13日,在美国推动下,老挝国家党和独立党两大右翼反共政党合并成为老挝人民联合党,党章规定:"致力于……团结国内一切力量进行反对共产主义及其颠覆活动的斗争。"③出于国内权力斗争需要,富马与老挝国内右翼力量结合,人民联合党由富马、卡代及培·萨拉尼空等领导。人民联合党由老挝国内老派的反共右翼势力组成。17日,老挝的一些海外归国青年学生、官员、军官在万象会晤。这次会议汇集的是老挝国内的年轻反共力量。与会者们一致同意老挝人民联合党的反共纲领,同时力主不与老挝老派政客们发生联系,青年政客们认为正是这些老派政客应对老挝贫穷落后的现状负责。会上成立了老挝"捍卫国家利益委员会",其政治纲领是:反腐败,清理政府中殖民主义余孽,反对共产主义及其颠覆。④ 捍卫国家利益委员会的一个引人注目之处是,它吸收了一些军人作为其成员,为老挝军人介入政治生活提供了平台。捍卫国家利益委员会从一开始即与美国中央情报局关系密切。一位从1952年开始受雇于中情局的雇员罗伯特·艾墨里说,捍卫国家利益委员会是由中央情报局发起与资助成立的。⑤虽然目前尚没有档案材料证实这位雇员的话,但美国档案材料却可以证明,捍卫国家利益委员会自成立后,即与中央情报局关系密切。1958年7月31日在国家安全委员会第374次会议上,美中央情报局局长艾伦·杜勒斯说道:"捍卫国家利益委员会反共,并为美国所悄悄支持。"⑥在美

---

① *FRUS*, *1958–1960*, *Vol.* 16, p. 443–445.
② *FRUS*, *1958–1960*, *Vol.* 16, p. 454.
③ 杜敦信、赵和曼主编:《越南老挝柬埔寨手册》,第84页。
④ Sisouk Na Champassak, *Storm Over the Laos: A Contemporary History*, p. 63.
⑤ 引自哈佛大学1999年4月份提交的博士学位论文:George Christopher Eliades, II, United States Decision-Making in Laos, 1942–1962, p. 215. (指导教授为入江昭、厄内斯特·梅)
⑥ *FRUS*, *1958–1960*, *Vol.* 16, pp. 471–472.

国推动下,老挝的反共保守右翼力量结合成两大政党:由老挝老派保守政客组成的老挝人民联合党,老挝年轻政客组成的捍卫国家利益委员会。

在老挝议会增补选举前后,富马政府开始要求国际监督控制委员会停止在老挝的活动。3月20日,富马通知驻老挝的国际监督控制委员会,《日内瓦协议》中有关老挝的条款,在5月增补选举后将全面落实,希望国际监控会在5月份以后停止在老挝活动。5月15日,富马通知国际监控会,选举已经成功举行,该委员会已没有理由继续其活动。① 富马希望从老挝驱除非老挝本土力量的外来势力。② 对于富马政府的要求,加拿大代表予以支持,波兰代表表示反对。中、苏等社会主义国家视国际监控会为阻止老挝形势朝不利方向发展的一个阻遏机制,是《日内瓦协议》机制存在的标志。因此波兰代表努力表明国际监控会除了负有调解老挝国内纷争的责任,还有监督老挝武器弹药与军事装备进口情况的责任,要求在削减或终止老挝的国际监控会的活动前,与在越南及柬埔寨的同样组织协商。起初印度代表也反对加拿大代表停止国际监控会活动的建议,建议以减少国际监控会的成员及活动为妥协。但到6月份,印度代表改变态度,决定从老挝撤除国际监控会,原因之一是"老挝王国政府态度不容动摇,既然该国政府已不想让该委员会留下,继续滞留也无意义"。③ 1958年7月19日,驻老挝的国际监督控制委员会决定无限期休会。苏联、中国对从老挝撤除这一机制表示抵制。中、苏均批评波兰代表"在保留国际监控委员会的斗争

---

① *Documents Relating to British Involvement in the Indo-China Conflict*, 1945 – 1965, Cmnd2834. London: Her Majesty's Stationery Office, 1965, p. 25.
② SarDesai, D. R. , *Indian Foreign Policy in Cambodia*, *Laos and Vietnam*, 1947 –1964, p. 183.
③ SarDesai, D. R. , *Indian Foreign Policy in Cambodia*, *Laos and Vietnam*, 1947 – 1964, p. 187.

中持防守性态度"。① 1959年8月26日,莫斯科在伦敦会谈中努力为国际监督控制委员会的留下作外交努力,但英国在美国支持下抵制苏联所持的东南亚条约组织对老挝的侵略可能导致该委员会需继续留在老挝的理由。② 最后问题搁置,1959年11月苏联通知河内"在伦敦会谈中提议在万象保留一个规模减小的国际监督控制委员会已不适宜",苏联决定把老挝是否保留国际监控委员会的问题交由委员会自行决定。③ 这样,驻老挝的国际监督控制委员会即以无限期休会的形式从老挝撤除。老挝右翼力量的整合及体现着《日内瓦协议》精神的国际监督控制委员会的撤除,表明老挝国内形势正在急剧右倾。

二、老挝联合政府的破产

从1958年5月份起,美国国务院即明确指示大使馆富马已不宜继续担任老挝王国政府首相。④ 史密斯大使则持支持富马首相的态度⑤,显然史密斯大使与国务院的立场是存在分歧的。史密斯大使与从1957年夏天起任美中央情报局老挝站站长的亨利·赫克谢尔关系不佳。赫克谢尔认为史密斯缺少经验,在行动时很少与大使馆通气。史密斯倾向于支持老挝的老派政客,而老挝站更倾向于捍卫国家利益委员会。⑥ 华盛顿对中央情报局驻老挝工作机构与大使馆关系不佳未予过问,其主要原因是:其一,史密斯得不到老挝站工作的确切情况,无从在充分证据基

---

① Leonid I. Sokolov-heads of Polish Delegations in Laos and Vietnam, Memorandum of Conversation, Sokolov diary, July 26, 1958, *Archive of Foreign Policy the Russian Federation*, f. 079, op. 13, p. 20, d. 8, I. 180.
② Bernard B. Fall, *Anatomy of a Crisis: The Laotian Crisis of 1960-1961*, Garden City: N. Y.: Doubleday, 1969, p. 88.
③ Leonid I. Sokolov-Ung Van Khiem, Memorandum of Conversation, November 3, 1958, *Archive of Foreign Policy the Russian Federation*, f. 079, op. 13, p. 20, d. 8, I. 85.
④ *FRUS, 1958-1960*, Vol. 16, p. 449.
⑤ *FRUS, 1958-1960*, Vol. 16, p. 451. Charles Stevenson, *the End of Nowhere: American Policy toward Laos since 1954*, p. 66.
⑥ Charles Stevenson, *the End of Nowhere: American Policy toward Laos since 1954*, p. 62.

础上指摘老挝站不配合其工作;其二,华府上层对史密斯大使的工作能力表示怀疑,但由于老挝形势不妙,更换大使易受指责;其三,国务院新任远东事务助理国务卿帕森斯在任老挝大使期间与老挝站关系密切,因而对该站与大使馆关系不协调表示容忍。① 在得不到上级充分信任的情况下,史密斯大使支持富马的态度自然不能为国务院接受,特别是帕森斯在任大使期间对富马本不信任,认为他反共不力。1958年6月30日美国决定停止对老挝的援助,7月富马下台。② 7月30日,国务院明确指示大使馆:"培·萨拉尼空是美国最中意的政客。"③万象时间8月18日下午2点培·萨拉尼空政府上台,卡代任副首相、内政国防大臣。在新内阁中,捍卫国家利益委员会拥有四个大臣席位:外交、司法、信息、财政,其中坎番·班雅任外交大臣。富马被打发到法国任大使。培政府是老挝新老右翼政客结成的反共联盟,它的上台标志着老挝政治全面右倾。9月培邀请南越领导人吴庭儒访老,1959年1月老挝与南越关系升级为"大使级"。1月5日,培允许台湾在老挝设立"领事馆"。同时,培公然宣称:"我们必须警惕削弱我们独立统一的最大危险,这个危险是共产主义。"④1958年底—1959年初,老挝与北越发生边界冲突,培借口战争要求老挝国民议会加强自己权力,1月14日,老挝议会授予培为期1年的特殊权力,在国家政治生活中拥有不经议会同意自行行事的自由。24日,培改组政府,把爱国战线成员赶出政府。⑤ 捍卫国家利益委员会在政府中的地位明显加强,当时任上校的富米·诺萨万成为国防大臣。1月15日,美国太平洋战区司令部致电国务院要求老挝政府公开宣

---

① Charles Stevenson, *the End of Nowhere: American Policy toward Laos since 1954*, p. 62.
② Charles Stevenson, *the End of Nowhere: American Policy toward Laos since 1954*, p. 60.
③ *FRUS*, 1958-1960, Vol. 16, p. 470.
④ Ang Cheng Guan, *Vietnamese Communists' Relations with China and the Second Indochina Conflict*, 1956-1962, p. 82.
⑤ Ang Cheng Guan, *Vietnamese Communists' Relations with China and the Second Indochina Conflict*, 1956-1962, p. 96.

布不受《日内瓦协议》制约,1月20日,美国国务院同意此提议。① 2月11日,培声称:"《日内瓦协议》已全部落实,老挝不再受此协议限制。"② 随后,培政府开始对巴特寮及其武装力量采取镇压措施。根据1957年11月万象协议,巴特寮的两个营及其军官将编入老挝王国军队,分驻在查尔平原与琅勃拉邦省等待收编。但老挝王国政府认为巴特寮为其部队要求的军官数量过多,无法满足,分歧持续到1959年4月。③ 5月21日,老挝外交大臣班雅宣布爱国战线为非法,准备予以取缔。④ 5月,驻查尔平原的那一营巴特寮武装力量逃往北越,驻琅勃拉邦省的那个营则被老挝王国政府军包围,8月18日缴械投降。⑤ 随后,苏发努冯与在万象的爱国战线成员被老挝王国政府控制起来,7月被送往万象北郊的一个监狱。

三、美国加强对老挝军方的影响

1958年美国对老挝政策的一个引人注目之处是美国军方日益看重老挝在东南亚地区的冷战价值,并加强对老挝军队的关注。在这年年底召开的第392次国家安全委员会会议上,艾森豪威尔总统特别询问了共产主义对老挝军队的影响情况,艾伦·杜勒斯回答老挝军队的最高领导人是反共的。⑥ 7月22日,负责国际安全事务的助理国防部长致电负责经济事务的助理国防部长帮办狄龙:老挝几乎与除马来亚的所有东南亚国家为邻,并与中共搭界,是一个脆弱的地区,一旦丢失将产生很坏的心理效应,影响美国在该地区的地位。目前唯一有效阻止老挝被共产主义

---

① FRUS, 1958–1960, Vol. 16, p. 497、pp. 502–503.
② Ilya V. Gaiduk, Confronting Vietnam: Soviet Policy Toward the Indochina Conflict, 1954–1963, p. 132.
③ Sisouk Na Champassak, Storm Over the Laos: A Contemporary History, pp. 76–77.
④ Ilya V. Gaiduk, Confronting Vietnam: Soviet Policy Toward the Indochina Conflict, 1954–1963, p. 133.
⑤ Sisouk Na Champassak, Storm Over the Laos: A Contemporary History, p. 80.
⑥ FRUS, 1958–1960, Vol. 16, p. 449.

颠覆的力量是老挝军队,这支部队由法军训练,美国提供军事援助。老挝大使、太平洋战区司令部、国防部均认为在老挝的计划评估办公室不能胜任其监督美援的工作,该办公室应由军事援助顾问团取代,另外,法军对老挝王国军队的训练效果不佳。① 8月1日,美国太平洋战区总司令菲力克斯·斯顿普(Felix Stump)卸任,哈里·唐·费尔特(Harry Don Felt)接任总司令。费尔特认为老挝军队是反共的最可靠力量,并游说美国政府在老挝建立军事援助顾问团。② 但国务院担心在日内瓦协议限制下,在老挝建立军事援助顾问团会给美国带来外交上的困难③,建议扩大计划评估办公室规模。④ 费尔特在把国防部转变成积极主张在老挝采取攻击性行动方面起着关键性作用。⑤ 1958年底,美新上任的驻老挝计划评估办公室主任海恩吉斯将军准备改组该办公室,增加美国现役军人在老挝的人数,把办公室人数从96人增加为128人,包括增加66名美国人,计划把96名美国军事人员分为12个机动训练小组,分派进老挝政府军队,帮助训练老挝政府军,小组将以法国军事使团补充部分的形式出现⑥,该计划被称为"海恩吉斯计划",美国国务院认为为实施该计划美国应得到法国、老挝王国政府的请求。⑦ 1959年2月4日,法国政府对"海恩吉斯计划"持不合作态度,认为美国派军事教官训练老挝军队与《日内瓦协议》有关条款不符。美国政府对法国的态度十分失望。⑧ 2月

---

① FRUS,1958-1960,Vol.16,p.497、pp.466-467.
② Record Group 59,Lot68D77,Laos 1958.转引自哈佛大学1999年4月份提交的博士学位论文:George Christopher Eliades,Ⅱ,United States Decision-Making in Laos,1942-1962(指导教授为入江昭、厄内斯特·梅),p.211注释27。
③ FRUS,1958-1960,Vol.16,p.478.
④ State Department Central Decimal File751J.oo/6-458,转引自哈佛大学1999年4月份提交的博士学位论文:George Christopher Eliades,Ⅱ,United States Decision-Making in Laos,1942-1962(指导教授:入江昭、厄内斯特·梅),p.211注释28。
⑤ 引自哈佛大学1999年4月份提交的博士学位论文:George Christopher Eliades,Ⅱ,United States Decision-Making in Laos,1942-1962(指导教授:入江昭、厄内斯特·梅),p.211.
⑥ FRUS,1958-1960,Vol.16,p.497、pp.491-492.
⑦ FRUS,1958-1960,Vol.16,p.493.
⑧ FRUS,1958-1960,Vol.16,p.506.

底培首相告知美国驻老挝大使,2月21日的内阁会议上达成一致:法军事使团应离开老挝,由美国负责老挝军队的训练。美国则认为法军事使团还应在老挝再工作9—12个月,不愿过分触怒法国。① 3月24日,在萨旺王储主持的老挝部长大臣会议上决定:不接受法国提出的给老挝国家军队派出80名教官的决定;法军事使团可保留,但人员限制在技术、专家顾问位子上。② 31日,美国国务院明确指示大使馆在美训练老挝军队问题上,必须与法国军事使团合作,美帮助训练老挝军队不得给中-越-苏以借口复活驻老挝的国际监督控制委员会。③ 从4月份起,美国开始与法国就联合训练老挝军队进行外交磋商。直到6月份,始获法国同意。6月30日,培政府接受了法美6月26日提出的联合训练老挝政府军的计划。法美各向老挝军队派出12个小组负责部队训练。④

美国加强对老挝军方的影响的另一途径是加强军队与美国扶植的捍卫国家利益委员会的关系。1959年5月19日的美国《国家情报估计》认为:捍卫国家利益委员会在过去6个月中已经取得了相当的政治权力,其力量主要取决于老挝军中有影响的军官、美国的支持。捍卫国家利益委员会虽然尚处在初期发展阶段,但可能发展成为全国性的政治组织机构。如捍卫国家利益委员会与军方的亲密关系能得到维持,将会在老挝政治生活中作用日重。老挝军方在政治上的介入日深,在反共问题上将发挥重大作用。⑤

从1958年开始,在美国推动下老挝国内政治日益右倾,体现和平共处的日内瓦协议机制及老挝联合政府相继破产,老挝国内政治左派与右

---

① FRUS, 1958 -1960, Vol. 16, pp. 510 - 512.
② FRUS, 1958 -1960, Vol. 16, p. 514.
③ FRUS, 1958 -1960, Vol. 16, p. 521.
④ FRUS, 1958 -1960, Vol. 16, p. 544.
⑤ FRUS, 1958 -1960, Vol. 16, p. 536.

派的对抗已经泾渭分明。同时,美国国务院、国防部、中央情报局、太平洋战区司令部等部门在老挝的卷入加深,并且各部门在老挝主张与共产主义对抗的总体趋向有增无减。美国对老挝军队的影响力也进一步增强,在继向老挝军队提供援助之后,又取得了与法国合训老挝军队的权力。美国扶植的老挝年轻右翼力量捍卫国家利益委员会在老挝政府中地位呈上升之势,并与军方结成同盟,军方借此得以较深地介入老挝政治生活。在美国的推动下,老挝局势的火药味渐浓,印支地区共产主义力量奉行和平共处外交路线的政治空间日渐缩小,东西方大国围绕老挝的对抗已经为时不远了。

第二节　1958—1960年中期中、苏、越的老挝政策

1958年起中苏矛盾开始凸显,双方在是否应与西方和平共处等问题上产生明显分歧。为了保持在国际共运中的领导地位,苏联在继续坚持与西方和平共处外交方针的同时,对民族解放运动,包括印支地区的民族解放运动表现出一定的支持。在此阶段,中国与苏联同意老挝巴特寮采取军事斗争手段回应老挝右派力量的军事挑衅。在越南,北越1959年初决定在南方的斗争中允许军事斗争与政治斗争相结合。在回击右派的斗争中,从1959年中期起,老挝陷入内战。不难看出,在美国以对抗为特征的印支地区政策作用下,社会主义国家被迫作出反应,印支地区局势更为紧张。

一、中苏分歧与中国外交的激进化

1957年冬到1958年秋,毛泽东对国际形势作出三个结论:其一,"东风压倒西风"。他说:"国际形势到了一个新的转折点",即社会主义在人心归向、人口众多和最重要的科学技术等方面已经"占了压倒优势",西

方世界被"永久抛下去了"。① 其二,关于东、西方关系。他提出,"西方国家怕我们怕得多一点";紧张局势对西方国家不利,"对我们并不是纯害无利"。② 其三,关于共产主义、帝国主义和民族主义三者的关系。他认为,"共产主义和民族主义比较接近",美国现在是"霸中间地带为主",以美国为首的军事集团的侵略集团锋芒,"现在是向民族主义进攻"。③

6月中国外交部召开讨论国际形势的务虚会,在会上传达了毛泽东对外交工作的一些批评。毛泽东表示,1954年指示在日内瓦会议上和美国人接触,这与自己一贯的想法不一致,看来还是原来的想法好,即坚持和美国斗争,不和美国发展关系。会议最后把中国现实外交政策归纳为:"搞臭南斯拉夫,巩固社会主义;打击美国,搞垮帝国主义;孤立日本,争取民族主义。"④1958年春,中苏关系因苏联提出在中国建立"长波电台""联合舰队"事宜发生严重分歧,7月31日—8月3日,赫鲁晓夫率团秘密访问中国,与毛泽东进行四次会谈,会谈是不融洽的。赫鲁晓夫的回忆录中写道:其一,感到毛泽东有"当世界共产主义运动领袖的奢望";其二,在未来战争性质上,苏认为现代战争不再靠刺刀与子弹即能赢取,毛泽东则坚持,中、苏与社会主义国家联合,军事上比资本主义国家占上风。⑤ 赫鲁晓夫的访问原定一周,但仅进行了三天。8月23日,中国大陆炮击金门。苏联直到9月7日才开始公开支持中国的炮击行为。⑥ 1958年是中苏关系的转折点,著名的"毛泽东问题"研究专家斯图尔特·施拉姆(Stuart Schram)评论,1958年中期以后毛泽东再未曾积极评价

---

① 《毛泽东外交文选》,中央文献出版社1994年版,第291、295页。
② 《建国以来毛泽东文稿》(第七册),中央文献出版社1992年版,第384、385、386页。
③ 《建国以来毛泽东文稿》(第七册),第384、385、393页。
④ 国际战略基金会编:《环球同此凉热——一代领袖们的国际战略思想》,中央文献出版社,1993年版,第266、267页。
⑤ 《最后的遗言——赫鲁晓夫回忆录续集》(上),中国广播电视出版社,1988年版,第263—267页。
⑥ 关于苏联对1958年台海危机的反应情况可参见:Donald S. Zagoria, *The Sino-Soviet Conflict 1956—1961*, New York: Princeton University Press, 1962, Chapter 7.

过赫鲁晓夫。① 9月5日,毛泽东在第十五次最高国务会议上讲话,不认为会有战争,但为了使世界局势拥有确保和平的保障系统,中国必须备战,中国不会首先发动战争,但如无选择必须大无畏地进行战斗。他甚至对发生核战争后的战争结果持乐观态度,认为会有足够多的人生存下来,组成新的政府。② 10月底毛泽东关于"帝国主义与一切反动派都是纸老虎"及其他相关论述开始广为传播,11月中国人民解放军在全军范围学习毛泽东的这些著作。③ 1959年中苏关系继续走下坡路。1月27—2月5日,苏共召开21大,肯定了1956年苏共20大"战争不是不可避免"的论调,认为战争已不是解决国际争端的必要手段。6月20日,苏联拒绝向中国提供原子弹样品。7月在中印边界争端中,苏联未有支持中国,采取中立态度。9月赫鲁晓夫访问中国,与中国领导人发生严重分歧,赫鲁晓夫告诉中国领导人,苏将撤回专家,并逼中国还债。12月4日,毛泽东在杭州召开会议,专门讨论国际问题,在讲话中,毛泽东对赫鲁晓夫奉行的与西方和平共处的外交路线予以批判:"他不懂马列主义,易受帝国主义的骗","赫鲁晓夫有两大怕,一怕帝国主义,二怕中国的共产主义。"④1960年4月毛泽东离开北京南下视察,在济南、郑州、武昌三地,会见了亚、非、拉美国家的一些代表团,表示中国坚决支持亚非拉的民族民主运动,明确"美帝国主义是亚洲、非洲、拉丁美洲人民的共同敌人……我们要团结起来把美帝国主义……赶回他们老家去"⑤。5月1日,针对美国间谍飞机被苏联击落事件,毛泽东在会见日本等四国代表

---

① Stuart Schram, "Mao Tse-Tung's Thought from 1949 to 1976," in John Fairbank and Roderick MacFarquhar (eds.), *Cambridge History of China*, Vol. 15, Cambridge: Cambridge University Press, 1991, p. 63.
②《1958年9月5日毛泽东在最高国务会议第十五次全体会议上的讲话》,引自《毛泽东思想万岁》,1969年版(无出版社),第226—237页。
③ Ang Cheng Guan, *Vietnamese Communists' Relations with China and the Second Indochina Conflict, 1956—1962*, p. 90.
④ 逄先知、金冲及主编:《毛泽东传1949—1976》(下),第1034页。
⑤ 逄先知、金冲及主编:《毛泽东传1949—1976》(下),第1074页。

团时说:"世界和平的取得,主要应当依靠各国人民的坚决斗争。"①22日,毛泽东在杭州再次召开政治局常委扩大会议,讨论四大国首脑会议流产后的时局问题、中苏关系问题以及对赫鲁晓夫的看法。关于时局,毛泽东强调,世界和平只有通过社会主义阵营与亚非拉人民的斗争才能实现。关于中苏关系,政治局认为:"苏共21大比20大还反动,20大讲'战争不是不可避免的',21大则讲在社会生活中出现排除战争的时代。"但现在对苏共,"也是拖时间的,不宜于破裂"。对于赫鲁晓夫,毛泽东批判他瞬息万变,无法相处。② 不难看出,1958年以来在与西方的关系问题上,以毛泽东为代表的中国领导人开始放弃和平共处政策,强调社会主义阵营与亚非拉的民族民主运动结合起来与美国为首的西方国家进行斗争,认为是斗争而非和平共处才是世界和平的保障,支持世界民族民主运动成为与西方抗争政策的重要内容。

在中国批判苏共外交路线的同时,两党分歧加剧。6月20—25日,在罗马尼亚工人党代表大会上(即布加勒斯特会议)中苏发生激烈争执,两党分歧公开化。7月16日,苏联通知中国政府,从中国撤出所有在华专家,终止257个技术合作项目。鉴于中苏两党的对立,胡志明提议两党通过会谈消除误会分歧,得到中方赞同。③ 1960年11月在莫斯科召开各国共产党和工人党代表会议,会议从11月10日持续到12月11日,90%的时间用于解决中苏分歧。④ 在这次会议上,中国代表高扬起支持民族解放、支持殖民地国家武装斗争获取独立的旗帜,苏联在坚持与西方和平共处的同时,也对中国代表的这一立场表示出妥协,对世界民族民主运动表现出一定的支持与肯定。

---

① 《人民日报》,1960年5月15日。
② 逄先知、金冲及主编:《毛泽东传1949—1976》(下),第1077页。
③ 逄先知、金冲及主编:《毛泽东传1949—1976》(下),第1091页。
④ Oleg Penkovsky, *The Penkovsky Papers*, London: Fontana, 1967, p. 242, cited from Ang Cheng Guan, *Vietnamese Communists' Relations with China and the Second Indochina Conflict, 1956—1962*, p. 167.

中国的周边环境从1959年夏季开始恶化,而且这种恶化似乎是在几个方向同时发生的。1959年夏季由于印度坚持对中国领土的侵蚀,双方先后在朗久和空喀山口发生武装冲突,中印边界局势急剧紧张起来,中印关系的紧张也增加了中国平息1959年发生的西藏叛乱的困难。1960年夏季,苏联在中国新疆博孜艾格山口地区挑起边界事件,从此中苏边界地区不再安宁。1958年中美两国由于第二次台海危机达到了几乎再次兵戎相见的地步。另外,印度支那地区因老挝局势动荡而趋于紧张。

一方面因"大跃进"出现国民经济严重比例失调和粮食短缺,一方面外部关系高度紧张,这种情况引起了中国领导层的高度重视。1960年1月7日至17日毛泽东主持召开的中共政治局常委会上,与会者基本确定了"努力主动地在外交上开创新的局面"的基本方针。① 在这个方针指导下:中国争取缓和和改善中苏关系,两党在1960年底的莫斯科共产党工人党代表会议上虽未消除分歧,但也达成了妥协。会后刘少奇还以国家主席的身份率领中国党政代表团对苏联进行国事访问。这样,中苏两党间的意识形态争论虽然已经日渐激烈,但直到1961年,两国关系仍旧保持友好。② 1960年4月周恩来访问印度,暂时缓和了中印关系。

在印度支那地区,随着紧张局势逐步升级,中国需要处理两个问题,即是否支持越南南方的武装斗争和如何解决老挝危机。1959年和1960年越南劳动党改变了1954年日内瓦会议后执行的加强北方建设,争取和平统一的战略方针,认可并越来越明确地支持越南南方的武装斗争。1960年9月召开的越南劳动党第三次全国代表大会,确立了加强解放南方武装斗争的政策。③ 对于越南问题,在越南党三大召开期间,《人民日报》即公开发表社论,表示支持三大确立的支持南方武装斗争的政策。

---

① 杨奎松主编:《冷战时期的中国对外关系》,第120页。
② 杨奎松主编:《冷战时期的中国对外关系》,第122—123页。
③ 杨奎松主编:《冷战时期的中国对外关系》,第124页。

12月越南民族解放阵线成立,中国立即予以承认和支持。与此同时,中方也一再向越方强调,既"要解放南方",又要注意斗争策略,"策略上可以灵活",要"政治斗争和武装斗争相结合"。直到1961年中期,中国在公开场合仍然明确表示,支持越南根据《日内瓦协议》"争取祖国和平统一"的斗争。①

这一时期中国领导人更关注日益紧张的老挝局势。在越南有北越做屏障,美国当时在越南南方的介入仍是有限介入,并没有对中国安全构成直接威胁,另外直到1960年越南局面尚未出现剧烈的变化。而老挝与中国接壤,美国在老挝的军事介入比它在南越干涉对中国安全利益的威胁要直接的多,而且当时老挝局势比起越南显得更为复杂更为紧张。基于此,中国政府在对老挝政策上不再排除以军事手段回应右派的进攻,但同时也如对越南的政策那样,主张军事手段的有限使用。

二、北越印支政策的改变及中-苏-越关系状况

到1957年底,南越吴庭艳政权已经相对较为稳定,给南方革命运动带来日益增长的压力与迫害。1957年南方革命力量刺杀了几百名南越军官,西贡政府大肆迫害南方革命者:当年约有2000名共产党嫌疑犯被杀,6.5万人被逮捕,并攻击了西贡附近革命者的一个主要根据地,对革命力量造成极大破坏。② 在南方,1957年中期有5000名党员,到1957年底党员人数降到不到1957年中期的1/3。③ 1958年底,南越政权在南方的恐怖主义政策达到顶峰,12月1日,1000多名南越在押政治犯被南越当局投毒致死,是为富路事件。与此同时,随着1957年北越经济恢复工作的结束,北越开始加大了国家统一工作的力度。其第一个明显信号

---

① 杨奎松主编:《冷战时期的中国对外关系》,第125页。
② William J. Duiker, *the Communist Road to Power in Vietnam*, second edition, Colorado: Westview Press Inc., 1996, p. 196.
③ William J. Duiker, *the Communist Road to Power in Vietnam*, second edition, p. 196.

是一向强调在南方开展武装斗争的黎笋在党内的地位上升。1958年5月黎笋已有正式成为越南党二号人物的迹象:5月1日劳动节黎笋在海防主持庆典,惯例是胡志明在河内主持庆典,二号人物到海防主持。1959年3月黎笋在致波兰共产党的一封信上公开署名为越南劳动党中央总书记,这是他第一次公开使用此职务,标志其正式上升为劳动党的二号人物。① 在劳动党的集体领导当中黎笋负责南方斗争,长征主要负责社会主义经济发展问题,黎笋的排名已超过长征。1958年中期起,吴庭艳政权加强对南方革命者的镇压,南方革命力量开始准备开展武装斗争,劳动党中央也对此有所考虑。这年夏天越南劳动党中央给中共中央送来《关于新阶段越南基本任务的意见》《关于统一斗争路线和南方革命路线的若干意见》两份文件,征求中共对开展武装斗争的意见。中共形成书面意见:在北方进行社会主义革命和社会主义建设是越南"最革命、最根本、最首要和最迫切的任务",至于南方的任务,是"实现民族民主革命,但在目前不可能实现革命变革,而只能采取长期埋伏、积蓄力量、联系群众、等待时机的方针",并提出这些意见"只供参考",越南党基本上采纳了中共意见。② 虽然1958年以来中国政府的内外政策偏向"左"倾,但并未立即全面改变1954年以来以和平共处为特征的印支政策。③

1958年晚些时候黎笋秘密调查了南方形势,接着在1959年1月向劳动党中央委员会第15次会议全体会议上提交了调查报告。④ 这次会议是现代越南历史的"极其重要的里程碑",因为它标志着越南劳动党中央已经决定使用战争政策促成南北统一,会议通过决议:"南越革命基本

---

① British Foreign Office Correspondence(以下略写为FO),371/144390,DV1016/10,7 April 1959,from Hanoi to Foreign Office, cited from Ang Cheng Guan, *Vietnamese Communists' Relations with China and the Second Indochina Conflict*, 1956—1962, pp.110-111.
② 郭明:《中越关系演变四十年》,广西人民出版社1992年版,第66页。
③ 美国学者翟强也持这一观点,有关内容可参见 Qiangzhai, *China and the Vietnam Wars*, 1950—1975, p.81.
④ William J. Duiker, *the Communist Road to Power in Vietnam*, second edition, p.199.

的发展道路是暴力斗争,……暴力斗争的路径是:利用群众力量,以政治斗争为主要工具,根据形势或多或少地结合军事力量的使用,以推翻帝国主义与法西斯主义者的统治力量,建立人民的革命力量","……政治斗争是主要形式,但由于敌人决心把革命湮没在血泊之中,……必要时在一定程度上应采取自卫的方法及武装宣传行为促进政治斗争……"①这次会议决议还强调要支持老挝、柬埔寨的革命。② 这个决定表明越南党在准备在南方开展武装斗争的同时,也决定开辟老挝战场,策应南方的军事斗争。随后,越南劳动党开始加强对越南人民军的训练,335营进行山地战攻守训练,准备在老挝作战,几万名曾在南方工作生活过的部队及干部开始为重新派往南方进行训练,所有军事单位均在学习南方形势。③ 5月越中央军委开始研究如何打开一条联系南方的通道,以便于向南方输送干部、补给及武器。5月19日,第559军事运输大队成立,其任务是建设一条联系南北越的通道。559大队下辖2个营,301营及6月份成立的603营,其中301营由500名干部、士兵组成,该营主要负责一条经老挝到达南越的陆上运输线,是为开辟胡志明小道之始。④ 1994年越南方面的一份资料显示,从决定打开胡志明小道起,北越已经认为越南的斗争必然会卷入老挝、柬埔寨。⑤ 1959年初起北越同意在南方的革命斗争中开展武装斗争,这预示着其对老挝的政策也将发生改变。

1959年印支地区形势的一个主要特点是冲突频繁。这年5月,越南

---

① William J. Duiker, *the Communist Road to Power in Vietnam*, second edition, p. 200.
② Ang Cheng Guan, *Vietnamese Communists' Relations with China and the Second Indochina Conflict, 1956—1962*, p. 97.
③ *Lich Su Quan Doi Nhan Dan Viet Nam*, Tap II ——*Quyen Mot*, Hanoi: Nha Xuat Ban Quan Doi Nhan Dan(《越南人民军军史》第二集,越南人民军出版社1988年版),1988, p. 93.
④ *Lich Su Quan Doi Nhan Dan Viet Nam*, Tap II ——*Quyen Mot*, Hanoi: Nha Xuat Ban Quan Doi Nhan Dan(《越南人民军军史》第二集,越南人民军出版社1988年版),1988, pp. 93-96.
⑤ "Bieu Tuong Cua Tinh Doan Ket Chien Dau Ba Nuoc Dong Duong," Su Kien Va Nhan Chung No. 4, 17 January 1994(《印支三国并肩战斗的象征》,《事件与历史》1994年第4期), p. 6.

人民军与老挝王国政府军在万荣发生边界冲突,六七月间越老边界零星交火不断。7月老挝国内巴特寮武装力量与培政府军在川圹、桑怒发生激烈武装冲突。同时越南南部的武装起义也此起彼伏。1959年秋,中印边界又发生争端,加上中苏关系分歧加深,面对这样的形势,中国政府感到不宜继续加剧印支地区的冲突。① 10月17日,中国外长陈毅在缅甸文化友好代表团告别宴会上强调,中国需要和平的国际环境,中国愿意与东南亚与中国接壤的国家和平共处。②

1959到1960年上半年,越南加强统一工作力度,同意在南方的斗争中使用军事手段,同时注重经老挝联系南方的通道,这是越南印支地区政策偏离和平共处轨道的开始。苏联对印支地区事务一如以前,缺乏兴趣,中国总体外交趋向虽强调与西方对抗,但并未立即全面扭转其1954年以来以和平共处为特征的印支地区政策总体趋向,在柬埔寨支持中立,对越南的民族解放运动虽同意武装斗争手段的运用,但也不主张过分倚重武力偏废政治斗争。中-苏-越的对老政策就是在这样的背景下形成的。

三、中、苏、越对老挝的政策

1958年8月随着亲西方的培·萨拉尼空在老挝上台执政,老挝与泰国、南越、中国台湾的关系升温,在国内镇压巴特寮及其同情支持者,主张和平中立的富马则被打发到法国出任大使。越南注意到培政府的反共性质。1958年8月越南外交部一名官员与苏联驻越代办A. M. 波波夫会谈时说:"老挝政府可能对进步力量再度发起攻击。"③越南还担心巴

---

① Ang Cheng Guan, *Vietnamese Communists' Relations with China and the Second Indochina Conflict, 1956—1962*, p. 130.
② New China News Agency, 17 October 1959, *Summary of World Broadcasts/FE/159/A3/1-2*.
③ A. M. Popov-Tiao Liung(head of USSR Department, DRV Foreign Ministry), Memorandum of Conversation, August 23, 1958, AVP RF, f. 079, op. 13, p. 20, d. 9, ll. 11-13.

特寮能否适应新的形势制定出新的政策,越南副外长雍文谦感到巴特寮需要在政策制定上得到建议和帮助。在国际监督控制委员会无限期休会后,越南与巴特寮的联系不太方便,此前主要是通过波兰代表作为渠道进行联系的。① 越南在与老挝爱国战线接触时必须谨慎,以免授人以口实,认为巴特寮是河内的傀儡。② 10月下旬巴特寮给河内一封信函,抱怨萨拉尼空政府对他们的迫害加剧,在老挝各省时有谋杀、逮捕巴特寮成员的事件发生,同时美国对老挝内部事务的卷入日增。老挝从美国进口了60吨军备,包括最新式的防空武器,这表明美国想把老挝变为一个军事基地,显然这个基地只会是针对中国的。在信末尾,通报了老挝人民党中央委员会(为爱国战线的上级组织,领导人是凯山·丰威汉)的会议决定:组织武装斗争,同时,保持与培政府的合作,计划在与越南相邻的边界地区动员党员与革命同情者建立革命根据地。③

1958年底到1959年初,老挝王国政府与河内互相指责对方侵犯自己的领土。1959年1月老挝改组政府,建立起不包括巴特寮成员的新政府,2月又宣布老挝不再受《日内瓦协议》约束。在老挝右翼政府咄咄逼人的攻势下,中国政府的对老政策发生变化。1959年2月,中国政府致信越南劳动党中央阐明关于老挝形势的观点:在目前形势下,"当反动武装力量正努力对老挝进步力量发动广泛进攻时,爱国战线的继续让步只会对发展中的爱国运动造成损害",中国认为"不应惧怕军事斗争,因为

---

① A. M. Popov-Ung Van Khiem, Memorandum of Conversation, August 13 and 25, 1958, AVP RF, f. 079, op. 13, p. 20, d. 9, II. 6, 14.
② 1958年8月25日雍文谦在致波波夫的信中写道:"在恢复与老挝朋友的党际联系时……必须牢记在这个问题上不能给我们的敌人以确实的把柄使其指责爱国战线从外部得到支持,以及指责我们在政治上干涉介入老挝内部事务。" Ung Van Khiem to A. M. Popov, letter, August 25, 1958, AVP RF, f. 079, op. 13, p. 20, d. 9, I. 19.
③ V. I. Shvedov (Soviet attaché)-Van Phu (third Secretary of PRC Embassy in DRV), Memorandum of Conversation, November 26, 1958, Russian State Archive of Contemporary History, f. 5, op. 49, d. 252, II. 1–5.

在目前条件下军事斗争带有自卫性质"。① 1959年3月9日河内把关于老挝的政策转达给苏联大使,虽然雍文谦副外长多次提及合法斗争仍然有效,但不过是为了给苏联造成一种河内对武装斗争仍持谨慎态度的印象,河内的真实意图是在老挝开展武装斗争,但同时又在传达此信息时措辞温婉,让苏联感到越南是被迫选择军事斗争措施的。② 苏联认识到萨拉尼空政府十分亲美,不太可能坚持中立政策。美国在老挝的影响日增,苏联认为这是美国削弱日内瓦会议安排,在该地区制定侵略计划的结果。苏联大使馆从越南汇报"美帝国主义及其老挝代理人在一定程度上是成功的,他们在老挝经过多年民族解放斗争后清除民主革命成果的计划成功了,为老挝在和平中立道路上的发展设置了障碍",苏联大使馆认为美国主要是把老挝作为"对中国、越南发动军事攻击的重要战略跳板,并向中立的柬埔寨施压,镇压老挝及整个东南亚的民族解放运动"。③ 换句话说,莫斯科认为美国在通过老挝把印支地区的和平局面颠覆掉。苏联仍不愿意在老挝支持武装斗争,努力想恢复国际监督控制委员会。1959年2月26日、3月21日,苏联向英国递交两个照会,建议日内瓦会议两主席国要求国际监督控制委员会在老挝尽快恢复活动,英国对此的反应是否定的。④ 到1959年二三月份,中、越已同意老挝进步力量对右派的进攻开展武装自卫,而苏联仍想通过恢复日内瓦会议机制维持老挝局面。

1959年5月份以后老挝国内形势继续恶化,先是巴特寮待收编的两

---

① Leonid I. Sokolov-Ung Van Khiem, Memorandum of Conversation, February 28, 1959, Russian State Archive of Contemporary History, f. 5, op. 49, d. 252, II. 180, 183.

② Leonid I. Sokolov-Ung Van Khiem, Memorandum of Conversation, February 28, 1959, Russian State Archive of Contemporary History, f. 5, op. 49, d. 252, II. 176–179.

③ USSR embassy in DRV, "Political Situation in Laos after the Formation of the Government of Phoui Sananikone," Report, May 28, 1959, Russian State Archive of Contemporary History, f. 5, op. 49, d. 252, I. 134.

④ Ilya V. Gaiduk, *Confronting Vietnam: Soviet Policy Toward the Indochina Conflict, 1954—1963*, p. 133.

个营中,一个营在未达成协议的情况下被萨拉尼空政府强行收编,继之以老挝外交大臣坎番·班雅宣布王国政府将取缔老挝爱国战线,7月苏发努冯等在万象参加联合政府的爱国战线领导人被捕入狱。5—7月,巴特寮武装力量开始对老挝王国政府军的进攻进行自卫战争,老挝国内战火又起。8月26日美国政府决定向万象政府紧急提供钱与武器。一方面是盟国的敦促,另一方面是美国加大对老挝王国政府的支持,同时恢复日内瓦会议机制已不可能,为了对民族解放运动表现出一定支持,苏联除了与中、越一起向老挝的巴特寮提供援助,别无选择。但苏联向中国与越南清楚地表示:这场战争的目的只是"严格施行日内瓦、万象协议",不是要推翻老挝现政府。另外军事行动必须限制为游击战,在苏看来军事行动的扩大没有任何好处。① 到1959年8月,中、苏、越对老挝内战基本统一了认识,可以开展一定限度的武装斗争,但不宜扩大战争。

萨拉尼空政府9月4日向联合国紧急呼吁派出部队阻止越南对老挝的入侵,联合国于9月15日—10月13日向老挝派出由阿根廷、日本、意大利、突尼斯代表组成的调查团调查老挝形势。关于越南军队是否在1959年参加了老挝内战的研究,保罗·兰格和约瑟夫·扎斯罗夫在1970年出版的《北越与巴特寮:夺取老挝的斗争中的伙伴》中认为,北越卷入了战争,根据是与一个前老挝王国政府负责军事情报工作的上尉长达八个月的会谈。② 1980年越南承认卷入了1959年的老挝内战,巴特寮同意越南组建与巴特寮部队一同工作的越南军事专家代表团进入老挝,负责后勤及指挥越南志愿军在川圹、桑怒等地的行动。③

与此同时,美国在老挝的渗透不断加深。1959年7月23日,美国宣

---

① G. P. Popov-Vo Nguyen Giap- Ung Van Khiem, Russian State Archive of Contemporary History, f. 5, op. 49, d. 252, I. 156.
② Paul F. Langer and Joseph J. Zasloff, *North Vietnam and the Pathet Lao: Partners in the Struggle for Laos*, pp. 67 - 70, 236.
③ Vietnam: *The Anti-US Resistance War for National Salvation 1954—1975: Military Events*, pp. 33 - 34.

布将向老挝派出技术人员,把老挝部队从2.5万人扩大到2.9万人。①美国向老挝的军援不断增加,结果到1959年美国在每个老挝政府军士兵身上的年均花费为1000多美元,当时世界上每个士兵的年均花费是848美元。②苏联驻河内外交官向莫斯科汇报:美国军事顾问为老挝王国政府军制定了"清剿计划",参加了老挝政府军队中一些军事单位的组成,美国军事人员取代法军训练老挝政府军队,老挝政府军已完全受控于美国教官……③结果美国加强了在老挝的存在,初步形成一个由南越、泰国、老挝、南朝鲜、中国台湾组成的联盟,换句话说,莫斯科认为美国忙于在中国南疆及北越附近建立一个由亲美国家组成的地带,从而打破亚洲的力量平衡。④虽然如此,在1959年夏天,据英国情报,苏联仍希望老挝局势能稳定下来。⑤对苏联而言,老挝的价值仅在于它是日内瓦会议安排的一个组成部分,是维护印支和平的一个因素,苏联仍对说服美国保持老挝中立、独立,不在老挝建立军事存在抱有希望。苏联甚至准备看到老挝奉行亲西方的中立,如奥地利那样,但不愿看到老挝发生冲突摧毁日内瓦会议安排。苏联的老挝政策与其20、21大确立的和平共处的方针完全吻合。⑥驻河内的苏联使馆这样解释1959年夏天赫鲁晓夫的美国之行对老挝局势的影响:赫鲁晓夫同志美国之行开始的国际关系的缓和已经并将会继续对老挝局势的未来发展产生较深影响,美国的统

---

① Arthur J. Dommen, *Conflict in Laos: the Politics of Neutralization*, New York: Frederick A. Praeger Publishers, 1967, p. 121.
② Ilya V. Gaiduk, *Confronting Vietnam: Soviet Policy Toward the Indochina Conflict, 1954—1963*, p. 136.
③ USSR Embassy in DRV, "Aggravation of the Internal Political Situation in Laos in August-October 1959," report, November 26, 1959, Russian State Archive of Contemporary History, f. 5, op. 49, d. 252, I. 384.
④ Ilya V. Gaiduk, *Confronting Vietnam: Soviet Policy Toward the Indochina Conflict, 1954—1963*, p. 136.
⑤ FO371/141261, FC10338/21, 16 October 1959, from UK delegate to NATO(Paris) to Foreign Office.
⑥ Ilya V. Gaiduk, *Confronting Vietnam: Soviet Policy Toward the Indochina Conflict, 1954—1963*, p. 136.

治阶层不再敢公开在老挝行事,他们藏在联合国背后行事,并在寻找更富灵活性的办法来执行在老挝的计划。① 在某些方面此论并非不确,比如,1959年12月25日,老挝王国政府军队中的捍卫国家利益委员会成员富米·诺萨万想发动针对萨拉尼空政府的政变,美国驻老挝大使在英、法、澳大使陪同下,拜访了老挝国王,并清楚表示此政变计划超出了西方国家计划,老挝的首相人选不宜由富米这样奉行强硬政策的人担任。②

1959初开始,中国政府的印支政策虽有所调整但并未发生全局性的大变。到1960年上半年,中、苏、越在老挝的政策上存在一致,同意采用军事斗争手段,但尚不主张大打出手。这一阶段中-苏-越的对老政策可概括为同意有限开展武装斗争。但从趋向上看,三国政策的方向不能完全一致,苏联强调和平共处,中国强调与西方的对抗支持民族解放运动,越南从解决本国的统一问题的立场出发,更倾向于中国的政策,所以苏联的对老政策指向回复到维护印支地区的和平共处,中、越政策则指向扩大军事斗争,击败老挝右翼势力。

第三节 老挝的分裂与大国关系危机

一、右翼军事力量控制老挝政府

1958年美国政府推动老挝右翼力量结成反共统一战线,8月上台的培·萨拉尼空政府是由老挝人民联合党、捍卫国家利益委员会两大右翼力量组成的反共政权,其中捍卫国家利益委员会为美国中央情报局支持并与老挝军方过从甚密。随着捍卫国家利益委员会力量的增长,老挝右

---

① 1959 Annual Political Report of the Soviet Embassy in the DRV, February 29, 1960, Russian State Archive of Contemporary History, f. 5, op. 49, d. 253, I. 90.
② Charles Stevenson, *the End of Nowhere: American Policy toward Laos since 1954*, Boston: Beacon Press, 1972, pp. 84 - 85.

翼反共战线的分歧日增。1959年11月份美国国务院致电大使馆强调："老挝反共的人民联合党、捍卫国家利益委员会应加强团结……并不惜代价维护团结。"①这表明美国政府已经意识到两大保守反共力量之间存在分歧。

1959年底随着当届议会（该届议会有效期四年，1959年12月到期）即将到期，培要求本届议会有效期延长一年，自己再拥有一年的特别权利。②但老挝内阁中捍卫国家利益委员会的部长大臣们表示反对。受法国戴高乐总统修改宪政的影响，捍卫国家利益委员会主张老挝也应象法国那样限制议会权力，修改宪法，把更多权力集中于国王与行政、司法系统。同时，该委员会还谋求与老挝军方在政治上结盟反对培等老牌政客和老挝人民联合党。③美国政府认识到，到1959年底，捍卫国家利益委员会已经成为培政府的一个压力和挑战，与军方、国王结成同盟，并获得相当多的政治权力，在老挝王国政府中拥有一半的部长大臣职务。培的执政班底——老挝人民联合党视捍卫国家利益委员会为比老挝爱国战线更大的威胁。④捍卫国家利益委员会认为自己是老挝的未来，应加快权力扩张。⑤从1958年起，老挝军方可以参加选举，一些军官对政治日渐感兴趣，1958年8月一些军人进入内阁更激发了军人们对政治的兴趣。⑥对于老挝右翼力量的分歧，史密斯大使倾向于支持培，而中央情报局老挝站站长亨利·赫克谢尔背着大使支持捍卫国家利益委员会成员

---

① *FRUS*, *1958—1960*, vol. 16, p. 647.
② 培所要求的特别权利具体内容包括：一、按其意愿组成内阁；二、在此一年时间里行使行政权力不须征求议会意见；三、采取非常措施阻止共产党人在老挝的"叛乱颠覆"。此种授权的目的在于：通过施行特别权力，非共产主义的政治派别能在与老挝爱国战线的竞选中达成牢固的团结。见 *FRUS*, *1958—1960*, vol. 16, p. 650.
③ *FRUS*, *1958—1960*, vol. 16, p. 651.
④ *FRUS*, *1958—1960*, vol. 16, p. 652.
⑤ *FRUS*, *1958—1960*, vol. 16, p. 653.
⑥ *FRUS*, *1958—1960*, vol. 16, p. 660.

富米上校,认为他强烈反共并与泰国元帅沙立是表亲。① 史密斯要求把赫克谢尔调离老挝,但由于华府对大使信任有限,仅将赫克谢尔调往泰国东北与老挝邻近的地区,他仍能在那里操纵老挝局势。② 国防部驻老挝的工作机构计划评估办公室在1959年夏天也建立起直接与太平洋战区司令部及华盛顿的联系渠道,大使馆对该办公室的活动知之不多,中央情报局与国防部一起支持富米。③ 11月3日,培告诉美国驻老挝大使史密斯,他担心捍卫国家利益委员会与军方会发起政变,培还指出该委员会从美国的"特别部门"给老挝军队的拨款中取得经费。④ 到1959年12月份,史密斯大使汇报说捍卫国家利益委员会与培的分歧已使该委员会成为老挝的一个反对党。⑤ 12月16日,在美国国家安全委员会第429次会议上,中央情报局局长艾伦·杜勒斯汇报说,15日培改组内阁,把捍卫国家利益委员会的成员驱除出内阁,老挝的反共力量已处在分裂之中。⑥ 22日,美国驻老挝大使馆向国务院汇报,捍卫国家利益委员会与军方计划明天发动不流血的政变,除非培辞职。捍卫国家利益委员会与军方自11月初即开始秘密制定政变计划。⑦ 美国国务院指示大使馆不宜介入老挝国内权力斗争,听凭其形势发展。⑧ 12月25日,刚刚从上校晋升为准将的富米·诺萨万要求培辞去首相职务,培试图拖延时间,但被软禁在万象寓所。⑨ 29日,卡代因脑血栓逝世,卡代在军中很受支持,并掌控着老挝警方,他的逝世是老挝人民联合党的损失,培失去一个有力的助手,只有卡代才能应付得了军队。两天后,军队公开行动,30—31

---

① Charles Stevenson, *the End of Nowhere: American Policy toward Laos since 1954*, p. 85.
② Charles Stevenson, *the End of Nowhere: American Policy toward Laos since 1954*, p. 85.
③ Charles Stevenson, *the End of Nowhere: American Policy toward Laos since 1954*, p. 86.
④ *FRUS, 1958—1960*, vol. 16, p. 668, p. 682.
⑤ *FRUS, 1958—1960*, vol. 16, p. 690.
⑥ *FRUS, 1958—1960*, vol. 16, p. 698.
⑦ *FRUS, 1958—1960*, vol. 16, p. 705.
⑧ *FRUS, 1958—1960*, vol. 16, p. 708.
⑨ Sisouk Na Champassak, *Storm Over the Laos: A Contemporary History*, p. 131.

日,军队兵不血刃地占领了政府各部门、电报、电话公司、电台、银行、机场。31日,培辞职。国务院担心富米任首相会给老挝政府打上军人色彩,史密斯随即拉上英、法、澳大使一同面见老挝国王,反对富米任首相,国王接受所请,1960年1月7日,年迈的古·阿贝组成临时政府,负责4月份的议会选举。富米在西方的抵制下未能任首相,但其控制并重组了军队。1960年4月份的议会选举是老挝极右势力操纵下的臭名昭著的选举,在有的选区,右翼力量候选人的得票数甚至超过选区选民的登记数。捍卫国家利益委员会也更名为社会民主党,在议会59个议席中占有32个席位,老挝人民联合党拥有27个席位。① 6月社会民主党副主席昭·松萨尼特出任首相,在其内阁中14个内阁大臣有11人是社会民主党成员。富米·诺萨万已大权在握,他是社会民主党领袖,在议会中有很大发言权,同时任国防大臣,控制着军队。面对不利的政治局面,培建议人民联合党与社会民主党合并,但后者不愿与之分享胜利果实。在议会选举中,时任萨拉尼空政府驻法国大使的富马从巴黎赶回老挝,轻松赢得琅勃拉邦选区的胜利。培与富马的同时出现导致人民联合党的分裂,培最后放弃了对人民联合党领导权的争夺,让位于富马,并从此淡出政坛,随后去法国养病。富马感到社会民主党在取得政治上的胜利后,对中立政策毫无兴趣,富马时任议会主席,这是一个绝好的置身事外、冷静观察政坛风向的位子。②

1958年以来美国扶植、整合老挝右翼势力的政策到1960年结出了成果,老挝极右的政治、军事力量结合起来,压倒了中、右派,在老挝出现右翼军人控制政府的局面。美国政府成功地把老挝的右翼力量与枪杆子绑在一起,虽然这个成果令美国政府感到称心,但右翼军事力量主政令老挝局势更具危险性,老挝的内争将更多地是用枪杆子来说话,一旦

---

① Sisouk Na Champassak, *Storm Over the Laos: A Contemporary History*, p. 144.
② Sisouk Na Champassak, *Storm Over the Laos: A Contemporary History*, pp. 146–147.

条件具备,老挝局势必然会酿成军事危机,令美国难于应付。

二、贡勒政变

1960年8月9日凌晨3点,利用松萨尼特内阁主要成员赴琅勃拉邦出席国王葬礼的机会,老挝第二伞兵营营长、26岁的年轻上尉贡勒发动政变,贡勒在政变中发表讲话指出政变目的是:结束内战、剔除腐败、从老挝赶出外国军队。13日,在混乱与威胁的背景下,41名老挝议员投票表示不信任松萨尼特政府,接下来的两天,国王提名富马组阁,16日,富马在政策声明中表示新政府计划执行1957年与巴特寮达成的万象协议。17日贡勒把权力移交富马,富马政府把社会民主党成员及松萨尼特政府人员排除出内阁。15日,富米在其控制区沙湾拿吉组成反政变委员会,富米控制着绝大多数老挝军队的给养,并拥有老挝五个军区中四个军区的支持。① 23日,富马飞往沙湾拿吉与富米会晤,决定在琅勃拉邦召开国民大会,组成联合政府,31日联合政府在琅勃拉邦组成:富马任首相,内阁大臣计14名,其中至少五名亲美,社会民主党员占了两个大臣职位,富米任副首相兼内政大臣。但是富米因为贡勒在万象发表的反对他的讲话未到万象任职,而是飞回老巢沙湾拿吉。9月2日,富马政府要求和老挝爱国战线和谈,5日,富米宣布成立反政变委员会,10日又成立以文翁为首的政权,反对8月31日的联合政府。到1960年9月10日,老挝国内出现了三个政权:巴特寮的左翼力量政权、富马为首的中立派政权及富米-文翁的右翼力量政权,老挝陷入严重的分裂。从1960年10月起,在苏发努冯建议下富马政府与巴特寮代表在万象进行谈判。

富米对富马政府上台执政最初的反应是准备向万象进军、武力夺回万象,但这需要美国的支持。② 泰国元帅沙立明确表示坚决支持富米,他

---

① Charles Stevenson, *the End of Nowhere: American Policy toward Laos since 1954*, pp. 92-96.
② *FRUS, 1958—1960*, vol. 16, pp. 794-796.

公开说:"当任何一个东南亚国家变得更中立化时,它也就变得更亲共。"①沙立在与美国驻泰国大使的谈话中提出,老挝是检验美国对中立主义的态度、支持盟友力度的地方。② 对于贡勒的政变,美国政府并没有立即给富米以全力支持,美国试图争取把富马-贡勒中立力量与富米的右翼力量相结合。1960年美国国内更关注大选、刚果与古巴局势。9月10日,艾森豪威尔政府就老挝局势发表一个政策声明,既未宣布支持富米-文翁集团,也未宣布支持富马政府,声明称美国"支持老挝人民以和平方式解决问题",这表明美国对富米武力打垮富马政府的计划不予认同。③ 美国政府对老挝局势持观望态度,这造成美各驻老机构得以自行其是。1960年7月接任史密斯的约翰·布朗大使认为8月31日联合政府的方案是老挝政局最好的出路,支持富马。大使认为这个方案排斥了左翼力量,是老挝中、右力量的联合。美国东南亚事务助理国务卿帕森斯与布朗是耶鲁大学同学,支持布朗,但帕森斯基于自己任大使的经历对富马不信任,认为他对老挝共产主义力量的态度过于天真。④ 国务卿赫脱也持相似态度,但二人又认为富米-文翁无力管理一个反共政府。国防部则认为应全力支持富米,参联会、美国太平洋战区司令部均主张支持富米的武力夺回万象的计划。⑤ 美国政府举棋不定,整个9月份中央情报局老挝站都持续支持富米及其军队,泰国也把援助送往沙湾拿吉。9月18日,泰国炮艇在湄公河上炮击万象,22日贡勒的部队在北汕击溃一支来犯的富米军队。在战争即将大打出手之计,美国大使馆奔走于万象与沙湾拿吉之间,调解富马与富米的争执,而中央情报局却以美

---

① Charles Stevenson, *the End of Nowhere: American Policy toward Laos since 1954*, p. 99.
② *FRUS, 1958—1960*, vol. 16, pp. 799 - 801.
③ *FRUS, 1958—1960*, vol. 16, p. 838.
④ Charles Stevenson, *the End of Nowhere: American Policy toward Laos since 1954*, p. 102.
⑤ Charles Stevenson, *the End of Nowhere: American Policy toward Laos since 1954*, p. 102.

援支持富米武力夺回万象的计划。① 美国的驻老工作机构陷入混乱之中。

为了解决部门之争,10月11日,美国派出使团赴老挝调查情况,使团组成人员为:国防部负责国际安全事务的助理国防部长约翰·欧文、太平洋战区司令部参谋长赫伯特·赖利、远东事务助理国务卿帕森斯。这次调查持续到10月中旬,国务院继续持不放弃争取富马的政策,但国防部则坚决支持富米集团、反对支持富马。② 与此同时,面对沙湾拿吉的军事威胁及美国政府对自己的游移态度,富马政府与苏联等国关系升温,10月7日,富马宣布与苏联建交,8日,美国停止给万象的现金援助。有鉴于老挝局势的分裂状态及富马与富米集团的无法合作,10月28日,美国政府作出决定:放弃富马,支持富米。③ 面对危机,富马政府11月16日宣布美国给富米的援助为非法;16日决定与中国建立睦邻关系,向中、越派出友好使团,18日与巴特寮达成协议建立排斥富米集团的联合政府。23日,富米向北进攻,老挝大规模内战开始。出于对苏联在联合国指责美国在老挝挑起内战的担心,美国国防部决定停止给富米以援助④,但是无济于事,当计划评估办公室拒绝了富米的资金求援时,一名中央情报局雇员手提现金走进了富米的办公室。⑤ 在美国支持下,12月中旬富米占领万象,成立以文翁为首的新政府,15日美国宣布承认新政府,而中、苏、越继续承认富马政府。16日贡勒部队离开万象向北撤退,富马则在12月9日飞往金边。

为表现出对民族解放运动的支持,苏联对贡勒政变后的老挝局势反应积极。8月苏联驻柬埔寨大使亚力克森·亚巴拉莫夫(Aleksandr

---

① Charles Stevenson, the End of Nowhere: American Policy toward Laos since 1954, pp. 103 - 106.
② FRUS, 1958—1960, vol. 16, pp. 909 - 917.
③ FRUS, 1958—1960, vol. 16, pp. 934 - 936.
④ Charles Stevenson, the End of Nowhere: American Policy toward Laos since 1954, p. 116.
⑤ Charles Stevenson, the End of Nowhere: American Policy toward Laos since 1954, p. 118.

Abramov)奉命试探与老挝富马政府建立外交关系的可能性。9月,富马通过亚巴拉莫夫宣布其政府建议与苏联继续在1956年开始的关于建立外交关系的谈判。10月7日,苏联与万象发表建交公报。① 同时,苏联指示其驻柬埔寨大使(苏老建交后兼任老挝大使)亚巴拉莫夫,表明莫斯科支持该政府声称的中立政策、遵守日内瓦协议、与所有国家无区别的发展关系等声明。莫斯科还指示大使,只要老挝富马政府提出经济援助请求,对老挝的援助将与对别的次发达国家的援助一般无二:优惠的信贷,文化、工业项目的建设,提供食物及货物等。② 苏联领导人指示大使不要主动提出要富马政府遵守《日内瓦协议》,如果富马提及遵守此协议的问题,大使可以暗示国际监督控制委员会在老挝恢复活动有助于老挝问题的政治解决、有助于确保老挝奉行中立政策。③ 苏联政府的灵活态度与美国的僵硬制裁产生不同结果,富马政府在美援中断后,面对富米集团的军事压力、万象的物资困乏,只好于10月27日正式宣布原则接受苏联援助。④ 为此,亚巴拉莫夫赴万象与富马谈判,并面带微笑地结束会谈:"美国人的行为就象他们是我们最好的朋友一样。"⑤

1960年11月,富米军队控制了琅勃拉邦与老挝国王,苏联立即作出反应。苏联外交部东南亚司司长维克塔·李克哈谢夫(Viktor Likhachev)告诉苏联副外长乔治·普希金,富马政府此时仅控制老挝12

---

① Ang Cheng Guan, *Vietnamese Communists' Relations with China and the Second Indochina Conflict, 1956—1962*, p. 165.
② Ilya V. Gaiduk, *Confronting Vietnam: Soviet Policy Toward the Indochina Conflict, 1954—1963*, p. 140.
③ "Directives to the USSR Ambassador to Laos for Conversation with the Prime Minister of Laos and Other Laotian State and Political Officials," Undated, Russian State Archive of Contemporary History, f. 0570, op. 6, p. 3, d. 5, II. 66 – 69. Abramov presented his credentials to the king of Laos on October 26, 1960.
④ Ang Cheng Guan, *Vietnamese Communists' Relations with China and the Second Indochina Conflict, 1956—1962*, p. 166.
⑤ Bernard B. Fall, *Anatomy of a Crisis: The Laotian Crisis of 1960—1961*, p. 190.

个省中的两个省,老挝局势比较危急。① 苏联政府认为巴特寮在与富马政府组建联合政府的谈判中态度僵硬,这是导致富马政府孤立的原因之一。李克哈谢夫认为谈判进行了一个月却无进展,苏发努冯与凯山·丰威汉不是想与富马达成协议,而是"想把富马政府在政治倾向上向左推"。② 巴特寮拒绝把桑怒与其他控制区交给富马政府。③ 苏联希望巴特寮成为中立派政治家富马领导的政府的有力组成力量,以免导致老挝内战危及印支稳定,苏联希望巴特寮不要试图改变富马的中立政治倾向,通过与富马的谈判,恢复《日内瓦协议》及万象协议的原则和规定。④

11月16日,巴特寮与富马政府在1957年万象协议基础上达成协定,但富米不得参加联合政府。老挝的左派与中派力量结合起来,与右翼力量形成紧张的对峙,老挝处在内战的边缘。12月3日,第一架苏联运输机在万象机场降落,但没有任何货物,这次飞行是为苏联援助老挝进行的试飞,此次飞行决定苏联每天派两架货机飞抵老挝。⑤ 12月4日,苏联空运开始,在河内与万象之间运送油料。但是北越感到仅有经济援助不够,4日范文同暗示苏联驻河内大使馆参赞,有必要向贡勒与巴特寮部队运送武器弹药。⑥ 到10日,莫斯科已准备好11节车厢装运武器、35节车厢装运油料,但富马已经于9号离开万象去了金边,留下贵宁·奔舍那作为留守政府负责人。12月13日,奔舍那跳上一架苏联

---

① Viktor Likhachev to Georgii Pushkin, Diplomatic Communication, November 19, 1960, Russian State Archive of Contemporary History, f0570, op. 6, p. 3, d. 5, I. 62.
② Viktor Likhachev to Georgii Pushkin, Diplomatic Communication, November 19, 1960, Russian State Archive of Contemporary History, f0570, op. 6, p. 3, d. 5, II. 62-63.
③ Ilya V. Gaiduk, *Confronting Vietnam: Soviet Policy Toward the Indochina Conflict, 1954—1963*, p. 141.
④ Viktor Likhachev to Georgii Pushkin, Diplomatic Communication, November 19, 1960, Russian State Archive of Contemporary History, f0570, op. 6, p. 3, d. 5, I. 64.
⑤ Yu. P. Kharkevich(third secretary of USSR embassy in DRV), report, December 22, 1960, Russian State Archive of Contemporary History, f. 5, op. 49, d. 446, II. 12-13.
⑥ I. K. Kiselyov(counsellor)—Pham Van Dong, Memorandum of Conversation, December 44, 1960, Russian State Archive of Contemporary History, f. 5, op. 49, d. 445, I. 38.

运输机飞往河内,要求北越向其政府提供军事装备,奔舍那说:"富马不相信人民力量,他本人相信人民的力量及胜利的取得。"13日,奔舍那带着九吨武器回到万象。① 但此时军事援助已无济于事,12日老挝国民议会已停止对富马政府的支持,建立起由富米-文翁为首的新政权,美、泰立即承认,苏联抗议美国干涉老挝内政。贡勒的部队在富米部队打击下离开万象,向北败退,并与巴特寮武装力量汇合。两支力量汇合后,立即夺回战场主动权,很快控制了川圹、查尔平原等战略要地,苏联加紧空投武器给贡勒的部队。到1960年12月中旬,老挝的内争已经演变成一场国际危机:苏联、美国各自支持老挝国内交战的一方,老挝的内战实际上是东西方有关国家在印支地区冷战的继续。

三、国际社会对老挝内战的态度

1960年12月—1961年1月,国际社会对缓和老挝局势进行了呼吁和努力。1960年12月14日,尼赫鲁建议在老挝的国际监督控制委员会开始重新工作,17日越南政府发表政府声明,表示"再次召开1954年日内瓦会议参加国会议,是解决老挝问题的良好办法"。② 苏联政府意识到加紧向老挝运送军事物资可能会把美苏卷进老挝内战,破灭印支地区稳定的希望,克里姆林宫认为老挝问题应通过外交方式解决,召开一个有关各方参加的国际会议是一个办法。22日,苏联致函英国政府,建议召开一个包括所有1954年日内瓦会议参加国的新的国际会议,解决老挝危机,同时让国际监督控制委员会重新在老挝工作,24日越南民主共和

---

① N. G. Sudarikov-Tran Tu Binh(DRV ambassador to PRC), Memorandum of Conversation, December 13, 1960, Russian State Archive of Contemporary History, Russian State Archive of Contemporary History, f. 0100, op. 53, p. 455, d. 13, I. 58.
② *Documents Relating to British Involvement in the Indo China Conflict 1945—1965* (Cmnd. 2834), pp. 154 - 155., cited from Ang Cheng Guan, *Vietnamese Communists' Relations with China and the Second Indochina Conflict, 1956—1962*, p. 174.《印度支那问题文件汇编》(第三集),第108页。

国外交部长范文同致信日内瓦会议两主席国表达了同样意见。① 1961年1月13日,英国表示老挝各方应先停火,恢复国际监督控制委员会的活动,然后再行决定是否召开日内瓦会议。② 1961年1月西哈努克亲王致信日内瓦会议两主席国及中国、民主越南领导人,建议召开新的关于老挝的国际会议,并邀请泰国、南越、缅甸参加。③ 1961年1月14日,在给富马政府的来信,及1月4日越南外长范文同来电的回复中,中国总理周恩来提议,召开关于老挝问题的国际会议,召开扩大的日内瓦会议。④

虽然北越在老挝危机中表现出愿意通过外交途径解决危机的意愿,但从1961年起,北越把一些隶属于316、335旅,325师、271团的步兵、炮兵、工程营输送往老挝,到1961年初,约有1.2万北越士兵进入老挝,充当军事顾问、训练巴特寮部队,并建立了一个军事训练学校。⑤ 1月12日、18日,巴特寮、北越部队合力进攻川圹省,并占据老挝中部的查尔平原。

到1961年1月,中-苏-越对老挝内争的态度已较为明朗:中国政府鉴于国内的经济困难,在老挝问题上采取较为克制的态度,仅在舆论上对富马政府予以支持,在实际行动中并未插手太多。苏联为表示对民族解放运动的支持,一反过去在印支问题上的超脱态度,对老挝的中派、左派力量给予了有力支持,但是苏联并非真的有意在印支地区与西方进行军事对抗,当老挝危机升级到一定程度时,苏联便向西方抛出橄榄枝,希望通过外交途径解决危机。1960年底到1961年初,

---

① 《印度支那问题文件汇编》(第三集),第115—117页、118—119页。
② Ang Cheng Guan, *Vietnamese Communists' Relations with China and the Second Indochina Conflict*, 1956-1962, p.175.
③ 《印度支那问题文件汇编》(第三集),第127—134页。
④ 《印度支那问题文件汇编》(第三集),第137页、140页。
⑤ *Lich Su Quan Doi Nhan Dan Viet Nam*, *Trap II*, Hanoi: Nha Xuat Ban Quan Doi Nhan Dan, 1988, pp.152-153, cited from Ang Cheng Guan, *Vietnamese Communists' Relations with China and the Second Indochina Conflict*, 1956—1962, p.176.

越南的统一斗争已经如火如荼地展开,1960年12月20日,南越民族解放阵线成立,1961年1月1日,成立南越解放军。31日,越南劳动党中央政治局发布关于南越斗争的任务的指令:南方的斗争已不可能沿着和平方式进行,必须政治、军事斗争同时进行,在丛林、山区强调军事斗争,在低地地区军事、政治斗争同时进行,在城市强调政治斗争。① 北越一直视老挝的斗争为越南统一斗争的一个组成部分,这一点从1961年3月越南人民军总参谋部划定的三个战区可以印证,其中B战区为南越,C战区为老挝。② 从本国统一斗争的需要出发,北越更加注重老挝的军事价值,派出1万多名军事人员进入老挝,以军事手段帮助巴特寮发展力量。北越的老挝政策是军事上积极介入,扩大老挝左派力量的控制区。

面对内战,西方阵营也作出反应。1960年12月20日艾森豪威尔政府召开第470次国家安全委员会会议,会上,中央情报局局长艾伦·杜勒斯预计共产党人在老挝可能会有强烈的举动,共产党国家将会尽一切力量把老挝反共政权搞掉。③ 27日,美国国防部、国务院联席会议决定向富米集团提供10架T-6飞机,用于侦察及攻击巴特寮炮兵,并同意帮助富米集团在泰国培训飞行员。④ 美国在冲绳的503空降战斗大队已处于警戒状态,1400名海军陆战队队员已在第7舰队的特种部队中作好战斗准备,并随"莱克星顿"号航空母舰进入东京湾,美国太平洋战区司令官菲尔特要求增加C-130运输机增强其空运能力,所请也被批准。⑤ 31日,面对巴特寮武装力量的攻势,美国政府认为老挝存在南北分裂的可能性,艾森豪威尔总统总结了美国对老挝形势应采取的对策:说服富马辞职去法国;加强与英、法的合作;提请东南亚

---

① Le Duan, *Thu Vao Nam*, Hanoi: Nha Xuat Ban Su That, 1985, pp. 31-38.
② *Lich Su Quan Doi Nhan Dan Viet Nam*, Trap II, pp. 136-138.
③ *FRUS, 1958—1960*, vol. 16, p. 1014.
④ *FRUS, 1958—1960*, vol. 16, p. 1018, n2、p. 1019, n3.
⑤ *FRUS, 1958—1960*, vol. 16, p. 1025.

条约组织理事会危险之存在,但不要求立即采取行动;授权美国驻苏联大使汤普森告诉赫鲁晓夫,美国对形势深表担忧,美国将确保老挝合法政府不被推翻。在会议散会时,艾森豪威尔总统强调绝不允许老挝落入共产党之手,即便是战争也在所不惜,美国要么与盟国一起、要么单独走入战争。①

到12月31日,虽然美国政府已作出武力因应老挝危机的决定,但英、法态度与美国并不一致。在12月20日的国家安全委员会会议上,克里斯琴·赫脱国务卿说,法国十分不喜欢富米,英国对富米的反感虽不及法国,但认为老挝的出路在于组建一个包括各政党的政府②,英国对激活国际监督控制委员会平息老挝战火的意见表示出兴趣。③ 对于武力介入老挝危机,东南亚条约组织中,只有泰国、菲律宾、巴基斯坦等亚洲国家支持,但英、法不赞同此议。④ 对于与盟友在老挝危机中立场的不一致,艾森豪威尔政府大为光火。赫脱国务卿认为法国在老挝问题上立场不明确,但肯定对美国无有助益,既不想让富马辞职,也不想承认富米-文翁政府。法国嫉妒美国在老挝的一切行动,对富米十分厌恶。艾森豪威尔说:"我年龄越增长越讨厌法国人——不是法国人民,而是法国政府。"⑤

1961年1月1日,在美国决策层的会议上,艾森豪威尔从美国不惜单独出兵武力介入老挝危机的立场上后退,提出美国干涉之前必须等东南亚条约组织内部拿出意见。⑥ 东南亚条约组织内部陷入严重分歧,英法两国立场与亚洲成员国观点相去甚远,短期内不可能拿出统一意见,而此时届艾森豪威尔政府任期的结束已只有十余天时间,总统此论实际

---

① FRUS, *1958—1960*, vol. 16, p. 1029.
② FRUS, *1958—1960*, vol. 16, p. 1015.
③ FRUS, *1958—1960*, vol. 16, p. 1026.
④ FRUS, *1958—1960*, vol. 16, p. 1015、p. 1027.
⑤ FRUS, *1961—1963*, vol. 24, pp. 1-3.
⑥ FRUS, *1961—1963*, vol. 24, p. 2.

等于说其政府不会武力介入老挝。1月3日,艾森豪威尔总统给老挝的价值以极高评价:如果共产党国家在老挝建立起强有力的地位,西方在东南亚地区就完了。同时,总统又强调,在诉诸武力之前必须尝试各种和平手段消弥危机。对于起用国际监督控制委员会的问题,艾森豪威尔总统表示,如果国际社会承认文翁政府为合法政府,则倾向于使用该委员会缓和危机。① 同日,法国政府建议美国政府:美-英-法一起与莫斯科磋商,看苏联与北越是否准备支持一个中立的老挝。11日,加拿大政府也提议恢复国际监督控制委员会在老挝的活动。② 到1月17日,艾森豪威尔政府已经认识到,鉴于法、英的反对,通过东南亚条约组织加强富米军队已无可能。③ 至此,无论是借助国际监督控制委员会还是东南亚条约组织来解决老挝危机都未能实现,随着第二任期的即将结束,艾森豪威尔政府只能把这场危机留给后任解决了。

小 结

1960—1961年,老挝再次成为冷战中的焦点,并引发了东西方关系中的一次危机。艾森豪威尔政府在印支地区奉行僵硬的对抗政策,面对老挝建立起的联合政府必欲除之后快,为此不惜在老挝内部大力扶植右翼力量,并使老挝右翼力量与军方联系紧密,老挝内政出现了军人深深介入政局的局面。1960年8月支持中立的老挝政府军军官贡勒发动反对右翼政府的政变,不同的政治力量随即和支持自己的军事力量结合,老挝陷入分裂与内战。与此同时,中国和越南的对外政策已经开始脱离和平共处的轨道,对于美国在老挝的僵硬对抗政策两国不再排除使用军事手段,加之苏联为因应中国的指责不得不对民族解放运动表现出一定

---

① FRUS, 1961—1963, vol. 24, pp. 5-6.
② FRUS, 1961—1963, vol. 24, p. 11.
③ FRUS, 1961—1963, vol. 24, p. 14.

支持,开始对老挝进行经济、军事援助,老挝的分裂与对抗又存在大国介入的影子,一场以东西方有关大国对抗为背景的危机随即在老挝拉开帷幕。

艾森豪威尔政府一如其上台伊始在印支面临如何援助陷入奠边府被困法军的局面那样,在老挝危机面前又一次面临重大抉择:是选择战争还是以其他手段摆脱危机?英、法盟国对于在印支地区投入军队竭力回避,这样在印支进行战争将意味着美国进行单边军事干预,艾森豪威尔政府在单独出兵印支问题上摇摆不定,最终,还是没有作出单边军事干预的决定。这其中对与中国在该地区发生军事碰撞的担忧是美国决策层所最为忌惮的。1961年1月17日,美国国防部长盖茨对即将上任的肯尼迪政府的国务卿腊斯克谈道:如果美国卷入印支地区的军事冲突,将不会是一场美苏间的战争,但是一场大规模的战争,并认同在老挝作战比在朝鲜更为复杂。① 不言而喻,能有资格与美国在印支地区进行"大规模战争"的国家只会是中国。对与中国发生战争的担心阻止了美国选择在印支地区进行单边军事干涉。

在本章的论述中,老挝的地缘价值有了进一步的体现。一方面,如前文所引,1961年1月3日,艾森豪威尔总统在一个高层决策层会议上说道:"如果共产党在老挝建立强有力的地位,西方在东南亚地区就完了。"显然,艾森豪威尔政府夸大了东南亚的共产主义威胁,以这个夸张的臆测为前提,老挝的地缘价值被美国政府夸大了。另一方面,北越视老挝为联系南越的重要通道,并将其划入本国统一战争的一个战区,在这里老挝除具有美国赋予的通向东南亚腹地的门户、多米诺骨牌中即将倒下的第一张牌的地位外,又具有了通向南越的军事走廊的价值。老挝地缘价值的彰显令其紧紧牵动着大国的神经。

---

① FRUS, 1961—1963, vol. 24, p. 14.

第四章 再建中立

艾森豪威尔政府反对老挝中立的政策导致老挝国内走向分裂并酿成1961年的老挝危机,新上任的约翰·菲·肯尼迪总统力图以外交手段解决老挝的危机,并改弦易辙接受老挝中立,由此东西方有关国家在1961年5月到1962年7月重新召开日内瓦会议专门讨论老挝问题,努力再次构建起老挝的中立机制。

第一节 艾森豪威尔政府的政策遗产

艾森豪威尔政府对老挝政策的核心是抵制中立,强调与共产主义国家及老挝内部共产主义力量的对抗,为此发展出以东南亚条约组织对老挝实施"保护"、直接援助、扶植老挝右翼力量等政策。在其任期之末,艾森豪威尔政府的对老挝政策颓势日显:给老挝的军事、经济援助并未令老挝军事、经济上更强大,却加大了老挝王国政府官员的腐败程度与老挝的城乡差距,令共产主义力量在乡村更有市场;老挝军队虽然接受大量美援,但却文不对题——美国对老挝军援是以常规战争为假想,而巴特寮在老挝的主要作战样式是山地游击战加运动战;自成立以来东南亚条约组织对老挝的"保护"就不可依靠;扶植老挝右翼力量的政策,不但未有形成老挝保守力量的联盟,反而导致保守力量发生分裂,引发中立力量的强烈反对,老挝国内分化出左、中、右三派力量,且各自拥有自己的武装,老挝陷入分裂与内战,中、苏、越也对右翼力量的进攻予以军事抵制。艾森豪威尔政府的对老挝政策不但未能阻止老挝中立,还把老挝中立派推向左派力量的怀抱,并引来苏联对老挝的介入。到艾森豪威尔任期之末,抵制老挝中立的政策只剩一条出路:美国单独或与盟国一起在老挝进行军事干预,而盟国特别是英、法的态度令西方集体军事干预十分渺茫,剩下的只有美国单独出兵干预老挝之一途。

一、艾森豪威尔政府对老挝的援助

老挝具有重要的地缘战略价值,如果共产党力量控制了老挝,就能大大加强对南越和泰国的压力,艾森豪威尔总统把老挝比作瓶子的塞子——"瓶子"指东南亚,"如老挝陷落,泰国、菲律宾与蒋介石的台湾均会丢失"。[①] 为了把这个战略要冲变为"反对共产主义的堡垒",到1960年底,"美国向这片荒漠而原始的土地上倾注了将近3亿美元,这个数目按人口平均,每人达150美元,大于其他任何国家按人口平均所得到的援助,而且几乎等于过去老挝人年均收入的两倍。这笔款项的百分之八十五用作老挝王国军队的全部费用……老挝军队所受的训练不是反游击战争,而是常规的演习。在这3亿美元中,只有7百万美元用于技术合作和经济开发"。[②] 美援给老挝带来了什么呢?"这是一笔活见鬼的投资。老挝根本不具有一整套国家的或社会的机构、制度来吸收美国的大量馈赠。这些援助丝毫没有提高生活水平或加强军事力量,而是造成了难以想象的贿赂、贪污舞弊、货币投机和浪费。在万象的尘土飞扬的街

[①] Fred I. Greensteis and Richard H. Immerman, "What Did Eisenhower Tell Kennedy about Indochina? The Politics of Misperception", in *The Journal of American History*, Vol. 79, No. 2, September 1992, p. 576.

[②] 小阿瑟·施莱辛格:《一千天:约翰·菲·肯尼迪在白宫》,第252页。

道上,挤满了豪华的汽车。老挝的文职官员们自己本身就道德败坏,军官们在美国的庇护下,越来越多地卷入政治活动和贪污中去。当金钱象潮水般流入万象的时候,首都和农村之间的鸿沟越来越大了。代表廉洁和人民说话的巴特寮,在农村里积蓄了力量。"①

其实早在1955年美国参议院已经注意到美国给老挝的援助花费太大,老挝一名士兵一年花去1000美元,超过任何其他亚洲国家。② 1956年美国商业委员会理事会主席克莱门特·约翰逊在参院对外关系委员会责成下研究对东南亚的援助计划,指出老挝军人太多,花费太大,且第一个指出老挝汇率虚高,可能会导致走私。③ 1958年4月9日,美国《华尔街杂志》上即有文章披露美国对老挝援助的混乱与无效。但是,美国政府各部门并没有对援助老挝中存在的问题予以太多过问:国际合作署认为它只负责从国会要来经费,并意识到援助大部分给了老挝军队,援助如果出了问题,应由美国国防部负责。国防部为满足国务院和反共政治的考虑,不得不同意援助老挝军队。国务院认为,只要老挝政府反共,腐败可以容忍。中央情报局甚至感到,只要保密,腐败是可资利用的好事。④

老挝国内汇率虚高是美国援助老挝中出现的一个重大问题。美国为老挝货币基普(Kip)与美元比价规定的汇率是35∶1,这一规定远远高于基普的实际价值,在泰国和香港基普与美元的比价是100∶1。不同的汇率令老挝王国政府颁发的进口许可证十分有价值,许可证持有者可以在泰国或香港以100∶1的汇率购买商品,运入老挝以35∶1的汇率卖出商品,收益高达300%多。老挝的汇率虚高是美国政府一手炮制的,成为滋生老挝的走私和腐败的温床。还有一些商人收买老挝海关官员,在

---

① 小阿瑟·施莱辛格:《一千天:约翰·菲·肯尼迪在白宫》,第252页。
② Charles Stevenson, *the End of Nowhere: American Policy toward Laos since 1954*, p. 49.
③ Charles Stevenson, *the End of Nowhere: American Policy toward Laos since 1954*, p. 49.
④ Charles Stevenson, *the End of Nowhere: American Policy toward Laos since 1954*, pp. 50 - 51.

海关搞到一个收货单,而实际上货物根本就不曾发出过,由于官商勾结大量炮制这种空白收货单,造成老挝国内出现通货膨胀,1955到1957年,老挝的稻米价格上涨了一倍。①

美国给老挝的军事援助根本不符合老挝的现实情况,如果说老挝王国政府那支两万多人的部队能有所用途的话,它只能勉强用于应付游击战,而不能对抗由中国或北越发起的公开的大规模战争。但是美国训练与装备下的老挝部队,其模式与南越部队相同,不是准备用于反对游击战,而是准备用来进行常规战争:12个常备步兵营、12个预备步兵营、一个炮兵营、一个机动侦察营、两个空降营、一个运输大队、一个军需大队,以及一支由C-47运输机和T-6训练机组成的空军,这样的部队战斗序列配置完全是用于进行常规战争。老挝部队装备了大量的吉普车、卡车,而老挝国内鲜有几条公路,这只高度依赖公路运动的部队在老挝几乎无法移动,特别是在六个月的雨季里更是如此。而这支高度依靠公路运动的部队,其敌手多藏匿于深山密林中,在公路上几乎不可能遇到。②

老挝右翼军人的首领是富米·诺萨万。1958年以来,作为老挝军事领导人,他还兼做鸦片生意,谋取暴利。右翼力量的军队领饷可观,"但在战场上一文不值"。③ 富米的部队没有什么战斗力,军官的升迁完全看对富米忠诚与否,而不是看他的战功。美国大使温斯罗普·布朗对富米说:"你的参谋长不应该带一排士兵到拐角去买一张报纸。"富米回答说:"我知道,但他是忠诚的。"④富米的军事生涯除了1960年底以20000人进攻万象(守军只有1000余人)取胜之外,别的乏善可陈。

---

① Roger Hilsman, *To Move a Nation: The Politics of Foreign Policy in the Administration of John F. Kennedy*, New York: Dell Publishing Co., Inc., 1964, p.114.
② Roger Hilsman, *To Move a Nation: The Politics of Foreign Policy in the Administration of John F. Kennedy*, p.113.
③ 戴维·哈尔伯斯坦:《出类拔萃之辈》(上),生活·读书·新知三联出版社1973年版,第160页。
④ 戴维·哈尔伯斯坦:《出类拔萃之辈》(上),第160页。

综上，不难看出，美国给予老挝的军事、经济援助并没有令老挝完成现代化。美援滋生了腐败，加剧了城乡差距的拉大。军事援助的结果是在老挝建立起一支不适合老挝国情的右翼军队，花费巨大却毫无战力。美援买来的只是败局与失败。

二、部门之争

美国国务院、国防部、中央情报局均在老挝有派出机构：大使馆、计划评估办公室、老挝工作站等。在老挝问题上，各部门之间的分歧最后发展到各行其是、互相拆台的地步，艾森豪威尔政府因此也不能形成一个完整、系统的对老政策。

如前所述，日内瓦会议后到1955年初，国务院与国防部在要不要卷入，特别是在军事上卷入印支事务发生分歧，国防部的观点是只有在老挝建立起稳定的政治局面后，美国的军事援助才能开始，但国务院认为是先建立稳定的政治局面还是先给予军援是个"先有鸡还是先有蛋"的问题，坚持立即给予军事援助。1955年初，在总统支持下，国防部同意了国务院的意见。1955到1958年，国务院、国防部在妥协的基础上对老政策有了一段暂时的和睦时期。1955年11月，国防部在老挝的派出机构计划评估办公室建立。中央情报局在老挝的活动最早开始于1954年，到1957年已经在美国对老挝的政策中发挥重大作用。[①] 美国政府在对老政策上发展出反对老挝中立及建立联合政府、给老挝以经济军事援助、以东南亚条约组织"保护"老挝等政策。其中以反对老挝中立及建立联合政府为核心，其根据是类比东欧国家特别是捷克斯洛伐克联合政府的经验，一旦共产党人进入政府，最终必然会导致共产党接管政府。沃特·李普曼把美国政府对联合政府的心态描述为："在任何政治婚姻中

[①] Charles Stevenson, *the End of Nowhere: American Policy toward Laos since 1954*, p.30.

共产党人都是充当男性。"①

但是,美国政府的上述政策并没有达到阻止老挝中立与建立联合政府的目的。1957年底老挝建立起有巴特寮参加的联合政府,1958年在老挝国民议会的增补选举中,左派力量囊括了21个增补议席中的13个。老挝国内事态的发展令艾森豪威尔政府十分失望,对老政策改弦更张势在必行,在这个过程中,美国各有关部门在对老政策上分歧加剧。1958到1960年间,军方希望把计划评估办公室变为军事援助顾问团,直接训练老挝军队;中央情报局则秘密培植出极右的捍卫国家利益委员会,并与老挝的其他保守派争夺国家权力;国务院支持培·萨拉尼空政府,而到1959年中央情报局支持下的捍卫国家利益委员会已成为培政府执政的有力威胁,该委员会与老挝军方建立起密切联系。这期间,中央情报局老挝站与大使馆关系不佳,赫克谢尔站长与史密斯大使很少通气,华府也没有过问。美国对老挝国内政治的介入导致老挝很快陷入分裂。1959年底—1960年初在捍卫国家利益委员会推动下,老挝军方发动不流血的政变,培政府下台。

1960年8月9日贡勒发动政变,老挝随即陷入严重分裂。中央情报局与国防部倾向于支持富米集团,国务院则倾向于不要放弃富马政府。从1960年9月到11月,美国驻老工作机构中,大使馆积极斡旋于富米集团与富马政府之间,而中央情报局与国防部积极支持富米集团准备进攻万象的计划。由于各部门自行其是,美国的对老政策陷入混乱之中。

三、艾森豪威尔政府留给肯尼迪政府的选择:是否单边军事干预老挝?

1961年1月19日,艾森豪威尔总统与新总统约翰·肯尼迪在白宫进行交接会晤。与会的有国务卿赫脱、国防部长汤姆斯·盖茨、财政部长罗伯特·安德森、白宫办公室主任威尔顿·珀森斯,新总统工作班子

---

① Charles Stevenson, *the End of Nowhere: American Policy toward Laos since 1954*, p. 41.

的成员有(国务卿)迪安·腊斯克、(国防部长)罗伯特·麦克纳马拉、(财政部长)道格拉斯·迪龙、新老总统之间的联络员克拉克·克利福德等人。这次会晤没有谈及古巴、刚果局势,主要讨论老挝的危机。史家对这次会晤中艾森豪威尔总统是否告诉肯尼迪总统应在老挝进行单边军事介入争论不一。1965年美国出版了两本书:小阿瑟·施莱辛格的《一千天:约翰·菲·肯尼迪在白宫》①、西奥多·索伦森的《肯尼迪》②。小阿瑟·施莱辛格在1965年7月的《生活》杂志上即披露说:"(艾森豪威尔总统)说老挝如此重要,如到了不能说服别国与我们一起行动的地步时,我愿意做最后的努力、单边干预。"索伦森也引用了施莱辛格的观点。③ 根据新老总统之间的联络员克拉克·克利福德的记录,艾森豪威尔总统愿意美国"作孤注一掷的单边干预"。④ 但肯尼迪的国防部长麦克纳马拉却另有记录,认为"艾森豪威尔总统建议美国不要单边在老挝采取行动"。⑤ 肯尼迪总统自己的谈话笔记认为:"我(肯尼迪)离开会场时的感觉是艾森豪威尔政府支持干预,这比共产党国家在老挝的胜利更可取。"⑥白宫办公室主任珀森斯的记录则是:"总统(艾森豪威尔)称美国单

---

① Arthur M. Schlesinger, Jr., *A Thousand Days: John F. Kennedy in the White House*, Boston: 1965.
② Theodore C. Sorensen, *Kennedy*, New York: 1965.
③ Arthur M. Schlesinger, Jr., *A Thousand Days: John F. Kennedy in the White House*, pp. 163-164; Arthur M. Schlesinger, Jr., "A Thousand Days", *Life*, July 16, 1965, p. 70; Theodore C. Sorensen, *Kennedy*, New York: 1965, p. 640.
④ Clark Clifford to President Kennedy, Memorandum on Conference between President Eisenhower and President-elect Kennedy and their Chief Advisers on Jan. 19, 1961, "Eisenhower, Dwight D., January 17-December 9, 1961," President's Office Files, John F. Kennedy Papers(John F. Kennedy Library, Boston, Mass.)
⑤ Robert McNamara Memorandum to the President, Jan. 24, 1961, enclosed with McGeorge Bundy Memorandum for the President, Aug. 26, 1965, "Memos to the President-McGeorge Bundy, Vol. 13," Administration Aides File, National Security File, Johnson Papers. cited from Fred I. Greenstein and Richard H. Immerman, "What Did Eisenhower Tell Kennedy about Indochina? The Politics of Misperception", in *The Journal of American History*, Vol. 79, No. 2, September 1992, p. 575.
⑥ *FRUS, 1961—1963*, vol. 24, p. 20.

边的干预对我国与该地区的关系十分不利,将导致把我们视为干涉主义者。"①上述记录表明艾森豪威尔总统对于是否应单独出兵干预老挝危机的回答是模糊的。1992年9月的《美国史杂志》对这次会谈内容进行了考证,结论是:艾森豪威尔总统不赞成出兵老挝单独进行军事干预。②

笔者认为,仅从现存的四份相互出入的谈话记录中很难断定艾森豪威尔总统到底有没有赞同美国单独出兵老挝,应从其决策背景看问题。一方面,如前所述,1960年12月底到1961年1月艾森豪威尔总统对于如何应付老挝危机并无良策:不赞同成立联合政府;起用国际监督控制委员会又担心会导致富马政府合法化;寄望于东南亚条约组织但该组织内部陷入分裂;美国单独武力介入,1960年12月31日,总统同意此议,但第二天又从此立场退却。另一方面,老挝的地位在总统看来又这么重要,是东南亚的关键,"丢失老挝西方在东南亚就完了"。艾森豪威尔政府是在对老挝危机举棋不定的背景下与肯尼迪进行交接会晤的。理查德·尼克松这样评价艾森豪威尔的决策风格:"他非常勇敢、富有想象力,不禁止任何讨论……但在行动方面他也许是美国最审慎的总统……在讨论阶段他对于任何想法都十分热情洋溢,但当做最后决策时,他是世界上最冷峻、最不情绪化、最理性的人。"③不能想象,这么一位谨慎决策的总统会在自己举棋不定的时候,告诉他的继任应该如何应对老挝危机。事实很可能是,在回答肯尼迪参议员是否应当单独出兵老挝时,艾森豪威尔模棱两可,给对方留下充分的想象空间,既没说"是",也没说"不",把老挝危机的残局交给即将上任的新总统去自由处理。

---

① Persons, Memorandum for the Record, Jan. 19, 1961, "Kennedy, John F., 1960—1961(2)," Dwight D. Eisenhower Post-Presidential Papers, 1961—1968(Eisenhower Library)
② Fred I. Greensteis and Richard H. Immerman, "What Did Eisenhower Tell Kennedy about Indochina? The Politics of Misperception", in *The Journal of American History*, Vol. 79, No. 2, September 1992.
③ Richard M. Nixon, Six Crises, New York: 1962, pp. 158 - 159.

第二节 东西方的妥协

约翰·菲·肯尼迪总统在他执政的头两个月里,"花在老挝问题上的时间或许要比他花在其他任何工作上的时间都多。他决心使这个问题不受办事缓慢的政府机构的牵制,设立了一个老挝工作小组,并派人转告工作小组的第一次会议,要求他们每天向他汇报工作进展情况"①。肯尼迪政府此举改变了艾森豪威尔政府在老挝问题上令出多门,各驻老机构自行其是的状况,美国驻老挝的使馆"收到的已经不是象不久以前那样含糊不清的电报,而是简洁的命令和明确的答复"②。

一、中国、北越接受停火

1960年初中共中央政治局常委会会议上确立的"努力主动地在外交上开创新的局面"的方针,令中国外交暂时表现出比较务实的局面。从1961至1962年中国在整个印支地区的行动看,中国领导人选择的策略是与苏联配合,通过政治方式解决老挝问题,防止美国在与中国边界接壤的地区进行直接军事干涉;同时增加支持对越南南方的武装斗争,挫败美国在那里的"特种战争"。③ 在老挝问题上中国愿意谈判,1961年3月31日的《北京评论》指出:"尽管老挝的军事形势正日渐不利于老挝右翼叛乱集团","战争的延续仍是危险的","爱国力量与老挝人民仍在打破敌人的军事干涉及政治阴谋方面面临复杂困难的斗争","老挝左翼力量需要时间消化前期的胜利成果。"④曾任美国驻泰国大使的肯尼兹·扬在1966年10月份的《外交》杂志上撰文披露,1961年美国在华沙大使级

---

① 小阿瑟·施莱辛格:《一千天:约翰·菲·肯尼迪在白宫》,第256—257页。
② 小阿瑟·施莱辛格:《一千天:约翰·菲·肯尼迪在白宫》,第257页。
③ 杨奎松主编:《冷战时期的中国对外关系》,第132页。
④ Marek Thee, *Notes of a Witness: Laos and the Second Indochina War*, New York: Random House, 1973, p. 28.

谈判中曾向中国发出信息,如在召开讨论老挝问题的大国会议前仍不停火,美国将被迫军事卷入老挝。北京的答复是,将认真考虑谈判,希望美国在老挝中立的问题上与中国达成合作。①

北越的对老政策是与其统一南方的斗争密切联系着的。1961年2月25日,越南劳动党中央政治局批准了越人民军中央军委与国防部的军事计划,计划认为越人民军有以下四项任务:其一,加强北越军事力量,完成部队正规化、现代化;其二,在南越建军,南方部队的10—15个团应配置炮兵;其三,帮助巴特寮训练发展军事力量,必要时把人民军部队送往老挝;其四,组建南方的军事指挥系统,保证军事上指令畅通。②为了保证越南北方与南方联系的通道畅通,扩大巴特寮在老挝的控制范围十分必要。越南人民军中央军委与老挝爱国战线党同意把在老挝的军事行动扩大到南老挝,参加此次军事行动的有人民军325步兵师、第19营、927营及巴特寮部队,行动由325师及559运输大队指挥,4月11日展开行动。③ 4月23日,人民军与巴特寮部队联合攻克万荣,这一据点联系万象与琅勃拉邦。这次军事行动到5月3日上午8点停止,北越与巴特寮控制了桑怒、丰沙里、川圹与琅勃拉邦等省大部以及查尔平原,范围及于中部老挝,直逼南老挝,还控制了7、8、9、12号公路。7号公路是联系北越的重要通道,是北越给巴特寮部队的补给线。任何试图建立经老挝联系泰国与南越的陆上通道都需控制9号公路。但是,北越并不准备在此时对南越与南老挝发起总攻,北越尚不准备在南越进行大的战争,同时巴特寮需要时间消化新取得的作战成果,4月20日,黎笋致信南

---

① Kenneth T. Young, "American Dealings with Peking," *Foreign Affairs*, October 1966, pp. 81 - 82.
② *Lich Su Quan Doi Nhan Dan Viet Nam*, *Trap II*, Hanoi: Nha Xuat Ban Quan Doi Nhan Dan, 1988, pp. 130 - 135.
③ Roger Hilsman, *To Move a Nation: The Politics of Foreign Policy in the Administration of John F. Kennedy*, p. 133.

方同志,呼吁要做长期斗争准备。①

在军事上取得重大成果的同时,北越也在外交上向苏联、中国的态度上靠拢。4月26日,胡志明会见由贵宁·奔舍那与苏发努冯等人组成的老挝高级代表团成员,双方发表联合公报,富马政权支持越南统一,范文同强调河内希望老挝中立与独立,同意帮助老挝修建一些公路、训练老挝技术人员及向老挝派出专家。②

二、肯尼迪政府对老挝的政策:谋求老挝中立

1961年1月23日,老挝问题跨部门工作小组呈递给肯尼迪一份工作报告,报告认为:"没有一个有分量的盟国愿意提供部队与美国一起对老挝进行军事干涉,英、法、澳、新均不支持东南亚条约组织采取有效的行动。法国公开支持富马,秘密支持贡勒,并且未承认文翁政府。英国与我们在政策上同床异梦,回避在东南亚条约组织中承担义务,并谋求在我方与共产党国家间充当中间人。老挝不利的地形,特别是它是内陆国、缺乏铁路、机场及通讯联络设施,使老挝成为投入美国部队采取地面行动最不理想的地方。美国面临的一个基本问题来自于共产党阵营在老挝的军事胜利及东南亚条约组织不能采取有效行动。美国应愿意接受在老挝产生一个不倾向于社会主义或资本主义任何阵营的、真正中立的政府,愿意考虑在老挝王国政府中不重要的位子上纳入巴特寮成员。"③25日,美国军方也作出结论:反对向老挝大规模投入美国部队,仅赞同支持老挝本国右翼军队。④ 2月3日,总统召见布朗大使,大使建议:老挝中立是一个很有建设性的思路,老挝不要成为军事基地、反共策

---

① Ang Cheng Guan, *Vietnamese Communists' Relations with China and the Second Indochina Conflict*, 1956—1962, p.189.
② Ang Cheng Guan, *Vietnamese Communists' Relations with China and the Second Indochina Conflict*, 1956—1962, p.192.
③ *FRUS*, 1961—1963, Vol.24, pp.28-38.
④ *FRUS*, 1961—1963, Vol.24, pp.43-44.

源地。美英分歧已不再是朋友间就采取何种行动的分歧,已达到英国怀疑我国动机的地步,英法愿意接受一个接受苏联援助、有巴特寮参加、中立的老挝政府。当总统问及富马、富米及文翁的情况时,布朗说富米是一个多疑、富有野心、鲁莽、自私、情绪化、傲慢的人,富马则是一个受过良好教育、真正的爱国者、基本反共的人。①

一方面,在以上机构建议的基础上,2月10日肯尼迪政府发出同意老挝中立的第一个信号:指示大使馆建议老挝国王请求缅甸、柬埔寨、马来亚组成中立国家委员会作为国际机制,监督老挝建立中立政府。② 18日老挝国王发出照会,要求缅甸、柬埔寨和马来亚成立中立委员会负责"查明在老挝的外国的干涉"。但同日,柬埔寨拒绝此议。③ 28日,苏联驻美国大使向美国政府提交苏联对老挝国王中立声明的答复:支持老挝中立,但坚持《日内瓦协议》机制是维护老挝中立的有效机制,不宜建立"中立国委员会"取代《日内瓦协议》机制。老挝危机的出路在于激活国际监督控制委员会、召开国际会议讨论老挝问题。④ 3月1日,国务卿腊斯克向肯尼迪总统汇报了有关国家对老挝国王中立声明的反应:老挝国王邀请的三个国家中只有马来亚支持提议,所有的共产党国家均否定此提议,坚持召开国际会议、恢复国际监督控制委员会在老挝的活动。1月21日,英国也向苏联提出恢复国际监督控制委员会的提议。⑤ 至此,成立中立国家委员会的提议宣告破产。

另一方面,肯尼迪政府又寄希望于富米的部队能在军事上有所进展,以营造有利于谈判的形势。2月6日,富米部队发起夺回查尔平原的攻势,3月3日,美国参联会为富米集团制定出一个夺回查尔平原的作战

---

① FRUS, 1961—1963, Vol. 24, pp. 45-47.
② FRUS, 1961—1963, Vol. 24, pp. 51-52.
③《印度支那问题文件汇编》(三),第159页。
④ FRUS, 1961—1963, Vol. 24, pp. 64-66.
⑤ FRUS, 1961—1963, Vol. 24, pp. 67-68.

计划,但21天中只前进了4—7公里。① 3月9日,在肯尼迪总统主持召开的军事会议上,总统出示了参联会2月16日递交给他的备忘录,估计如在老挝进行常规战争,在30天内北越可以向老挝投入15个师,中共可投入8个师、3个空降营,另外中国有3400架喷气式飞机,125架轻型喷气轰炸机可在老挝使用,如美国全力以赴在老挝投入地面部队作战,可投入的部队数量与共产党国家的力量比是1∶5。② 显然介入对美国是不利的。3月11日,美国国务卿腊斯克对总统意图作出明确判定:借军事手段促成有利的政治出路。③

2月22日,美国驻苏联使馆大使汤普森致电国务院,汇报苏联政府对老挝危机的态度:赫鲁晓夫在约见美国大使时说富马才是老挝合法的政府,坚持以"波兰-加拿大-印度"模式组成一个国际监督控制委员会在老挝活动。赫鲁晓夫还提出富马出掌老挝政府不意味着美国的失败,因为他不是共产党人,而是一个尼赫鲁、西哈努克亲王式的人物,不会采取亲苏政策,在老挝没有共产党人,只有共产党的同情者。④

3月21日美国国务院向大使馆传达了肯尼迪政府对老挝危机的几点决定:其一,美国的目的是达成危机的政治解决;其二,同时采取军事、政治行动达成这一目的;其三,政治上谋求由英国告知苏联如巴特寮停止军事进攻达成停火,美方愿意恢复国际监督控制委员会的活动,并召开国际会议讨论老挝问题;其四,军事上采取一切措施应付各种可能。⑤ 23日,肯尼迪总统发表电视讲话:支持老挝独立、中立,不受外国或外国集团的控制,不对任何国家构成威胁,但目前此目的为外国共产主义力量支持下的武装进攻所阻挡,如不停止,美国与东南亚条约组织将考虑予以回应。美国支持富有建设性的谈判,支持英国的停火及召开关于老

---

① FRUS, *1961—1963*, Vol. 24, pp. 48、62.
② FRUS, *1961—1963*, Vol. 24, p. 77.
③ FRUS, *1961—1963*, Vol. 24, p. 85.
④ FRUS, *1961—1963*, Vol. 24, pp. 81-82.
⑤ FRUS, *1961—1963*, Vol. 24, pp. 98-99.

挝的国际会议的要求。① 与此同时,美国的军事措施也辅助讲话展开:第七舰队开进了南中国海,冲绳的战斗部队奉命处于戒备状态,500名配备有直升飞机的海军陆战队开进泰国,同万象只隔着一条湄公河。② 同一日,英国向苏联递交了与肯尼迪讲话有同样要求的备忘录,即要求先停火后召开国际会议。

另外,美国政府积极寻求英、法在军事上的支持。3月25日,肯尼迪致信戴高乐总统,表示美国已尽力寻找解决危机的办法,如不能奏效,希望法国能同意"西方不允许老挝落入共产党之手",戴高乐虽然同意老挝不应落入共产党之手,但说"以东南亚条约组织为掩盖,西方直接对老挝进行干涉,法国对此不能同意"。③ 26日,法国大使明确告知美国政府:法国认为老挝危机军事解决没有出路,法国不准备使用东南亚条约组织。同时,法国大使表示法国不同意美国对解决老挝危机的程序安排:先停火,然后恢复国际监督控制委员会的活动,最后是召开国际会议。法国希望国际监督控制委员会在停火前就恢复活动,但法国同意美国不达成停火不召开国际会议的观点。④ 26日,肯尼迪总统同当时在加勒比海地区的英国首相麦克米伦在基韦斯特举行一次会晤。麦克米伦勉强同意如果对"湄公河地区的有限干涉成为必要的话,英国将给以支持"。27日,腊斯克国务卿到曼谷出席东南亚条约组织会议,得到泰国、巴基斯坦和菲律宾出兵的保证,由于法国反对,使得这个组织"没有作出任何具体保证"。⑤ 接着,在华盛顿白宫玫瑰园肯尼迪接见了苏联外长葛罗米柯,告诉他:许多战争都是由于错误估计引起的,"莫斯科绝不应错误估计美国要制止对东南亚侵略的决心"。⑥

---

① *FRUS*, 1961—1963, Vol.24, p.100.
② 小阿瑟·施莱辛格:《一千天:约翰·菲·肯尼迪在白宫》,第260页。
③ *FRUS*, 1961—1963, Vol.24, p.101.
④ *FRUS*, 1961—1963, Vol.24, p.102.
⑤ 小阿瑟·施莱辛格:《一千天:约翰·菲·肯尼迪在白宫》,第261页。
⑥ 小阿瑟·施莱辛格:《一千天:约翰·菲·肯尼迪在白宫》,第261页。

美国希望在召开讨论老挝的国际会议之前能先行停火,但巴特寮部队在胜利的局势面前没有停止攻势的意思。1961年老挝的雨季来的格外早,3月份雨季就开始了,比惯常提前了两个月。这意味着到4月底,在老挝的土地上重型装备将不可能移动,巴特寮的攻势也将不得不停下来或减弱。① 另外,到4月初,腊斯克国务卿建议总统,将来老挝建立联合政府后,巴特寮应拥有1—2名内阁大臣的位子,当然,这些大臣位子都是次要部门。② 这是肯尼迪政府在同意老挝中立问题上的又一重大妥协。不管怎样,3月底到4月初,肯尼迪政府已经准备接受老挝中立,并在朝着政治手段解决危机的方向努力。为了贯彻这一方针,肯尼迪起用了美国外交界的老将艾夫里尔·哈里曼,于3月下旬任命其为巡回大使,谋求以外交手段解决老挝危机。3月底哈里曼与富马在新德里会晤。哈里曼对富马的印象十分良好,认为他不是一个共产党人。哈里曼是美国最有经验和最杰出的外交家,只是由于年龄关系才没有当国务卿,他一生中的大部分时间都在同俄国人打交道——从20年代他同托洛茨基谈判租让开矿权算起。"二战"期间,他曾同罗斯福、丘吉尔和斯大林一起工作过,而且参加了几乎所有的战时会议。他当过驻莫斯科和伦敦的大使,曾经在欧洲推行过马歇尔计划,并在朝鲜战争时担任过杜鲁门的国家安全顾问。哈里曼对富马的印象对华盛顿十分具有影响力,肯尼迪一度邀请富马在4月份的世界旅行中访问华盛顿,只是由于腊斯克国务卿表示不能接见他,才取消了他的美国之行。③

三、苏联与西方达成妥协:先停火后召开关于老挝的国际会议

老挝对苏联的利益并不重要,1960年在赫鲁晓夫给肯尼迪总统的贺信中,根本未提及老挝的名字:"继续努力通过尽早签署和平条约解决如

---

① FRUS, 1961—1963, Vol. 24, p. 114.
② FRUS, 1961—1963, Vol. 24, p. 119.
③ 小阿瑟·施莱辛格:《一千天:约翰·菲·肯尼迪在白宫》,第262—263页。

裁军、德国等紧迫问题……"①其后,苏联政府不止一次向美国人表示希望把老挝问题从美苏关系中剔除,以便双方在更重要的国际问题上达成协定。1961年3月14日,苏联外交部一份题为《关于老挝问题的备忘录》写道:"在老挝主要任务是清除一个在该地区产生国际紧张形势的温床,以及老挝中立化……和平、中立与(老挝各派)国内和解客观上有利于我们阵营的利益。"②但是苏联并没有从一开始就亮出自己的政策取向,一方面苏联准备和平解决老挝危机,另一方面,又尽力支持老挝爱国力量。在外交层面,苏联不希望北越、巴特寮的军事斗争毁掉和谈解决老挝危机的可能性,苏联坚持巴特寮应富有灵活性,包括对富马政权的政策,不宜太左,提出超出富马中立政权接受限度的要求,"那将削弱反对叛乱者的统一战线,并使我们让老挝中立的斗争复杂化"。③ 在军事援助方面苏联对巴特寮部队提供大量装备。苏驻北越大使告诉胡志明:"军事成功将有助于我们在国际会议上的外交努力,一如过去越南人民在奠边府的胜利推动了《日内瓦协议》的签署那样。"④

对于英国3月23日要求先停火后召开国际会议的备忘录,4月1日,赫鲁晓夫在会见美、英驻苏大使时给他们留下这样的印象:苏联不想无限期地推迟召开关于老挝的国际会议,除了对"必须先停火后开会"这一点不予同意外,"俄国人建议不要为细节争执"。⑤ 苏联对英国的备忘录没有立即明确表态,而是采取拖的态度。此时老挝国内的军事形势对富米及西方更加不妙:巴特寮部队已对巴色与他曲构成威胁,老挝面临一分为二的可能,万象、琅勃拉邦也将与南方富米政权分离。左派在老

---

① FRUS, 1961—1963, Vol. 6, p. 1.
② USSR Foreign Ministry, "On Laos," Memorandum, March 14, 1961, Archive of Foreign Policy of the Russian Federation Central Committee, f. 0570, op. 7, p. 6, d. 19.
③ USSR Foreign Ministry, "On Laos," Memorandum, March 14, 1961, Archive of Foreign Policy of the Russian Federation Central Committee, f. 0570, op. 7, p. 6, I. 2.
④ Leonid I. Sokolov-Nguyen Chi Thanh, Memorandum of Conversation, March 25, 1961, Russian State Archive of Contemporary History, f. 5, op. 49, d. 445, I. 120.
⑤ FRUS, 1961—1963, Vol. 24, p. 114, n2.

挝中部正在加强。① 面对如此形势,美国政府关于老挝问题的跨部门行动小组建议总统与国务卿、国防部长考虑执行东南亚条约组织5号计划,向老挝派出美国海军陆战队保护万象、琅勃拉邦与沙湾拿吉。② 但肯尼迪总统没有同意这个计划的实施,14日经总统授命,参谋长联席会议授权太平洋战区司令部命令驻老挝的计划评估办公室人员改着军装、可无限制地参加所有在老挝的军事行动。③

正在老挝局势十分吃紧之际,16日,苏联对英国3月23日备忘录作出答复,同意先停火,恢复国际监督控制委员会在老挝的活动,并召开关于老挝问题的国际会议。④ 24日,苏、英两国外长发布声明呼吁老挝停火,在印度新德里重新召集国际监督控制委员会,并召开关于老挝的国际会议。25日,美国国务院对日内瓦会议两主席国的提议表示欢迎,但声明第一步是在召开国际会议前实现停火,国际监督控制委员会的作用应限制为确认老挝的停火,美国希望该委员会尽快进入老挝工作。⑤

但是巴特寮在老挝的军事行动继续加剧,26日攻克芒塞,距离万象更近。布朗大使要求使用B-26轰炸机。⑥ 就在老挝军事局势极其紧张之时,17日美国训练的古巴反政府力量在猪湾登陆后被全歼。这一事件令肯尼迪对国防部、中央情报局的信心动摇。9月,肯尼迪总统告诉特别顾问西奥多·索伦森:"感谢上帝,猪湾事件发生在前面,否则我们现在在老挝的处境将比猪湾糟糕100倍。"⑦到4月26日,根据总统安全事务助理麦克乔治·邦迪的记录,"总统的顾问们已经达成一致,在老挝的战

---

① FRUS, 1961—1963 , Vol. 24, p. 126.
② FRUS, 1961—1963 , Vol. 24, p. 126.
③ FRUS, 1961—1963 , Vol. 24, p. 130.
④ FRUS, 1961—1963 , Vol. 24, p. 135.
⑤ FRUS, 1961—1963 , Vol. 24, pp. 135 - 139.
⑥ FRUS, 1961—1963 , Vol. 24, p. 139.
⑦ Theodore Sorensen, *Kennedy*, New York: Harper and Row, 1965, p. 644.

争不可行,即便丢失老挝也在所不惜"。① 次日,美国国会达成一致意见通知肯尼迪总统:"不要在老挝投入美国军队。"②

到4月底,苏联在老挝危机中的态度已十分明朗:力避与美国在老挝发生军事碰撞。24日晚,参加国际监督控制委员会的波兰代表团抵达莫斯科(其目的地是新德里),25日上午代表团高级别成员被邀请到苏联外交部协商老挝事宜,据当时与会的波兰代表西·马力克回忆,苏联外交部副部长普西金主持了会议,会议气氛沉重紧迫。苏联意识到局势严重,忙于避免与美国的军事对峙。苏联此刻的主要目标是政治解决危机,为此不惜牺牲老挝左派力量的利益,扶植老挝国内有利于中立的因素。赫鲁晓夫担心冲突会演变成大国的直接斗争。普西金交给波兰代表团的任务是:抵老挝后,与各方联系安排有效停火;分离敌对势力间的接触。③ 马力克感到,苏联领导人对老挝危机的理解与美国人一样不恰当:双方均关注在此地区的大国力量关系,而较少考虑老挝本国力量的因素。④

在老挝国内,5月1日,贡勒建议有关各方军事指挥官派代表到班纳蒙讨论停火的日期及签署停火协定。美国政府建议富米接受,富马也表示认同。⑤ 老挝的停火已经曙光初现了。

1961年5月8日,国际监督控制委员会抵达老挝,5月11日,老挝三方政权代表在班纳蒙的一所学校举行第一次停火会议,会晤气氛热烈,并达成停火协议。国际监督控制委员会随即致电苏联、英国,老挝已达成有效停火,召开大国会议讨论老挝问题的条件具备了。

---

① *FRUS*, *1961—1963*, Vol. 24, p. 143.
② *FRUS*, *1961—1963*, Vol. 24, pp. 146-147.
③ Marek Thee, *Notes of a Witness: Laos and the Second Indochina War*, New York: Random House, 1973, p. 17.
④ Marek Thee, *Notes of a Witness: Laos and the Second Indochina War*, 1973, p. 17.
⑤ *FRUS*, *1961—1963*, Vol. 24, p. 159.

第三节 第二次日内瓦会议

1961年5月至1962年7月,第一次日内瓦会议的九个参加国与波兰、加拿大、印度、缅甸、泰国的14个国家的外长一起在日内瓦召开关于老挝问题的第二次日内瓦会议,会议达成了《关于老挝中立的宣言》和《关于老挝中立的宣言议定书》。这次历时14个月的会议,是东西方有关国家在老挝危机背景下达成的一次妥协,老挝危机也随着会议的落幕暂告结束。

一、有关大国的会议态度

肯尼迪政府对此次会议寄予厚望,希望通过实现老挝的真正中立维护西方在老挝的既有利益。美国代表团团长是资深外交家哈里曼,在挑选副手时,哈里曼拒绝了以反共强硬著称的约翰·斯蒂夫斯,而代之以支持以外交途径解决危机的威廉·沙利文,斯蒂夫斯时任远东事务助理国务卿帮办,比在国务院任联合国远东事务顾问的沙利文资格老,但哈里曼把不愿接受沙利文任此职务的谈判代表一律送回美国。[①] 5月3日,美国政府为会议准备好一份文件阐明美国代表团在会上的主要任务:建立起老挝的中立、维护老挝中立的有效国际监督机制。其中美国特别关注国际监督机制的建立,强调负责监督老挝国内安全的监督机制必须及于老挝全国,不受一致通过原则干扰。在老挝建立联合政府问题上,美国的态度是:不能让老挝爱国战线成员在政府中占有太多位子,巴特寮与贡勒的部队必须解除武装,极少数部队收编入老挝王国政府军。[②]

---

① Charles Stevenson, *The End of Nowhere: American Policy toward Laos Since 1954*, p.157.
② *FRUS, 1961—1963*, Vol.24, Laos Crisis, Part 1, pp.177-182.

英国政府持与美国政府大致相似的立场,支持老挝建立中立,但英国支持由富马建立中立的联合政府。美国支持富米,对富米的支持使美国的对老政策处在矛盾之中,一方面支持富米集团,这是老挝唯一能对共产主义进行抵抗的力量,且对军事解决老挝危机十分痴迷;另一方面,美国又表现出对中立的支持,以免日内瓦的谈判破裂,而老挝的中立力量代表是富马。法国的会谈态度从5月31日戴高乐与肯尼迪的会谈中体现出来:戴高乐认为美国现在谋求老挝的中立,这在三年前可能实现,但现在却不可能,美国在老挝的存在招致苏联的干涉,现在老挝问题的出路是鼓励老挝组成有共产党参加的政府。戴高乐表示富马不是共产党人,是一个值得支持的人物,能够令老挝中立。戴高乐坚决表示法国不会参与对老挝的军事干涉。①

关于日内瓦会议5月10日中国驻苏联大使馆给苏联外交部一个备忘录,阐明了中国对会议的态度:目前存在着有利的条件确保老挝的中立与独立,同时,尽力捍卫老挝爱国力量及民众中民主力量的利益。苏联不赞同把东南亚视为资本主义国家链条上的薄弱环节、应在该地区发动革命的观点,苏联也不同意武装斗争会在老挝再起的中国的观点。②苏联希望会上能把己方观点让中国、北越接受,因此,苏联指示会议代表"特别注意与中国、北越、波兰人民共和国代表保持长期接触"③。苏联早在4月12日就为苏联参加会议的代表团作出明确指示:利用当前有利条件在"相互可以接受的决定的基础上解决老挝危机","恢复老挝的和

---

① *FRUS*, *1961—1963*, Vol. 24, Laos Crisis, Part 1, pp. 215 - 219.
② Southeast Asia Department, USSR Foreign Ministry, "Toward the Aide-memoire of the PRC Government", Report, May 12, 1961, *Archive of Foreign Policy of the Russian Federation*, f. 0570, op. 7, p. 5, d. 14, I. 108.
③ "Directives to the Soviet Delegation to the International Conference on Laos," Draft, April 12, 1961, *Archive of Foreign Policy of the Russian Federation*, f. 0570, op. 7, p. 5, d. 14, I. 63.

平与平静",保证老挝的真正独立与中立等。①

1960—1962年10月古巴导弹危机间,中苏关系虽然"时紧时松",但总体而言有所改善与缓和。1961年上半年中苏双方在经贸、科技和军事技术合作方面的合作都在恢复和发展。4月中国与苏联签订了新的贸易议定书,两国正常的贸易关系重新开始了。双方在国际事务中采取了相互协调的态度,相互通报有关情况,一些高层互访也在安排之中。中苏双方都对这种情况给予了积极评价。苏联方面认为苏中已经恢复了"友好、信任和兄弟般的关系";中方也表示中苏分歧是社会主义大家庭的内部问题,可以通过协商妥善解决。1961年春,中苏在如何对待苏联与阿尔巴尼亚的关系问题上发生分歧,10月在苏共二十二大期间,阿尔巴尼亚问题成为两国关系恶化的导火索。但苏共二十二大结束后,中苏双方对分歧均采取了克制态度。苏共二十二大后中共领导人并不认为中苏关系的破裂已经不可挽回,认为中苏关系将是"时紧时松","中苏两国的团结是中苏两国人民根本利益所在"。② 正是中苏关系的这一状况使两国在第二次日内瓦会议期间存在合作的可能。

波兰派出的驻老挝国际监督控制委员会代表团成员马立克在6月9日到11日对河内进行了三天访问,了解到北越对日内瓦会议的看法。北越认为老挝与南越的命运是联系在一起的,印支在北越看来是一个整体,北越将老挝问题不看成东西方会谈中应该讨论的问题,老挝问题是在南越问题的背景下发展变化的;河内认为在老挝问题上进行谈判是美国干涉南越的一个伪装。北越拒绝让美苏主导的会谈影响自己的决定,包括军事决定。北越怀疑美国政治谈判的意图,认为只要美国在印支有

---

① "Directives to the Soviet Delegation to the International Conference on Laos," Draft, April 12, 1961, *Archive of Foreign Policy of the Russian Federation*, f. 0570, op. 7, p. 5, d. 14, I. 47.
② 杨奎松主编:《冷战时期的中国对外关系》,第140页。

军事存在,就没有政治妥协可言。河内认为,即使组成联合政府,巴特寮也要保持实际控制区及手中的武装力量,保持与富马等中立人士的联盟,继续扩大影响,争取群众。

日内瓦会议原定于5月12日开幕,但12日中午苏、英外长葛罗米柯与洛德·霍姆在会晤时未能就老挝三方政治力量如何参加会议达成共识。葛罗米柯坚持老挝三方(巴特寮、富马中立派、文翁-富米集团)均应单独派代表团参加会议,霍姆建议会议为老挝代表团空出一个席位,老挝三方各自派代表在这个席位上发言。两外长没能就老挝代表团问题达成协议。美、法政府在得悉英、苏分歧后建议会议推迟到16日开幕,以利用此间隙考虑老挝代表团问题。① 13日美国国务卿腊斯克与葛罗米柯在日内瓦会晤,但苏方仍坚持老挝三方均应派代表与会,腊斯克不能接受。14日,美国日内瓦会议代表团建议美国政府发布一个声明,美国认为老挝王国政府(指文翁-富米集团)是老挝的唯一合法政府,老挝其他政治力量派团与会不意味着这些政治力量拥有与老挝王国政府(指文翁-富米集团)平等的政治身份。② 同日,国务院发给腊斯克总统指示:大体同意代表团建议的声明,总统将其修改为,美国认为老挝王国政府是老挝的唯一合法政府,老挝其他政治力量派代表与会不意味着美国承认它们拥有政府身份。③

根据当时中国驻瑞士大使李清泉回忆,陈毅副总理率中国代表团于5月10日抵达日内瓦,对于美国政府给会议开幕设置的障碍,举行了记者招待会,发表声明,谴责美国代表团破坏会议。美国国务卿立即召集美国记者,进行辩解。各国记者普遍认为在日内瓦的较量中,中国先声夺人,较为主动。④ "陈毅与腊斯克较量的第一个回合的结果是:5月16

---

① FRUS, 1961—1963, Vol. 24, Laos Crisis, Part 1, pp. 190-191.
② FRUS, 1961—1963, Vol. 24, Laos Crisis, Part 1, p. 194, n2.
③ FRUS, 1961—1963, Vol. 24, Laos Crisis, Part 1, p. 196.
④ 李清泉:《关于第二次日内瓦会议的简要回顾》,载《江淮文史》2001年第4期,第48—49页。

日,老挝左派力量代表出席日内瓦会议正式开幕。"①

这样,5月16日关于老挝问题的第二次日内瓦会议拉开了帷幕。

二、停火的破坏:巴东战火

会议开幕的第一天,陈毅副总理首先发言,提出中国解决老挝问题的原则立场,指出美国的侵略和干涉是老挝问题的症结所在,要和平解决老挝问题,必须停止美国的侵略和干涉,必须回到1954年《日内瓦协议》的原则上来。恳切呼吁美国代表团认真地同大家一起,寻求和平解决老挝问题的途径。② 17日,腊斯克发言,提出建立国际中立机构保证老挝中立,并为老挝中立下了一个新的定义,认为这个"中立必须超出不结盟的经典概念之外,包括对于老挝国家生活各种因素的完整性的肯定保证",并提出,这种中立,不仅要防止外部的威胁,而且要防止所谓"内部威胁"。③ 腊斯克的"中立定义"连英法代表也没有表示支持。④ 英国一家报纸说:"腊斯克的中立定义是已故杜勒斯惯于非常热心敲打的那个破钟的回声。"⑤5月23日陈毅副总理第二次发言,指出腊斯克的"中立定义"实质是要镇压老挝人民的民族解放运动,干涉老挝内政,侵犯老挝主权。他提醒大家,杜勒斯说过"中立是不道德的",而腊斯克的"中立定义"才是真正"强加于人的不道德的中立","老挝问题的根源是美国不让老挝保持自己所选择的中立地位,而决不是由于老挝的中立缺什么新定义"。⑥ 陈毅外长提出解决老挝问题的中方原则:(1)必须以1954年《日内瓦协议》为基础;(2)必须尊重老挝的独立和主权;(3)必须切实保证老挝的中立;(4)必须严格区分老挝问题的国内方面和国际方面,内部

---

① 《陈毅传》编写组:《陈毅传》,当代中国出版社1995年版,第559页。
② 李清泉:《关于第二次日内瓦会议的简要回顾》,载《江淮文史》2001年第4期,第49页。
③ 李清泉:《关于第二次日内瓦会议的简要回顾》,载《江淮文史》2001年第4期,第49页。
④ 李清泉:《关于第二次日内瓦会议的简要回顾》,载《江淮文史》2001年第4期,第50页。
⑤ 李清泉:《关于第二次日内瓦会议的简要回顾》,载《江淮文史》2001年第4期,第50页。
⑥ 李清泉:《关于第二次日内瓦会议的简要回顾》,载《江淮文史》2001年第4期,第50页。

问题只能由老挝人民自己解决,任何国际协议都不得干涉老挝内政;(5)所有与会国必须参加并切实遵守共同的协议。①

事实上从4月22日起,巴特寮和越南志愿军与老挝右翼力量在巴东地区发生激战,老挝境内的完全停火并未真正实现。5月27日,美国政府日内瓦会议代表团向国务院汇报"巴东正处在猛烈攻击之中",苏联对于停火的破坏不承诺做任何事情。美国认为苏联的伎俩是采取以会议拖延时间,"目前停火及指示国际监督控制委员会调查停火是会议的头等要务"。② 巴东位于巴特寮控制区,为苗族武装所据有。最早把苗族投入反共战争的是法国驻越南远征军上校特伦奎尔(Trinquier),他利用鸦片所得武装了500名苗族士兵,但在抵抗进入老挝作战的北越部队方面效果不佳。③ 老挝苗族的主要头领是王宝,在奠边府战役中王宝曾被法军指令率400人的苗族部队对包围奠边府的越军骚扰,但不及王宝抵达,战役已经结束。在法军撤出、美国势力进入老挝的过程中,王宝成为老挝王国政府军队的少校。1959年王宝第一次见到中央情报局官员,但此时游击战思想对美国没有吸引力。1961年老挝内战发生,贡勒与巴特寮部队会合占据查尔平原,在查尔平原与湄公河谷之间已经无任何屏障拱卫老挝王国政府军,在此背景下,中央情报局官员莱尔(Bill Laie)提出武装苗族的计划,3—4天后,华府指示可先武装1000人的苗族部队,计划名为"动力计划"。"动力计划"的活动经费注入中央情报局开设的由莱尔单独掌管的户头,不受任何其他机构与人员干涉。④ 在日内瓦会议开幕之初,王宝率领苗族武装力量在巴特寮控制区进行骚扰活动,其中在巴东与巴特寮及北越的志愿军发生激烈交火。6月6日,巴特寮部队

---

① 薛谋洪、裴坚章:《当代中国外交》,中国社会科学出版社1990年版,第165页。
② *FRUS*, *1961—1963*, Vol. 24, Laos Crisis, Part 1, p. 209.
③ Roger Warner, *Back Fire: The CIA's Secret War in Laos and Its Link to The War in Vietnam*, New York: Simon & Schuster, 1995, p. 42.
④ Roger Warner, *Back Fire: The CIA's Secret War in Laos and Its Link to The War in Vietnam*, pp. 46 - 47.

在500名北越士兵配合下,攻占巴东。① 苏联知道巴特寮与北越未能处理好与老挝苗族的关系。为了将苗族的鸦片以较好的价钱收购,以改善与苗族的关系,苏联在1961年初向河内运去15吨银子——这是苗族地区最好的流通货币,还运去350万英尺黑、绿、红布。② 但巴特寮与河内对与苗族改善关系不甚急切。

对于巴东的战火,美国要求国际监督控制委员会立即展开调查,但中苏坚持调查只有老挝交战双方均予同意才能进行,而处在军事优势的巴特寮代表坚决反对国际监督控制委员会进入其控制区从事调查活动。③ 日内瓦会议陷入僵局。5月26日英国首相麦克米伦致信肯尼迪,建议:会议在肯尼迪与赫鲁晓夫即将到来的首脑会晤前不宜破裂,在与赫鲁晓夫会晤时应表示,如老挝问题不能迅速达成协议,将无法达成更广泛的协定。应告诉赫鲁晓夫日内瓦会议迅速成功的方法很简单:与会国庄严宣布尊重老挝的中立,国际监督控制委员会的行动应不受一致通过原则限制。④ 6月3日,肯尼迪总统与赫鲁晓夫在美国驻奥地利使馆进行了会晤。肯尼迪说,日内瓦会议的问题是如何在老挝确保停火,以及建立一个维护停火的国际机制。赫鲁晓夫不同意把国际监督控制委员会变成凌驾于老挝政府之上的太上皇,苏联坚持调查停火需要老挝交战双方同意。此次谈话双方就建立老挝的中立与独立达成共识。⑤ 4日,肯尼迪与赫鲁晓夫再次会晤,赫鲁晓夫明确告诉前者"苏联对老挝不感兴趣,是美国一手造成老挝今天的局面"。关于停火的调查问题,苏联仍坚持原来意见。⑥ 在美苏首脑维也纳会晤期间,日内瓦会议休会。陈毅向中国代表团新闻发言人吴冷西谈到中国对美苏峰会的态度:美苏改

---

① Marek Thee, *Notes of a Witness: Laos and the Second Indochina War*, p. 116.
② Marek Thee, *Notes of a Witness: Laos and the Second Indochina War*, p. 112.
③ *FRUS, 1961—1963*, Vol. 24, Laos Crisis, Part 1, p. 209.
④ *FRUS, 1961—1963*, Vol. 24, Laos Crisis, Part 1, pp. 210-211.
⑤ *FRUS, 1961—1963*, Vol. 24, Laos Crisis, Part 1, p. 228.
⑥ *FRUS, 1961—1963*, Vol. 24, Laos Crisis, Part 1, pp. 231-235.

善关系不是坏事,问题在于不能把老挝作为大国交易中的筹码,任意摆布。①

巴东战火到6月7日大体熄灭,日内瓦会议随即走出僵局,6月16日美国代表团认为目前应把会议的主要议程提上日程:老挝中立的国际监控机制、老挝的中立等。"共产党国家可能仍会坚持建立有效的国际监控机制是对老挝主权的损坏,这实为想在老挝进行夺权活动。"②对于美国代表团的态度,陈毅在6月26日的会议中发言,指出:"美国由于自己出面干涉遭到越来越大的反抗,因而越来越企图通过国际共管的方法对别国进行干涉和侵略","美国设计的这种国际机构,并不是为了在尊重老挝独立的基础上维护老挝中立,而是要不受约束地对老挝的内政、军事和经济事务全面干涉,把老挝置于国际共管之下。"③

巴东失守后,富米-文翁集团在谈判问题上态度有所松动。陈毅广泛展开会外活动,促和老挝富马、文翁、苏发努冯三亲王会晤。美国予以阻挠,先指示文翁不要去瑞士,后又要他拒绝和苏发努冯会晤。陈毅多次与西哈努克亲王及法国、印度代表磋商,多方推进,终于在6月19日促成富马、文翁、苏发努冯三亲王在苏黎世会晤④,22日达成联合公报,三方达成的共识是:组建一个联合政府,执行停火及其他协议。苏黎世会谈之后,文翁-富米集团才同意派代表参加日内瓦会议。⑤ 哈里曼向国务院汇报,在苏黎世会晤中,富马对文翁-富米态度强硬。⑥

6月28日,美国回顾了日内瓦会议开幕以来的会议情况:其一,苏联坚持国际监督控制委员会的表决程序为一致通过原则,美认为这将使得

---

① 《陈毅传》编写组:《陈毅传》,第562页。
② FRUS, 1961—1963, Vol. 24, Laos Crisis, Part 1, p. 249.
③ 李清泉:《关于第二次日内瓦会议的简要回顾》,载《江淮文史》2001年第4期,第51页。
④ 《陈毅传》编写组:《陈毅传》,第562页。
⑤ Charles Stevenson, *The End of Nowhere: American Policy Toward Laos Since 1954*, p. 159.
⑥ FRUS, 1961—1963, Vol. 24, Laos Crisis, Part 1, p. 251.

该委员会尚不及1954年日内瓦会议规定的国际监控机制有效;其二,目前的会议主要议程是,国际监督控制委员会的功能与权威问题,美、英、法均认为国际监督控制委员会应有足够权力与办法履行职责,但中、苏认为该委员会的行使职能应在未来老挝联合政府同意的前提之下,不能成为凌驾于老挝政府之上的"太上皇";其三,中、苏无准备与自由世界就老挝中立达成妥协的迹象;其四,老挝战场情况,巴特寮继续加强军事地位,逐渐清除了富米部队孤悬于巴特寮占领区的据点。①

6月底富米对美国进行了访问。这次访问中他先后与美国参联会、腊斯克国务卿、肯尼迪总统进行了会晤。与参联会的会晤令富米认为美国与东南亚条约组织有在老挝干涉的计划。腊斯克国务卿仅空洞地表示美国必要时会在老挝投入武装部队,但并未明确"必要时"的内容是什么。腊斯克国务卿明确表示美国在日内瓦的努力目标是老挝的中立与独立、建立有效的维护老挝中立的国际监控机制。肯尼迪总统表示美国不打算以军事手段解决老挝危机,富马能否任老挝联合政府首相取决于富米能否出任国防大臣、美国对富米是信任的。② 美国政府留给富米的印象是他能够得到足够的支持、包括军事支持③。富米回到老挝后态度强硬起来,一方面在联合政府问题上与富马不合作;另一方面在军事上又有所动作:试图集中部队守住南卡定河以南的所有领土,并努力守住万象、琅勃拉邦等重要城市。富米还希望老挝未来联合政府首相由国王代理,而不是由富马担任。④ 在富米访问华盛顿时富马去了巴黎,与肯尼迪总统的特别代表哈里曼会晤,会晤结束时富马告诉记者:"我们在总体上对老挝问题达成一致,并在此种共识基础上寻找解决老挝危机的办法。"这一外交活动引起巴特寮与河内的不安。⑤ 在1961年夏天,老挝国

---

① FRUS, *1961—1963*, Vol. 24, Laos Crisis, Part 1, p. 267.
② FRUS, *1961—1963*, Vol. 24, Laos Crisis, Part 1, pp. 273 - 286.
③ FRUS, *1961—1963*, Vol. 24, Laos Crisis, Part 1, pp. 297 - 298.
④ FRUS, *1961—1963*, Vol. 24, Laos Crisis, Part 1, pp. 298 - 300.
⑤ Marek Thee, *Notes of a Witness: Laos and the Second Indochina War*, pp. 121 - 122.

内的中立派与巴特寮的联盟表现出不稳固的迹象:波兰参加老挝国际监督控制委员会的成员马立克在与苏发努冯会晤时谈到苏黎世公报,认为是美国争取富马的第一步。苏发努冯与富马关系并不和睦。富马怀疑苏发努冯不能自由行事,是在巴特寮内部纪律约束下行事,并对苏发努冯来自下层的革命同事十分讨厌。苏发努冯也视富马为一个老挝贵族阶层的政治代表,与过去不能分手,两人之间缺乏信任,甚至存在对立。①

从5月16日日内瓦会议开幕到6月底,是日内瓦会议的第一阶段。在此阶段会议一度因为巴东地区的炮火陷入僵局。美苏首脑维也纳会晤达成一点共识是:双方均支持老挝的中立与独立。6月中旬开始,巴东炮火熄灭,老挝三亲王进行了苏黎世会晤,同意建立联合政府。这是本阶段在解决老挝危机方面取得的重大成果。同时,西方开始明确在日内瓦会议中的主要议程:在老挝建立起有效的国际监督控制机制维护老挝中立独立。但中苏方面的态度是,国际监督控制机制应从属于老挝联合政府。美国对此不能接受。在老挝国内,富米在6月底访问美国之后,对中、左力量开始强硬起来,准备采取军事上冒险的政策。苏联在苏黎世联合公报发表后对老挝局势是从宏观的国际层面来分析的。苏黎世联合公报发表后苏发努冯与赫鲁晓夫会晤,1961年7月苏联驻河内大使亚巴拉莫夫抵老挝康开,与波兰代表马立克详谈了这次会晤的情况:赫鲁晓夫主要关注巴特寮与富马之间形成联盟,以此为基础形成联合政府,并认为老挝问题和平解决的重要性超过老挝国内力量的配置问题。苏发努冯似乎更乐于接受以强硬手段解决老挝危机的观点,而对苏联的指导原则予以拒绝。② 苏发努冯更多地受到河内的观点的影响。北越是从印支局势层面看待老挝危机的,其视角出发点与苏联不同,河内此时更担忧南越局势发展,如果南越采取军事手段解决问题,不可能在老挝

---

① Marek Thee, *Notes of a Witness: Laos and the Second Indochina War*, p. 121.
② Marek Thee, *Notes of a Witness: Laos and the Second Indochina War*, p. 124.

建立持久和平,因为老挝对向南越运输干部、装备极具军事价值。河内对1961年5月13日美国副总统林登·约翰逊访越与吴庭艳达成的联合公报高度重视,在公报中美国表示将给吴政府以有力援助。在河内看来,与右翼力量进一步的军事对抗在所难免。①

三、会议讨论实质性问题:老挝中立联合政府的组成与国际监控机制

从7月初开始在老挝国内停火的基础上,会议进入实质性问题的讨论。7月8日英国外长麦克唐纳向苏联代表团副团长、苏联副外长普希金建议会议讨论老挝的中立与国际监督控制机制。起初,苏联拒绝讨论监督机制问题,表示只讨论老挝中立。② 12日,苏联方面态度有所松动,表示老挝中立宣言与国际监控机制的条约应是一个整体,中立问题是第一位的,然后才是国际控制问题。③ 从7月20日到9月中旬是日内瓦会议的限制性讨论阶段,与会者在此阶段把分歧提交给会议。④ 25日,美国代表团向国内汇报,关于老挝中立及国际监督控制委员会的权威和功能的谈判已经在日内瓦开始,但老挝国内三亲王尚未进行认真会谈,富米感到举行对共产党力量既不绥靖又不开战的中间路线较为困难。⑤ 在关于国际监督控制机制方面的谈判中,美国对印度代表团的作用表示不满:印度支持老挝建立一个共产党成员占据突出地位的联合政府;公开宣布中立宣言是会议的主要任务;印度主张的国际监督控制委员会的作用与权威性还不及1954年日内瓦会议上达成的类似规定,即该委员会在重大问题上采取一致通过表决机制、次要问题采取多数票通过程序。

---

① Marek Thee, *Notes of a Witness: Laos and the Second Indochina War*, p. 125.
② *FRUS, 1961—1963*, Vol. 24, Laos Crisis, Part 1, p. 295.
③ *FRUS, 1961—1963*, Vol. 24, Laos Crisis, Part 1, p. 295.
④ Charles Stevenson, *The End of Nowhere: American Policy Toward Laos Since 1954*, p. 159.
⑤ *FRUS, 1961—1963*, Vol. 24, Laos Crisis, Part 1, p. 315.

美国强调要让印度意识到:在日内瓦会议上首先要确保有效停火,接下来谈判的主要问题是国际监督控制委员会问题,如无有效的国际监督控制机制,中立宣言是没有意义的。① 中国与越南认为,国际监督控制委员会的职责是检查老挝国内的事态发展,老挝国内问题的决策权在老挝人手中,委员会无权干涉老挝内政,委员会的行事前提是老挝国内三方政治力量达成的共识。河内认为波兰代表在委员会中的作用是捍卫巴特寮的利益。② 中国代表团强调,在讨论国际监督机制的职权范围时,必须尊重老挝的独立和主权,同时区分1961年的老挝与1954年老挝的不同情况。中国认为,1954年的老挝战争是国际战争,而1961年的战争则是国内战争,不允许把监督停止国际战争的机制生搬硬套地用于国内战争问题上。③ 中、越的观点经过在国际监督控制委员会的波兰代表反馈给苏联驻老挝代办乞维列夫(V. I. Tchivilev),苏联代办对中、越特别是河内的观点十分吃惊,他不能理解河内为何不告诉他越南对老挝问题的政策取向,并认为北京在插手塑造河内在印支地区的政策。苏联代办认为老挝局势充满危险,可能危及世界和平。乞维列夫质疑河内对美国不会大规模军事卷入老挝的判断的准确性,并提出赫鲁晓夫的判断与河内不同。苏联认为河内准备在老挝进行长期斗争,这与苏联的想法不一致。④

7月28日美国总统、国务卿等就日内瓦会议进行研讨,认为:共产党国家并不真的需要一个中立的老挝;美国的目的是建立起有力的国际监督控制机制和一个共产党无望执政的老挝联合政府,无此两个条件老挝将逐渐成为对南越的威胁,美国在南越的处境也不会改善。虽然军事领导人讨论了在老挝进行军事干预的计划,但肯尼迪表示,他不愿在目前作出让美国部队到老挝作战的决定。⑤

---

① *FRUS*, *1961—1963*, Vol. 24, Laos Crisis, Part 1, p. 311.
② Marek Thee, *Notes of a Witness: Laos and the Second Indochina War*, p. 144.
③ 薛谋洪、裴坚章:《当代中国外交》,第166页。
④ Marek Thee, *Notes of a Witness: Laos and the Second Indochina War*, p. 146.
⑤ *FRUS*, *1961—1963*, Vol. 24, Laos Crisis, Part 1, pp. 322-326.

7月底,法国提出关于国际监督控制委员会的权威性、功能及投票机制的提案:认为该委员会不应服从老挝政府的决定,应有充分的权威对破坏中立的行为进行调查,可不受限制地通过陆、海、空通道进入老挝任何地区,享有充分自由调查老挝的一切设施、单位和具有军事性质的行为等。国际监督控制委员会的表决机制应是多数通过制,并且如果未来老挝联合政府或委员会中任一成员要求调查,调查就可立即展开。美国对此提案大致接受,并在以上原则基础上增加了一些补充条款。① 随后美国政府抓紧就联合政府的组建事宜与盟国讨论。

老挝国内关于建立联合政府的谈判是日内瓦会议取得进展的关键,只有老挝形成统一的政府才能为日内瓦会议创建老挝中立的框架性文件形成前提条件。7月30日,老挝国民议会正式授权国王提名成立一个联合政府。31日,富米与富马在金边会晤以期加快联合政府的建立过程,但右翼不愿给苏发努冯以有实权的部长大臣职务。② 8月7日,美、英、法三国外长就老挝联合政府的组成及首相人选问题在巴黎达成共识:三国将同意支持富马任老挝联合中立政府的首相,但富马应答应以下条件。其一,外交、国防、内政大臣不能由巴特寮成员甚至与巴特寮关系密切的富马集团人员担任,联合政府的组成人员主要应从与巴特寮关系不密切的人士或目前的富米-文翁集团中选拔,少数巴特寮人员可以进入内阁,但不能居于要职。其二,国际监督控制委员会的组成与功能、权威问题。同意委员会由波兰、加拿大、印度代表组成;必须有权监督停火,外国军事人员、军事装备的撤离、军事人员,军事装备进入老挝;只要老挝政府要求或委员会中任一成员要求,即可对老挝任何地区进行调查。富马的观点是,老挝政府的同意是调查展开的先决条件,必须让其改变此种论调。国际监督控制委员会不得采取一票否决的表决程序等。

---

① *FRUS*, *1961—1963*, Vol. 24, Laos Crisis, Part 1, pp. 329 – 334.
② Charles Stevenson, *The End of Nowhere: American Policy Toward Laos Since 1954*, p. 166.

其三,老挝军队问题。组建少数忠于中央政府的部队,其他政治力量的部队解散。① 28日,法国驻老挝大使与富马在川圹会晤,富马对联合政府的组成观点与巴黎共识距离甚远,美国认为富马虽然提出巴特寮-富马-富米集团参加联合政府,部长大臣职务的比例分配应是4∶8∶4,但富马提出的人选实际等于有12名巴特寮成员担任部长大臣,富米集团只有四人担任部长大臣。29日,肯尼迪同意通过哈里曼与富马对话达成后者对巴黎共识的同意。

7月20日,波兰驻国际监控委员会成员马立克与越南援老使团团长曹少(Thao Chau)进行了长达三个小时的谈话,曹少向马立克通报了一个情况:越南认为组成联合政府的时机尚不成熟。巴特寮与富马的联盟尚不巩固,让富马的势力进入联合政府是危险的,因此保持老挝国内不战不和的现状,加强与中派的联合是上策。② 马立克向苏联大使亚巴拉莫夫通报了这一情况,亚巴拉莫夫说,巴特寮与越南热衷于直接实现人民民主,而不愿经过一段过渡性的反殖民地的资产阶级民主阶段,这是他们与苏联分歧的根源。③

鉴于日内瓦会议及老挝国内关于联合政府的谈判进展缓慢,美国政府从8月初又开始考虑在老挝的军事干预的预备方案。到8月底,肯尼迪总统再次否定美国派地面部队进入老挝的一切预备方案:美国不愿在缺少英、法支持的情况下就在老挝进行战争。腊斯克国务卿表示他未曾想过美国会在老挝进行地面战争,而应当从海上或老挝之外打击共产党力量,总统对此表示认同。总统能够同意的军事行动是把美国派往老挝的军事顾问人数增加到500人,从泰国再选500名军事顾问。另外,立即增加2000名苗族武装,使其总数达到11 000万人。④

---

① FRUS, 1961—1963, Vol. 24, Laos Crisis, Part 1, pp. 351 - 353.
② Marek Thee, Notes of a Witness: Laos and the Second Indochina War, p. 148.
③ Marek Thee, Notes of a Witness: Laos and the Second Indochina War, pp. 148 - 150.
④ FRUS, 1961—1963, Vol. 24, Laos Crisis, Part 1, pp. 397 - 399.

四、会议的些许进展

1961年9—11月,日内瓦会议及老挝国内关于组建联合政府的谈判取得一些进展。9月4日,美国驻南斯拉夫大使乔治·凯南汇报他通过苏联驻南斯拉夫大使为肯尼迪与赫鲁晓夫建立起专门的沟通渠道,以讨论柏林问题与老挝问题。在对最初的几次沟通做评价时,肯尼迪暗示赫鲁晓夫,希望此渠道能成为维也纳峰会的继续,是严格意义上的双边交流,没有盟国卷入。在一份关于老挝、柏林问题的十页的备忘录中,苏联表示愿意为老挝的中立与美国合作,暗示他能够影响巴特寮,并希望美国也为同样的目的影响老挝的保守力量。① 此时,美国政府对老挝的地缘价值有了新的认识,艾森豪威尔政府时期把老挝看作共产主义力量进入东南亚的门户,肯尼迪政府希望老挝成为中国、北越与南越、泰国之间的隔离地带。在老挝中立政府作用下,把南越-老挝边界控制起来,这对于南越政府的军事努力是一个十分关键的因素。② 老挝关系到南越、泰国的安全,是印支地区乃至东南亚的关键。

9月12日麦克唐纳向哈里曼透露了与普希金、中国外交部副部长章汉夫的会晤情况,中苏均表示希望会议达成协定。章汉夫副部长还指出陈毅外长在日内瓦呆了两个月,比所有其他外长在日内瓦的时间都长,这表明中国对会议是有诚意的。麦克唐纳告诉普希金,中国人的马列主义是在法国学来的,与苏联的不同,普希金否认中苏有意识形态差异。③ 13日,凯南向肯尼迪总统汇报,苏联不否认应建立一个国际控制机制的必要性,但应由未卷入老挝事务的国家组成。当凯南问及中国人是否也能遵守老挝问题上达成的协定时,苏联大使回答:中国人无资格制造麻

---

① FRUS, 1961—1963, Vol. 24, Laos Crisis, Part 1, p. 402.
② FRUS, 1961—1963, Vol. 24, Laos Crisis, Part 1, pp. 404-405.
③ FRUS, 1961—1963, Vol. 24, Laos Crisis, Part 1, p. 410.

烦,将会接受苏联领导。① 同日,哈里曼等美国代表参加普希金举行的晚宴。饭后,普希金把哈里曼邀请到楼上书房单独会谈两个小时:普希金表示老挝是世界上苏联最不愿意赤化的国家,北越也愿意遵守与我们一起达成的协定,苏联将保证这一点,并保证巴特寮也会遵守协议。苏联现在非常希望老挝问题和平解决,我们愿意接受肯尼迪中立老挝的政策。哈里曼表示富米及巴特寮部队应合并为忠于中立政府的军队,普希金表示认同。② 19日,美国驻莫斯科大使汤普森评论道,哈里曼-普希金会谈证实苏联希望老挝问题得以解决,并能保证中国人遵守协定。③

在日内瓦的会谈出现转机的同时,美国政府也在组建老挝国内联合政府问题上与富马进行对话。9月14日,哈里曼抵仰光与富马会晤,从14日到17日,哈里曼与富马正式会晤五次,至少进行了四次非正式会晤。早在9月11日,英国大使约翰·亚狄斯(John Addis)抵康开,试图与苏联驻老挝大使亚巴拉莫夫讨论苏联可能会对老挝联合政府组建开出的条件,但苏联大使以这是对老挝内政的干涉为由予以拒绝。④ 富马同意美国观点,即巴特寮在国际监督控制委员会中的作用、阻止越盟军队通过老挝进入南越等方面将是消极的;他意识到作为中立政府必须放弃东南亚条约组织的"保护",但自愿声明如老挝受到外敌入侵,如北越,他将请友好国家帮助;富马同意无条件地接受封闭老挝作为北越进入老挝的走廊的责任;明确需要对老挝各派武装进行整编、解散多余部队,并在老挝部队的规模问题上与美国的预想一致;愿意在国际监督控制委员会或其中个别成员提出调查时,与委员会合作;富马关于联合政府内阁安排的预想是,富米不能任国防或内务大臣,这两个职务必须由富马集团人员出任。富马希望未来中立联合政府有14名内阁大臣组成,其中

---

① *FRUS, 1961—1963*, Vol. 24, Laos Crisis, Part 1, p. 409.
② *FRUS, 1961—1963*, Vol. 24, Laos Crisis, Part 1, pp. 411 - 412.
③ *FRUS, 1961—1963*, Vol. 24, Laos Crisis, Part 1, p. 412, n. 1.
④ Marek Thee, *Notes of a Witness: Laos and the Second Indochina War*, p. 166.

7—8个内阁大臣位子给其密友或追随者;同意法国在老挝的军事存在继续下去,并表示苏发努冯也同意。① 仰光会谈的重大成果是让富马感受到美国对他的支持,使他有信心把老挝的左、右派别聚拢起来。② 9月19日,哈里曼在万象与富米、文翁会晤,提出美国政府关于老挝联合政府组成的预案是:内阁中的核心职位设九个,富马任首相,其中四个位子由富马集团的人员出任,另外四个位子由富米-文翁集团人员出任,并通报了富马的态度,富马表示美国这个方案很难接受,但愿意予以考虑。哈里曼认为,除了联合政府组成问题,富马的其他想法均较合理,总体态度倾向于建立一个不在共产党控制之下的和平、统一、中立的老挝。在19日的会晤中,哈里曼告诉富米,为和平解决老挝危机必须认真谈判,时间已经不多。美国不准备支持富米集团在军事上向北进攻,这有可能把中国人招引来。但哈里曼得到的印象是富米不打算与富马认真谈判联合政府的组建事宜。③ 22日,美国国务院指示布朗大使以最强烈的方式向富米表示希望其与富马认真谈判,美国政府指示告知富米,如富米谈判不力导致谈判失败,从而引起敌对行动,美国将不再支持他。富米表示同意进行三亲王的会晤。④

到9月底在日内瓦,会议也有所进展。29日,普希金在关于国际监督控制委员会的表决程序与权威性问题上态度有所松动。"两天前在与英国、中国的会晤中,苏联仍坚持国际监控委员会的表决循一致通过原则。今天(29日)他说苏联不能接受多数通过原则,但暗示愿意从严格的一致通过原则上作些让步。"在该委员会展开调查的前提问题上,苏联同意在委员会与老挝政府达成协议后即可施行,而此前苏联坚持在老挝政府同意后才能进行调查。在前一种提法中国际监控委员会与老挝政府

---

① FRUS, 1961—1963, Vol. 24, Laos Crisis, Part 1, pp. 419-420.
② Charles Stevenson, *The End of Nowhere: American Policy Toward Laos Since 1954*, p. 166.
③ FRUS, 1961—1963, Vol. 24, Laos Crisis, Part 1, pp. 419-424.
④ FRUS, 1961—1963, Vol. 24, Laos Crisis, Part 1, p. 431.

是平等的,而后一种提法中委员会必须听命于老挝政府。显然,苏联同意增加该委员会的权威性。①

1961年10月6日,富马、文翁、苏发努冯三亲王在班欣合会晤。经过两天讨论,三亲王宣布组成以富马为首相的联合政府,16个内阁大臣位子中八个给中立派富马集团,文翁与巴特寮各得四个,但文翁不同意把国防、内务大臣位子给中立派。②

日内瓦会议也在继续取得进展。10月9日哈里曼与普希金会晤,后者告知哈里曼5日从莫斯科得到的指示是,莫斯科接受美国关于老挝中立、熄灭战火,国际监督控制委员会的活动有助于维护老挝中立、独立的观点,莫斯科谋求在世界事务中与美国合作、谈判,而非借武力威胁处理与美国的关系。③ 10日,普希金向哈里曼表示,苏联同意国际监督控制委员会在原则问题上采取一致通过原则,程序性问题上采取多数票通过原则。苏联同意委员会在老挝设立装备良好的移动调查小组,在被怀疑中立协定遭到破坏的地区驻留必要时间,但不能同意委员会在老挝一些地区设立固定调查小组。④ 到10月25日,日内瓦会议就国际监督控制委员会的表决与调查的启动向日内瓦会议主席国提交报告问题达成协议:在前两项采取多数票通过的表决原则,第三项采取一致通过原则。富米与富马已于上周同意由培·萨拉尼空率领老挝各方组成的统一的代表团与会。到10月26日,老挝问题只剩下两个关键点:联合政府的组成与军队整编问题。⑤ 27日,美国政府总结了东西方在日内瓦会议上的让步情况,西方做的让步有:东南亚条约组织公开声明尊重老挝政府摈弃东南亚条约组织对老挝的保护;接受国际监督控制委员会行动时需

---

① FRUS, 1961—1963, Vol. 24, Laos Crisis, Part 1, p. 436.
② Charles Stevenson, The End of Nowhere: American Policy Toward Laos Since 1954, p. 168.
③ FRUS, 1961—1963, Vol. 24, Laos Crisis, Part 1, pp. 459-460.
④ FRUS, 1961—1963, Vol. 24, Laos Crisis, Part 1, pp. 461-462.
⑤ FRUS, 1961—1963, Vol. 24, Laos Crisis, Part 1, pp. 479-482.

与老挝政府协商;同意该委员会不在老挝设立固定调查小组;接受委员会在调查时须经多数票通过及老挝政府请求才能行动等。共产党国家的让步有:接受国际监督控制委员会有权进行必要的调查、检查,自由出入老挝全境;接受在中立声明中写明放弃使用老挝领土对邻近国家采取敌对行动等。有待解决的问题是国际监督控制委员会的调查展开的前提必须明确,委员会的报告中不同意见如何陈述。① 11 月 2 日,日内瓦会议达成共识,调查的前提是老挝政府的请求或委员会内部多数票通过后即可展开调查。委员会提交的报告中三方代表可自由陈述观点。同日,普希金与哈里曼还达成共识,会议主席国负责各自阵营中与会国遵守日内瓦协定,13 个与会国将签字不得使用老挝领土干涉邻国事务。②

到 1961 年 11 月初,日内瓦会议就老挝的中立问题已经接近达成协议了,所需等待的是老挝国内以联合政府组建为核心的谈判协议的达成。

五、日内瓦协议的达成

1961 年 12 月到 1962 年 7 月,日内瓦会议已处在随时可以达成协议的阶段,所要等待的是老挝国内三亲王就联合政府事宜达成协议。12 月 11 日,美、英、法三国外长会晤时英国外长洛德·霍姆说,目前在日内瓦随时可以与苏联达成协议,目下问题是三亲王会晤。③ 从 11 月初哈里曼与布朗大使即不断汇报富米在与富马的谈判中心不在焉,应对其施压。但腊斯克国务卿认为三亲王班欣合会谈达成了未来联合政府的组成方案 8:4:4(富马集团-文翁集团-巴特寮)不能令人满意。④ 1962 年 1 月 6 日,腊斯克国务卿即向肯尼迪总统汇报,文翁-富米不认真谈判的症结

---

① *FRUS*, *1961—1963*, Vol. 24, Laos Crisis, Part 1, p. 487.
② *FRUS*, *1961—1963*, Vol. 24, Laos Crisis, Part 1, pp. 495 - 497.
③ *FRUS*, *1961—1963*, Vol. 24, Laos Crisis, Part 1, p. 539.
④ *FRUS*, *1961—1963*, Vol. 24, Laos Crisis, Part 2, pp. 500 - 505.

是想得到国防、内政大臣的位子,必须对富米施加压力。① 1月15日,哈里曼等人与普希金会晤,普希金要求尽快召开日内瓦会议的全体会议催三亲王达成协定。② 为向富米施压,美国政府从1月份起暂停给富米集团每月400万美元的经济援助。③ 但这并没有令富米在联合政府问题上改弦更张,1月底富米在老挝北部与中国接壤的南塔地区部署了5000部队,该地距离中国边界仅20英里。美国曾建议其不要这样做以免激怒中国与巴特寮。2月1日,巴特寮等军队对南塔开始炮击,富米以此为借口抵制联合政府计划,同时,继续在南塔增兵,并向巴特寮占领区进行火力试探。2月美国未有向富米军队支付工资。④ 28日,肯尼迪总统决定:美国的目标是建立一个富马领导下的联合政府,有力地保持老挝的中立与独立,为此我们必须把对富米的支持转向富马,但不得摧毁富米集团的军政力量,富马需要借助此力量反对共产主义力量。⑤ 3月21日布朗大使汇报对富米的经济制裁未发挥作用,应考虑断绝其军援,但总统没有同意。⑥

为了压富米停止军事冒险认真进行关于联合政府的谈判,3月22—26日,哈里曼到泰国与富米会谈。直到26日,富米仍坚持不能接受富马,认为他组建政府的努力已经失败。哈里曼表示美国认为老挝只有建立以富马为首相的联合政府才有出路,其他方案只会带给老挝灾难性的后果。美国继续给老挝政府经济、政治援助的前提是建立富马为首相的联合政府。⑦ 哈里曼此行未能说服富米,但得到泰国保证支持他说服富

---

① FRUS, 1961—1963, Vol. 24, Laos Crisis, Part 2, pp. 568 – 569.
② FRUS, 1961—1963, Vol. 24, Laos Crisis, Part 2, pp. 583 – 584.
③ Charles Stevenson, The End of Nowhere: American Policy Toward Laos Since 1954, p. 169.
④ Charles Stevenson, The End of Nowhere: American Policy Toward Laos Since 1954, pp. 169 – 170.
⑤ FRUS, 1961—1963, Vol. 24, Laos Crisis, Part 2, p. 640.
⑥ FRUS, 1961—1963, Vol. 24, Laos Crisis, Part 2, pp. 663 – 666.
⑦ FRUS, 1961—1963, Vol. 24, Laos Crisis, Part 2, pp. 668 – 669.

米的许诺。此时富马已经离开老挝去巴黎参加女儿的婚礼,准备在富米态度改变后才返回老挝。随后美国开始在军事上对富米施压,1月19日总统授权国防部,把在老挝军队中15个代号为"白星"的行动小组(共450人)中的7—8个从前沿阵地撤往后方,撤回时间以5月7日以后为宜。① 4月30日布朗汇报,富米对与美国关系的不和谐深感不安,准备去巴黎与富马接触,并且第一次不再坚持获得国防、内政大臣职位。② 5月1日泰国元帅沙立与富米达成共识,富米接受富马任联合政府首相,并兼国防、内政大臣。③

就在富米的态度发生转变之际,5月6日华盛顿得到通知,南塔失守。《纽约时报》撰文称"南塔是又一个奠边府,有200名中国军人卷入战斗"④。中方材料也证实,中国部队确实参加了攻克南塔的军事行动。根据原昆明军区参加援老抗美的老同志回忆,1961年到1962年,应老挝人民革命党请求,中国政府曾派我军善于在热带山岳丛林地区作战的第13军39师帮助老方解放了与我国云南接壤的南塔、多姆塞、丰沙里省等地。⑤ 中国部队出兵南塔是中国政府援老政策的重大事件,中国政府于1961年4月2日正式表示支持老挝人民捍卫国家独立的正义战争,时任外交部长的陈毅在印尼首都雅加达回答记者提问时说:"如美国继续派兵侵略老挝,我们不能置之不理。"⑥南塔距离中国边界仅20英里,在中美敌对的背景下,美国支持的富米集团在中国边界地区进行军事活动是对中国安全的挑衅,同时,鉴于富米集团自恃武力,对在日内瓦会议上达成协议没有诚意,在军事上给其以痛击将十分有利于日内瓦会议协议的

---

① FRUS, *1961—1963*, Vol. 24, Laos Crisis, Part 2, p. 696.
② FRUS, *1961—1963*, Vol. 24, Laos Crisis, Part 2, p. 707.
③ FRUS, *1961—1963*, Vol. 24, Laos Crisis, Part 2, pp. 708 - 709.
④ Noam Kochavi, Limited Accomodation, Perpetutated Conflict: Kennedy, China, and the Laos Crisis, 1961—1963, in *Diplomatic History*, Vol. 26, No. 1(Winter 2002), p. 116.
⑤ 马金案:《援越援老抗美亲历记》,《东南亚纵横》2002年第3、4期,第107页。
⑥ 马金案:《援越援老抗美亲历记》,《东南亚纵横》2002年第3、4期,第107页。

达成。南塔之战的结果是第二次日内瓦会议的"奠边府"。富米集团在北老挝的据点全部丧失,同时富米的精锐部队损失惨重,富米再也无心作战。① 美国政府迅速作出反应,10日肯尼迪命令美国第七舰队一部进入泰国湾,15日1500名美国海军陆战队员抵达泰国西北与老挝搭界的乌隆镇。②

6月7—11日,富马等老挝三亲王在康开会晤,达成了建立联合政府的协定:富马任首相与国防大臣、彭·丰沙万任内政大臣、贵宁·奔舍那任外交大臣、苏发努冯任副首相兼信息大臣、富米任副首相。联合政府内阁共设15个职位,除去富马、富米、苏发努冯外,剩余12个职位四个给巴特寮、四个给富米集团、四个给中立派。富马、富米与苏发努冯每人均对内阁决定有否决权。③ 14日美国恢复给老挝的经济援助,15日老挝国民议会同意老挝新政府的组成。富马首相也同意宣布新政府不同意东南亚条约组织对老挝的保护,将与周边国家建立友好关系。④ 7月6日,新成立的老挝政府派出以外交大臣贵宁为团长的代表团参加日内瓦会议,起草老挝中立宣言。陈毅同志和中国代表团非常重视发挥中立国家代表团的作用,尤其重视与当事国老挝中立力量的代表富马亲王及其外交大臣贵宁建立友谊,密切合作。⑤ 但苏联对争取中立国家根本不感兴趣,他们不重视在谈判中具有重要地位的老挝首相富马和老挝代表团团长贵宁,甚至认为不向美国妥协的贵宁这个人让他们头疼。⑥ 在会议的最后阶段,美国仍试图坚持在老挝中立宣言中写明整编老挝军队,而不提取消东南亚条约组织对老挝的"保护"。美国代表团团长哈里曼亲

---

① FRUS, 1961—1963, Vol. 24, Laos Crisis, Part 2, pp. 726 - 729、p. 769.
② FRUS, 1961—1963, Vol. 24, Laos Crisis, Part 2, p. 735、p. 767.
③ FRUS, 1961—1963, Vol. 24, Laos Crisis, Part 2, p. 837, n1; Charles Stevenson, The End of Nowhere: American Policy Toward Laos Since 1954, p. 177.
④ Charles Stevenson, The End of Nowhere: American Policy Toward Laos Since 1954, p. 178.
⑤ 李清泉:《关于第二次日内瓦会议的简要回顾》,载《江淮文史》2001年第4期,第50页。
⑥ 李清泉:《关于第二次日内瓦会议的简要回顾》,载《江淮文史》2001年第4期,第57页。

自抵达巴黎会晤富马,迫使富马同意在其准备发言的声明中按照美国要求不提撤消东南亚条约组织的"保护",而提整编军队。① 但老挝外交大臣贵宁和中国代表密切合作,从日内瓦到巴黎,发现富马的声明中写进了美国的要求,立即说服富马改变主意,并重新起草了一份声明,经富马同意,携新起草的声明于7月6日赶回日内瓦,交给会议两主席。等美国发觉,大为恼怒,但为时已晚,无法挽回。这是中国代表团根据陈毅同志的指示,和老挝代表团密切合作的胜利。②

22日,在日内瓦会议闭幕的前一天下午,北越外长雍文鉴会晤哈里曼。雍文鉴表示北越将严格遵守有关老挝问题的条约,承认在老挝有一些军事专家与训练教官,但否认有战斗部队。当哈里曼说巴特寮是北越劳动党的从属组织时,雍文鉴予以否定。雍文鉴对肯尼迪同意在老挝奉行中立政策却在北越进行军事干预表示不解。哈里曼说老挝中立的目的是为了帮助南越人抵抗北越的入侵。③

7月20日腊斯克国务卿抵达日内瓦,23日14国外长签署《老挝中立宣言》及《宣言议定书》,第二次日内瓦会议结束。《老挝中立宣言》主要内容是:老挝联合政府承诺,其一,不以任何方式采取或参加可能直接或间接损害老挝主权、独立、中立、统一与领土完整的行动;其二,各国不得使用或威胁使用武力及其他可能损害老挝和平的措施;其三,各国将不得直接或间接干预老挝内政;其四,各国将不得在老挝政府谋求各国提供的援助时附加政治条件;其五,不把老挝王国纳入任何军事同盟或别的军事或非军事的与中立不一致的协定,也不邀请或鼓励老挝加入任何军事同盟;其六,各国将尊重老挝王国政府意愿,不承认任何同盟或包括东南亚条约组织在内的军事同盟的保护;其七,各国将不把军队或任何形式的军事人员引入老挝,也不得为外军及外国军事人员进入老挝提

---

① 李清泉:《关于第二次日内瓦会议的简要回顾》,载《江淮文史》2001年第4期,第55页。
② 李清泉:《关于第二次日内瓦会议的简要回顾》,载《江淮文史》2001年第4期,第57页。
③ FRUS, 1961—1963, Vol. 24, Laos Crisis, Part 2, pp. 867-870.

供便利；其八，各国不得以任何方式纵容或为在老挝建立任何形式的据点与基地提供方便；其九，不得使用老挝领土干涉别国内政；其十，各国不得使用别国或本国领土干涉老挝内部事务。《宣言议定书》主要规定了国际监督控制委员会的工作：该委员会必须在老挝王国政府同意的情况下才能行事，在行使职能时"与老挝王国政府在全国停火等方面密切合作"，只有在老挝联合政府请求时委员会才能行动。在关于撤出外国军事人员、禁止军备输入及破坏停火的有关协议是否遭到破坏的问题上，国际监督委员会在作出结论时应遵循一致通过原则，仅在关系到执行调查与否的问题上采取多数表决原则。外军撤出老挝的最后时间是1962年10月7日。①

关于国际监督控制委员会的权威性与表决问题，1962年的日内瓦协定比之1954年，国际监督委员会的作用弱化了：1954年的协定未如1962年协定那样强调老挝政府的主权较之国际监督控制委员会居于优势地位；在1954年的协定中大多数问题可以通过多数表决原则通过，仅在确认"破坏或威胁破坏停火、可能导致重新敌对的"行动时需一致通过。② 波兰驻老挝国际监督控制委员会代表马立克写到：《宣言议定书》无疑遵循了老挝爱国战线、中立派与河内的路线。③

小　结

在本章的论述中老挝的地缘重要性进一步凸显出来：不仅北越视其为本国统一战争的侧翼战场、联系北越与南越的军事走廊；而且肯尼迪政府也十分看重老挝的地缘价值，认识到老挝不仅是指向东南亚腹地的门户，而且是北越力量通向南越的走廊，把南越－老挝边界控制起来对南

---

① Marek Thee, *Notes of a Witness: Laos and the Second Indochina War*, pp. 296-300.
② Marek Thee, *Notes of a Witness: Laos and the Second Indochina War*, p. 297.
③ Marek Thee, *Notes of a Witness: Laos and the Second Indochina War*, p. 299.

越政府的安全十分重要。为达到目的,肯尼迪政府谋求通过构建中立机制封闭北越经老挝向南越输送人员与物资的通道。

在东西方阵营内部,在对待老挝与印支的政策上继续存在分歧。苏联希望印支与老挝的局势仍能回复到1954年日内瓦会议规划的格局中去,不主张与西方在印支地区发生对抗,中国的外交路线总体方向虽趋激进,但不会在印支地区采取太具有挑战性的政策,这样中苏之间在印支问题上存在暂时合作的可能性。在北越支持下,巴特寮在老挝的地盘急剧扩大,北越与巴特寮需要时间来消化这些成果,因此,北越也赞同召开一次国际会议缓和一下局势。但中国与北越只是把缓和与西方在印支的对抗视为权宜之计,而苏联则准备通过再次构建老挝中立,熄灭在印支的一个火种,不影响缓和美苏关系的进程。

在西方阵营,法国坚决反对在印支使用武力,认为老挝中立化不太可能,老挝问题的出路在于组成有共产党力量参加的联合政府,并支持富马出掌这个政府。英国支持老挝中立化,对在印支动用武力竭力回避,同时也赞同建立富马为首相的联合政府。美国政府一方面谋求老挝中立,同时希望在老挝的联合政府中巴特寮被边缘化,另一方面又支持富米采取军事行动为西方在老挝攫取更多的资产。在军事行动破产后,才接受富马出任首相。

1961—1962年东西方在老挝问题上暂时达成了以外交手段化解危机的妥协,构建起一个脆弱的中立机制。

第五章　老挝中立的破产

随着美国在越南军事干预的不断加强,中、越等国的印支地区政策也发生变化,第二次日内瓦会议建立的老挝中立机制没能维护老挝中立,并逐渐破产。1962年初中国政府公开指出,美国在越南南方的军事行动对中国安全构成了威胁,认为美国的干涉"直接针对着越南民主共和国,而间接则针对着中国"。1962年5月,肯尼迪政府宣布美国地面部队和空军进驻泰国,中国立即作出强烈反应,公开号召将美军"赶出东南亚"。从1962年起,中国政府的印支政策转变为大力支持越南人民的抗美救国战争。① 两个大国在印支地区介入程度的加深使得该地区紧张局势进一步升级。肯尼迪遇刺后,林登·约翰逊政府的印支政策日渐强调对军事手段的倚重,东西方在印支地区的武力对抗已势所难免,老挝国内中间派与右派力量合流,共同对抗巴特寮,在巴特寮的军事进攻面前,美国的对老政策转变为以武力遏止巴特寮的军事进攻。老挝的冷战随即为热战取代。

---

① 谢益显主编:《中国当代外交史 1949—1995》,中国青年出版社1997年版,第235页。

第一节　1961—1964 年美国与苏-中-越的印支政策

　　1961—1964 年肯尼迪、约翰逊两任美国政府的印支政策以南越为核心,并由此推及对老挝的政策。两任政府印支政策的区别主要在于对南越共产主义威胁性质的确认上,肯尼迪政府更倾向于认为印支地区共产主义威胁的性质是政治性问题。约翰逊政府则认为印支地区的共产主义威胁是军事性的。所谓"政治性问题",其具体内涵是,由于南越政府政策失当,人民对政府不满而进行叛乱,理解这一问题的关键词是"反叛"。"军事性质"指的是北越支持南越的共产主义力量对南越进行"侵略"战争,其关键词是"侵略"。对问题性质认识的不同导致两任美国政府采取了不同的印支政策。

一、1961—1963 年肯尼迪政府的印支政策

　　肯尼迪政府在南越的第一个重大的决策是 1961 年 5 月 14 日下令 400 名美军特种作战部队和 100 名军事顾问进入越南南方,开始了在越南的特种战争。① 但是肯尼迪这一决策的背景是为了以在南越承担责任抵消其 4 月份在猪湾的惨败及在老挝危机中的无所作为②,它并不意味着肯尼迪政府准备在越南进行大规模军事干涉。1961 年 4 月猪湾事件之后肯尼迪政府在印支问题上的决策特点是:在老挝保持低调,在南越表现得咄咄逼人。美国决策层对于越南问题的性质的认识是存在分歧的,国务院情报研究分析局局长罗杰·希斯曼的报告代表了国务院的观点:"我们均完全承认……越南问题的性质是政治性的,问题在于赢得当

---

① 姜长斌、罗伯特·罗斯主编:《1955—1971 年的中美关系——缓和之前:冷战冲突与克制的再探讨》,世界知识出版社 1998 年版,第 104—105 页。
② Norman B. Hannah, *The Key to Failure: Laos and the Vietnam War*, New York: Madison Books, 1987, p. 13.

地人民的支持,而不应是消灭越共这样的军事问题。"①1962 年 11 月 7 日,参联会的主导性意见是"越南问题的本质是军事性质的"②。肯尼迪总统对问题的认识倾向于国务院。1961 年 11 月 15 日,在国家安全委员会会议上,总统把南越面临的共产主义威胁问题描述成"更多地是政治性问题……",他推迟对向南越出兵的提议做决定,仅派出两个直升机连。在这一认识基础上,肯尼迪总统对在印支的军事卷入持谨慎态度。1961 年 3 月 20 日,辛格回忆与肯尼迪、沃特·李普曼一起午餐时总统的自言自语:"(在老挝)希望能在军事介入与退却之间进行选择,以中立解决问题。"③肯尼迪政府的印支政策大致可概括为避免在老挝承担军事任务,通过在老挝建立中立堵住北越经老挝向南越的渗透,把南越问题变成一个"内部的叛乱问题"。1962 年 1 月希斯曼从越南调查回国后给总统的报告里贬抑经胡志明小道对南越渗透的重要性,"到目前而言,我们所犯的错误是把渗透的路径视为越共游击队力量的主要来源,而游击战的实际补给是南越 1.6 万个战略村之间纵横交错的路径,敌人力量的主体来自南越人民"④。此种政策思路的结果是"战略村计划",随之而行的还有"国家建设行动"。前者是为了把南越的共产党游击队与人民分离,后者试图提高南越政权的地方行政能力,改善社会服务,提供经济、农业、教育的援助计划等。1962 年 1 月 31 日,在飞往西贡的飞机上,希斯曼认为南越"政权"存在的问题的性质是,"南越国在政治上的生存问题,南越有无能力执行政治、社会、军事上紧密相关、协调一致的计划,从而击败共产党游击队"。希斯曼的结论是:"不管别人如何歪曲与用不同

---

① Roger Hilsman, *To Move a Nation: The Politics of Foreign Policy in the Administration of John Kennedy*, p. 423.
② Roger Hilsman, *To Move a Nation: The Politics of Foreign Policy in the Administration of John Kennedy*, p. 426.
③ Norman B. Hannah, *The Key to Failure: Laos and the Vietnam War*, p. 25.
④ Norman B. Hannah, *The Key to Failure: Laos and the Vietnam War*, p. 89.

的语言来描述越南问题,这一问题最终的解决还得靠吴庭艳自己。"①南越的军事行动方面肯尼迪政府应做小的、渐进性的决定,这些决定足以应付即时之需,但却不能构成战略性的判断,以免造成将来不好收拾的局面。1961年底驻南越美军增至3000人,飞机约60架(含泰国飞机)。1962年2月将驻南越的军事援助顾问团改为"美国驻南越军事援助司令部",统一指挥美国"特种作战部队"和南越当局所辖部队;1962年底,美派往越南的军队从1961年初的100名军事顾问增至1.2万余人,飞机约240架。1963年,美国"特种作战部队"和后勤支援部队达1.6万人②,军事顾问被派到南越军队连一级指挥单位。即便如此,到1964年,越共已有兵力20万人,解放了4/5的南越及2/3的人口,歼灭了包括3500名美军在内的共22万敌军,形成农村包围城市的态势。③

约翰逊上台执政后,1964年8月发生"北部湾事件",8月5日美国第七舰队舰载机轰炸北越沿海地区军事设施,战火烧到越南北方。同日,美国国会通过"东京湾决议",授权总统"采取一切必要措施"以击退对美军的任何"武装袭击"。12月美国空军实行"雷鸣"作战计划,出动飞机轰炸"胡志明小道",对北纬17度线地区进行轰炸和海上袭扰。1965年2月美国大规模轰炸越南北方,3月出动地面部队进入南越,特种战争升级为局部战争。美国政府的印支政策正式转变为大规模军事干预,以军事手段解决印支地区的共产主义威胁。在老挝的中立联合政府也宣告破产,印支地区的冷战为热战所取代。

二、苏联的印支政策

苏联一直试图约束北越不要在印支地区进行武装斗争,直到1960

---

① Norman B. Hannah, *The Key to Failure: Laos and the Vietnam War*, pp. 91-92.
② 姜长斌、罗伯特·罗斯主编:《1955—1971年的中美关系——缓和之前:冷战冲突与克制的再探讨》,第105页。
③ 黄东:《回顾越南战争》,《东南亚纵横》2000年第10期,第21页。

年 9 月在越南劳动党第三次全国代表大会上,苏联还在说服北越领导人不要公开支持在南越开展武装斗争。① 1961 年 1 月 6 日赫鲁晓夫在苏共中央委员会的一个会议上还认为地区性斗争服从于战争和平问题,警告地区性战争有发展为世界性冲突的可能。② 在老挝问题上苏联认为可以采取中立化方法,并认为越南也可效法此法。1961—1962 年日内瓦会议上苏联限制中国、北越采取过于激进的政策,在维也纳与日内瓦苏联都向美国暗示,印支地区不是对苏联具有重大战略利益的地区。③ 1961 年 10 月苏联驻河内大使向莫斯科汇报:北越在南方加强游击队根据地、建立大的军事单位(营、团级),以及取道老挝进入南越都是西贡政权加大在南越的镇压使然,请求莫斯科考虑河内的军事援助要求。④ 苏联外交部对此次大使馆来信的态度予以批评:低估了越南朋友正在南方进行的武装斗争的激烈程度,没有意识到河内想以武装斗争统一越南的决心。在越南进行武装斗争可能把南越变成搅动国际紧张局势的地区。⑤ 苏外交部拒绝考虑给南越游击队提供军援。1961 年 11 月 10 日赫鲁晓夫致信肯尼迪:美国在南越的卷入只会给两国在国际舞台上的关系增加困难。⑥

苏越关系在 1960 年莫斯科共产党工人党会议后趋于疏远,在这次会议上,北越支持许多与赫鲁晓夫的内政、外交政策原则相悖的中方声

---

① Ilya V. Gaiduk, *Confronting Vietnam: Soviet Policy toward the Indochina Conflict, 1954—1963*, p. 184.
② *Communism-Peace and Happiness for the Peoples*, Vol. 1, January-September 1961, Moscow: Foreign Languages Publishing House, 1963, pp. 37 - 45.
③ Ilya V. Gaiduk, *Confronting Vietnam: Soviet Policy toward the Indochina Conflict, 1954—1963*, p. 185.
④ USSR Embassy in DRV, "Aggravation of the Internal Political Situation in South Vietnam," political letter, October 10, 1961, *Archive of Foreign Policy of the Russian Federation*, f. 079, op. 16, p. 31, d. 3, I. 34.
⑤ USSR Foreign Ministry to Suren A. Tovmasyan (Soviert ambassador to the DRV), Diplomatic Communication, top secret, December 7, 1961, *Archive of Foreign Policy of the Russian Federation*, f. 079, op. 16, p. 31, d. 3, II. 59 - 60、I. 61.
⑥ *FRUS, 1961—1963*, vol. 6, p. 60.

明,会后北越对会议强调加强苏共作为世界共运先驱的作用的决议持沉默态度。① 从1960年底到1961年初,对于在南方斗争的计划及斗争情况河内不给苏联以及时的信息。1960年12月20日南越民族解放阵线成立,事先苏联一无所知。1961年苏联在河内的外交官开始抱怨"收到完整、及时的关于南方形势信息的机会十分有限"②。

苏联对于改进苏越关系、强调印支地区的战略价值兴趣不大。1961年8月赫鲁晓夫对胡志明发出的访越邀请回答说:"我们正忙于我党的大会以及德国问题之解决,当我们解决了这些问题,我们才有时间,才可能考虑访问越南。"③苏联未有给北越在南方的斗争以武装支持。

1962年8月12日苏联驻老挝大使亚巴拉莫夫从莫斯科返回万象,带回苏联领导人对印支地区事务的指示:印支当地事态的发展将交给老挝、中国、北越当局负责,以便让亚洲盟友们认识到与美国进行军事-政治对抗的危险性。苏联坚决奉行抽身政策,拒绝对河内提出的在新形势下社会主义国家联手制定出新的印支政策的提议作出反应。④ 中国与北越均提出目前它们无力支援老挝,希望苏联能挑起这副担子,但苏联不予理睬。⑤ 8月26日,在离开老挝前亚巴拉莫夫说,苏联已经取消对老挝的空运援助,10架负责援助的运输机交给了北越,北越有足够的驾驶员,苏联正帮助河内训练机组成员。1962年10月的古巴导弹危机令莫斯科进一步认识到超级大国的冲突十分危险,苏联领导人决心避免卷入

---

① USSR Embassy in DRV, "Some Issues of Activities of the WPV CC After the 1960 Mocow Conference of Communist and Workers' Parties," Political letter, October 17, 1961, *Archive of Foreign Policy of the Russian Federation*, f. 079, op. 16, p. 31, d. 3, I. 41.
② USSR Embassy in DRV, "Aggravation of the Internal Political Situation in South Vietnam," political letter, October 10, 1961, *Archive of Foreign Policy of the Russian Federation*, f. 079, op. 16, p. 31, I. 41.
③ Nikita S. Khrushchev-Ho Chi Minh, Memorandum of Conversation, August 19, 1961, cited from Ilya V. Gaiduk, *Confronting Vietnam: Soviet Policy toward the Indochina Conflict, 1954—1963*, p. 193.
④ Marek Thee, *Notes of a Witness: Laos and the Second Indochina War*, p. 326.
⑤ Marek Thee, *Notes of a Witness: Laos and the Second Indochina War*, p. 326.

那些距本国遥远的地区的事务。古巴导弹危机加速了苏联在印支放弃积极介入型政策,此前苏联还试图以日内瓦会议机制保持该地区和平,此后苏联成为一个旁观者。① 同时赫鲁晓夫在苏联领导层的地位也发生变化,苏共政治局对赫鲁晓夫不满,在国际事务中的任何冒险都会令赫鲁晓夫损失不菲。美国驻苏联大使汤普森在1963年3月给腊斯克国务卿的报告里写道:"我认为赫鲁晓夫可能在国内真的遇到麻烦了,虽然这些麻烦不足以令他离任,当然不能排除这种可能性,但这会在接下来的几个月里对他的行事有所限制。"②第二次日内瓦会议后,苏联鉴于印支地区对本国的地缘利益没有太大的现实意义,力求在印支地区奉行和平共处的政策,不愿因印支地区冷战破坏与美国谋求缓和的全球战略。但同时,苏联无法改变中越两国在印支地区奉行对抗性政策的趋向,此种背景推动苏联在印支地区采取淡出政策。

三、中国、北越的对老政策

1961年底到1962年是中国印支政策发生重大变化的阶段。1961年12月15日到31日,由叶剑英元帅率领的中国军事友好代表团访问越南。19日在一个欢迎宴会上叶剑英讲话说:"美帝国主义者对南越的干涉与侵略已相当严重","中国人民对此种冒险不能坐视不理。"③

1962年2月27日,中共中央对外联络部部长王稼祥致信周恩来、邓小平、陈毅,批评中国外交过度强调与帝国主义进行世界性战争的倾向:建议不应低估与帝国主义国家和平共处的可能性,那种认为"在帝国主义存在的条件下不可能有和平共处","必须彻底消除帝国主义和殖民主义,才能实现和平共处的说法是错误的";对于民族解放运动的支持,王

---

① Ilya V. Gaiduk, *Confronting Vietnam: Soviet Policy toward the Indochina Conflict, 1954—1963*, p. 200.
② *FRUS, 1961—1963*, vol. 5, p. 639.
③ 新华社1961年12月20日电,引自 *Summery of World Broadcasts*, FE/827/A3/3-4.

稼祥主张要有所克制,"我们不认为武装斗争是争取民族独立的唯一道路";注意中国国内的经济困难;中国此时在外交上应采取和平与联盟政策。① 8月在北戴河召开的中央工作会议上,毛泽东对王稼祥进行激烈的批评,认为王稼祥的外交思想是"三和一少",对帝国主义要和、对修正主义要和、对印度和各国反动派要和、对支持民族解放运动要少,指斥其为修正主义者。② 毛泽东认为,1962年上半年中国的外交内政工作中存在修正主义倾向。9月召开的八届十中全会上,外交部在华东组有一个发言,认为现在有一股风叫"三面和一面少",即对帝国主义、修正主义和反动派要和气一点,对民族解放运动的援助要少一点,应当认识到同美苏和印度的斗争是不可避免的,还要更多地援助民族解放运动。毛泽东对华东组的发言显然很赞赏,在简报上批示"可看,很好"。此后"三和一少"同"三风"一样开始被列入批判对象。③

1963年老挝、南越局势均有新的变化。4月在两名中立派人士遭到杀害后,巴特寮积极参加老挝联合政府的活动停止,苏发努冯回到康开。5—6月南越佛教徒发生反对吴庭艳的骚乱,8月吴政权颁布戒严令,并采取了严厉镇压手段。从1963年开始,中国明显加强了对越南祖国统一战争的支持和援助。这年夏天,总参谋长罗瑞卿前往河内同越南领导人商定,如美军越过北纬十七度线北进,中国将出兵参战。④ 1963年5月,刘少奇主席赴越南进行友好访问,向胡志明主席表示:打起仗来你们可以把中国当成你们的后方。⑤ 鉴于印支地区革命形势,9月周恩来在广东从化与越南劳动党、老挝人民党、印尼共产党领导人会晤,探讨印支革命形势及政策。胡志明、黎笋、凯山·丰威汉等主要负责人均参加了这次会议。周恩来指出,美帝国主义者在世界过度扩张,战线拉得太长,

---

① 徐则浩:《王稼祥传》,当代中国出版社2006年版,第366—370页。
② 徐则浩:《王稼祥传》,第372页。
③ 杨奎松主编:《冷战时期的中国对外关系》,第137页。
④ 杨奎松主编:《冷战时期的中国对外关系》,第143页。
⑤ 薛谋洪、裴坚章:《当代中国外交》,中国社会科学出版社1990年版,第159页。

如在印支发动战争,注定失败。东南亚国家革命的基本目标是:反对帝国主义、反对封建主义和官僚资本主义。革命的方法是:动员群众,扩大统一战线;到乡村发动武装斗争建立根据地;加强党对各项工作的领导;加强各国间联系,相互支持。周恩来承诺中国愿意成为东南亚国家革命运动的大后方,并尽力支持其革命运动。①

12月越南劳动党九中全会决定在南方加强军事斗争,加大对南方力量的军事援助力度。② 27日毛泽东祝贺胡志明开了个很好的会议。③

1963年10月寮共中央总书记凯山·丰威汉访问中国,在其要求下中国向老挝派出一个秘密工作组,段苏权任组长。1964年中国赴老挝秘密工作组开始在老挝工作,主要执行以下任务:调查巴特寮的处境;在中共与老挝人民党之间传达信息,汇报情况。④ 1964年6月越南国防部长文进勇访问北京,毛泽东接见他时承诺,无条件共同对敌,"你们的事就是我们的事"。7月,毛泽东指示把老挝爱国部队的后勤供应包下来。⑤ 10月,中国总理周恩来率外长陈毅等人赴河内与胡志明主席、范文同总理、越共总书记黎笋及老挝人民革命党总书记凯山等人进行会晤。三方商定:如美军只是空军轰炸北越,中国只派出防空部队赴越,一旦美军越过北纬17度线,中国将派出地面部队进入越南作战。"其后这一机密由中方通过英国间接转给美国,目的是通知美国这是底线,不能打破。"⑥中国军事科学院研究员曲爱国认为:"中国的这一举措使美国政府谨慎地决定,不让地面部队越过北纬17度线。"⑦

1961—1964年是中-苏-越关系发生重大变化的阶段,在苏联决定从

---

① 童晓鹏:《风雨四十年》(第2卷),中央文献出版社1997年版,第220—221页。
② Qiang Zhai: *China and The Vietnam Wars, 1950—1975*, p.120.
③ 中共中央文献研究室:《建国以来毛泽东文稿》(第十册),中央文献出版社1996年版,第465—466页。
④ Qiang Zhai: *China and The Vietnam Wars, 1950—1975*, pp.121-122.
⑤ 杨奎松主编:《冷战时期的中国对外关系》,第144页。
⑥ 《四国档案曝光,破解越战秘史》,《东南亚纵横》2000年第7期,第4页。
⑦ 《四国档案曝光,破解越战秘史》,《东南亚纵横》2000年第7期,第5页。

印支脱身的同时,中越关系的亲密程度超过了苏越关系。从 1960 年底莫斯科共产党工人党会议的召开到 1961 年秋是中苏关系急剧恶化前的平静期。1961 年 10 月的苏共二十二大上,中苏发生激烈争执,23 日周恩来不及会议结束即提前回国。随后中苏两党开始在报纸上展开激烈论战,中苏分歧公之于众。河内在中苏关系恶化后与中国在苏联批判斯大林、与西方缓和、攻击阿尔巴尼亚等问题上保持一致。① 1961 年到 1962 年初,中国访问河内的代表团激增,1961 年 10 月到 1962 年 3 月,河内接待了中国军事、贸易代表团、铁路专家、艺术家和运动员等,1961 年 12 月叶剑英率领的军事代表团是访越规格最高的中国军事代表团。② 1962 年苏联驻河内大使馆汇报说:"与中国的经济关系对影响越南人民的经济发展起着重大作用,中国借此在一定程度上影响着北越的内政外交。"③ 令苏联恼火的是越南领导人访华总是在访问苏联与东欧之后回国之前,苏联怀疑越南人不仅从中国领导人那里征求建议,还向他们告知与苏联、东欧盟国会谈的情况。1961 年 8 月在苏联,赫鲁晓夫警告到访的胡志明:"不要把苏联告诉他的机密传达给中国同志,这将导致现有混乱局面的加深,而非中苏两党的缓和。"④

1963 年河内与中国更加接近,3 月在一次讲话中,黎笋强调中国的斗争路线是越南劳动党效仿的楷模,革命会促进世界和平,因为它削弱了美帝国主义。⑤ 7 月北京抵制美苏英签署的《部分核禁试条约》,河内

---

① USSR Embassy in DRV, "Some Aspects of Sino-Vietnamese Relations," Memorandum, April 10, 1962, *Archive of Foreign Policy of the Russian Federation*, f. 079, op. 17, p. 36, d. 19, l. 15.

② Ang Cheng Guan, *Vietnamese Communists' Relations with China and the Second Indochina Conflict, 1956—1962*, pp. 210 - 211.

③ USSR Embassy in DRV, "Some Issues of Activities of the WPV CC After the 1960 Mocow Conference of Communist and Workers' Parties," Political letter, October 17, 1961, *Archive of Foreign Policy of the Russian Federation*, f. 079, op. 17, p. 36, d. 19, l. 15.

④ Nikita S. Khrushchev-Ho Chi Minh, Memorandum of Conversation, August 19, 1961, *Archive of the President of the Russian Federation*, f. 3, op. 64, d. 560, II. 140 - 165.

⑤ Qiang Zhai: *China and The Vietnam Wars, 1950—1975*, p. 124.

在8月份予以支持。10月河内又和北京一起攻击南斯拉夫道路,认为铁托成了美帝国主义的工具。12月越南劳动党九中全会完成了脱离苏联外交路线的任务,黎笋赞扬毛泽东的革命战争理论。根据黄文欢的回忆,在全会决议草案中本来有对赫鲁晓夫的点名攻击批评,但在黎笋坚持下,最后文本略去了赫鲁晓夫姓名。①

从1962年开始河内即在外交场合对苏联表示不满与冷淡。1964年2月,黎笋对苏联不成功地访问表明苏联与越南分歧扩大。在莫斯科黎笋催促中苏和解,批评苏联与西方和平共处,对民族解放运动不支持等。苏联的印象是黎笋受中国影响很深,越南已经放弃和平共处外交路线。此次访问两国没有发表联合公报,这是前所未有的。②

第二节 日内瓦会议中立机制的破产及老挝冷战的终结

1963年7月到1964年4月,第二次日内瓦会议确立的老挝中立机制宣告破产,老挝国内政局出现中派与右翼力量的合流,并同巴特寮进行军事对抗。老挝的冷战也随着美国约翰逊政府对老挝的轰炸而结束,老挝国内陷入了战争。

一、1962年7月到10月7日:老挝政局的过渡期

在这个历史阶段,老挝三方都在联合政府的框架下保护、扩大自己的利益,增加了其他各派的疑虑。老挝联合政府名义上接管了政府,实际上各派同床异梦。在仅有10万人口的首都万象,关于建立联合警察部队的提议无法落实,万象实际处在右派军警控制之下。巴特寮坚持军队不混编,保持革命武装和根据地独立自主发展的原则,与右派进行有

---

① 黄文欢:《沧海一粟:黄文欢革命回忆录》,解放军出版社1987年版,第293页。
② Ilya V. Gaiduk, *The Soviet Union and the Vietnam War*, Chargo: Ivan R. Dee, 1996, p.73.

理、有利的斗争。① 美国支持右翼军队,苏联渐渐把援助巴特寮的任务交给北越。北越修筑起联系老挝巴特寮控制区的公路,中国也修筑了从云南到老挝北部的公路。巴特寮为加强力量,减少乃至拒绝向驻扎在查尔平原的贡勒部队提供援助。对第二次日内瓦协议的破坏,美国的手段是继续向老挝右翼力量、富米4.8万人的部队提供援助,美国飞机在老挝的情报侦察一直持续到1963年。北越则是在老挝滞留其部队,第二次日内瓦协议建立的老挝中立机制根本不能实行。

1962年7月,新上任的老挝联合政府首相富马访问华盛顿。27日,在与肯尼迪总统的会晤中,总统表示美国本应在1950年代后期即大力支持老挝中立,但未有做到。富马首相对老挝中立及北越不再利用老挝作为走廊进入南越充满信心。② 从8月份开始美国政府意识到在老挝建立的中立机制及联合政府并不能有效运转。8月28日美国国务院得到情报:共产党国家否认有越盟干部在老挝存在,越盟仅从老挝撤出15名技术人员。老挝联合政府的官员也不能自由进入巴特寮控制的地区。③ 9月24日,美国国务院认识到,北越向老挝巴特寮控制区的卡车运输及空运仍在继续,小规模的军事摩擦没有停止。美国情报部门估计7月下旬以来越盟部队从9000人减少到7500人,到10月7日共产党国家不会从老挝撤出军队。但美国政府仍决定在10月7日前从老挝撤出军事援助顾问团,并阻止富米采取鲁莽行动。④ 到11月初,美国政府已在为老挝中立破产做准备,希望在中立失败后明确责任在共产党国家方面,保有右翼力量控制的地盘,并向老挝提供进口援助项目等。⑤ 10月美国中央情报局成立了负责对老挝进行军事援助的需求办公室,搜集老挝军需

---

① 外交部《新中国外交风云》编委会:《新中国外交风云》(第4辑),世界知识出版社1996年版,第107页。
② FRUS, 1961—1963, Vol. 24, pp. 875 - 876.
③ FRUS, 1961—1963, Vol. 24, pp. 890 - 891.
④ FRUS, 1961—1963, Vol. 24, pp. 897 - 901.
⑤ FRUS, 1961—1963, Vol. 24, pp. 912 - 913.

情报,从泰国向老挝运送军事援助,并向苗族武装提供战争物资。8月下旬巴特寮与苗族武装发生冲突,28日巴特寮发言人要求美国停止对苗族的支持。①

日内瓦会议后,苏联从印支地区逐渐淡出其影响力,1962年10月苏联新任驻老挝大使瑟杰·阿凡阿谢夫(Sergei A. Afanassiev)到达万象,谈及赫鲁晓夫对老挝局势的看法:美国在日内瓦会议后不可能在老挝诉诸武力,因此巴特寮不宜加强力量,巴特寮的任务主要是政治性的,要争取富马。赫鲁晓夫盛赞缅甸是东南亚国家的典范。但巴特寮领导人没有接受苏联的观点,认为富马日益亲西方、反共,在美国支持下保守力量可能重新开战,巴特寮必须加强军事力量。②

从1961年6月起河内对美国的意图开始重新评估,认为美国在老挝建立联合政府的做法是准备从南越及老挝苗族控制区向北越发起攻势做掩护。1961年6月美国第一次支持南越以游击战袭击北方,美国军官开始带领南越部队作战,美国飞行员驾驶标有南越标志的飞机执行作战任务。1962年上半年美国大量使用直升飞机的战法令南越共产党力量暂处下风。1962年5月美国在南塔战役后向泰国投入军队更令河内感受到北越可能受到美国大规模入侵的威胁。③ 为了应对可能发生的美国对北越的入侵,河内加强了在老挝的军事存在,1962年8月,美国侦察机发现几百辆北越卡车托运着人与包括坦克、装甲车在内的武器驶向老挝。到1962年,北越在老挝的人员均编入巴特寮部队,8月7日以后的几周里,陆续到达老挝的北越部队沿着越老边界建立起固定据点,同时不许国际监督控制委员会人员进入这些地区。到8月底约有1万北越部队进入老挝。10月7日,河内发布消息,称北越从老挝撤出了所有部

---

① Charles Stevenson, *the End of Nowhere: American Policy toward Laos Since 1954*, pp. 183–186.
② Marek Thee, *Notes of a Witness: Laos and the Second Indochina War*, p. 334.
③ Arthur J. Dommen, *Conflict in Laos: the Politics of Neutralization*, pp. 236–237.

队,11月英国外交部发言人评论,认为此时在老挝还有1万北越部队。①对于北越的行为美国不愿发表抗议,担心这样做会破坏老挝孱弱的团结。

老挝国内,在停火的外表下掩盖着国家事实上的分裂:军队与各方控制区仍彼此分离、独立。巴特寮与中立派的部长们的权力只限于办公室中,富米向政府工作人员发布密令:仍服从于旧有的行政系统,是老政府(即文翁政府)在给他们发薪水。② 到11月7日,富马对老挝各派部队整编的无有进展表示出不满。③

二、老挝中派与右派力量的合流

从1962年11月初开始,美国政府意识到富米与富马存在合作可能。11月8日,肯尼迪总统给在查尔平原的贡勒部队提供援助。④ 11月27日一架美国侦察机在查尔平原被巴特寮部队击落,美机的飞行是得到富马授权的。美国政府意识到在查尔平原巴特寮与贡勒部队开始发生冲突,巴特寮竟然在中立部队驻守的地区开火,这表明中立部队与巴特寮的冲突已经相当激烈。⑤ 到1962年底,美国政府注意到巴特寮对富马集团的攻击在增加,因为他与富米的关系日益亲近。美国政府强调贡勒的部队十分重要,他是支持富马的军事力量,控制着老挝中部的战略要地查尔平原,美国应当保持贡勒部队的军事能力。自1961年11月27日以来,贡勒已经切断与巴特寮的关系,双方十分敌对。⑥ 1963年2月2日,贡勒开始直接向美国求助,要求获取油料、武器、衣服等部队所需物资。2月4日,美国政府同意向其提供御寒衣物、肥皂、毯子等,但不给军

---

① Arthur J. Dommen, *Conflict in Laos: the Politics of Neutralization*, pp. 237 – 238.
② Marek Thee, *Notes of a Witness: Laos and the Second Indochina War*, p. 331.
③ *FRUS, 1961—1963*, Vol. 24, p. 912.
④ *FRUS, 1961—1963*, Vol. 24, pp. 912、921 – 923.
⑤ *FRUS, 1961—1963*, Vol. 24, pp. 921 – 922.
⑥ *FRUS, 1961—1963*, Vol. 24, pp. 927 – 928.

火,美国担心提供军火会破坏日内瓦协定。①

3月底美国中央情报局汇报,老挝中立的方案无助于缓和老挝内部冲突,老挝官员无法进入巴特寮控制区,巴特寮力量的扩大是通过挤压中立力量实现的,但也造成中立派与右翼力量合作的趋势。

在查尔平原上中立军队与巴特寮武装剑拔弩张之际,在万象亲巴特寮的中立派人士外交大臣贵宁于4月1日遇刺身亡。到4月10日,巴特寮与贡勒的部队在查尔平原发生战争,富马第一次公开声明巴特寮是攻击者,北越部队继续滞留老挝,违反了日内瓦协定。② 1963年4月富马同意创立在查尔平原的贡勒部队与富米军队的联合指挥系统,贡勒部队所需装备几乎完全由美国补给。③ 4月8日,富马请求国际监督控制委员会到查尔平原展开调查,以图熄灭战火,但苏发努冯以交火发生在贡勒部队内部为由反对调查。波兰驻国际监督控制委员会的主要代表马立克对苏发努冯的观点表示支持。几小时后,苏发努冯以安全为由离开万象,19日另一名巴特寮部长大臣离开万象,四名由巴特寮人员担任的内阁大臣走了两名,左派淡出了联合政府,富马与富米的保守力量结合起来。④

4月19日,肯尼迪总统在回答记者的提问时说到,老挝局势十分严重,富马要求巴特寮停止对中立派的进攻,接下来的几天里将表明日内瓦协定是否会被破坏。⑤ 同日,美国国防部长、负责政治事务的副国务卿哈里曼等人与肯尼迪总统会晤,哈里曼准备去莫斯科质问苏联为何不履行协定。在次日召开的第512次国家安全委员会会议上,肯尼迪同意派遣一支特别舰队驶入东京湾,但舰队不得进入北纬17度以北水域,批准

---

① *FRUS, 1961—1963*, Vol. 24, pp. 932 - 933.
② *FRUS, 1961—1963*, Vol. 24, pp. 959 - 960.
③ *FRUS, 1961—1963*, Vol. 24, p. 1056.
④ Charles Stevenson, *the End of Nowhere: American Policy toward Laos Since 1954*, pp. 189 - 190.
⑤ *FRUS, 1961—1963*, Vol. 24, p. 969.

U-2飞机对北越给巴特寮及南越的补给线路进行侦察。①

4月26日哈里曼会晤赫鲁晓夫,向后者提交了肯尼迪的信件,在信中肯尼迪表示对老挝形势十分忧心,提醒赫鲁晓夫两人在维也纳达成的在老挝恢复和平的共识,并重申在老挝取得中立的美苏合作将在美苏关系中具有里程碑意义。②赫鲁晓夫对肯尼迪的信表示认同,但告诉哈里曼,苏联在老挝事务中的影响力十分有限。当哈里曼要求苏联公开声明支持国际监督控制委员会进入查尔平原进行调查,并提到根据已达成的协议苏联应保证己方阵营签字国遵守日内瓦协定时,赫鲁晓夫说:"国际社会主义运动建立在相互尊重主权的基础上,社会主义国家不得干涉任何国家内政。"③哈里曼使苏无功而返。

5月1日,美国政府决定应富马所请,将通过泰国将武器弹药运给富马政府,并通过他和富米把军火运到查尔平原的贡勒军中。同时支持苗族武装对巴特寮的补给线进行袭扰,以此支持贡勒部队。④在整个6、7月面对老挝中立破产的可能,肯尼迪总统所能接受的军事行动只止于加强对老挝中、右力量的军事援助。⑤7月18日在会见美国驻老挝大使昂格尔时,肯尼迪总统表示我们不应在老挝追求军事解决问题,而应谋求政治解决老挝问题。⑥7月29日,美国政府向富米部队提供T-28飞机替换T-6飞机,使其能对巴特寮部队进行有力的轰炸。

9月富马访问美国,23日在与肯尼迪的会晤中,富马表示北越的干预令老挝左、右力量互不信任,老挝问题的解决在于越南问题之解决。目下北越不希望老挝和平,因为这将令其丧失利用老挝进入南越的通道。富马谈到,秋冬雨季结束后,老挝是否能恢复和平关键在于北越,如

---

① FRUS, 1961—1963, Vol. 24, pp. 973-979、987.
② FRUS, 1961—1963, Vol. 24, p. 1001, n1.
③ FRUS, 1961—1963, Vol. 24, pp. 1001-1004.
④ FRUS, 1961—1963, Vol. 24, pp. 1007-1008.
⑤ FRUS, 1961—1963, Vol. 24, pp. 1025-1028.
⑥ FRUS, 1961—1963, Vol. 24, p. 1035.

他们帮忙合作,可能达成和平。绝大部分老挝人支持中立。当总统问及苏发努冯是否为巴特寮的领袖时,富马回答真的领导人是凯山。富马表示苏联是在尽力帮助维系日内瓦协定,但对国际监督控制委员会中的波兰代表无直接影响力。肯尼迪表示如果条件允许将考虑越南中立。富马认为河内高层亲北京的集团在上升,亲苏联的集团影响力有限。肯尼迪在会晤中再次表示富马政府将得到美国的全力支持。①

三、1964年1月到9月:老挝冷战的结束与"热战"的开始

1964年上半年,老挝国内局势的显著特点是巴特寮与中立-保守力量对抗加剧。到2月15日,巴特寮部队已经向老挝中部进逼,距他曲15英里,随时可以拿下他曲。鉴于老挝形势,新上任的林登·约翰逊政府决定在军事上强硬起来。25日,远东事务助理国务卿希斯曼致函国务卿腊斯克,美国应当放弃以中立方法解决共产党国家在东南亚步步进逼的政策思路。在附上的给总统的备忘录中,希斯曼建议应让共产党国家知道美国准备升级在东南亚地区的冲突,以捍卫美国在那里的地位;美国应把东南亚视为一个整体,在老挝、泰国的政策与在南越的举措密切相关;美国不应再提议重新召开日内瓦会议;鼓励在老挝使用具有对地攻击力的6架T-28飞机;进一步扩大老挝的反共游击力量,对老挝巴特寮控制区进行空中侦察。② 26日,总统与国务卿、国防部长等议定:目下对老挝局势的反应应是加强美国在泰国的军事存在,为此已需要向泰国派出美国地面部队。③ 3月初美国驻老挝大使昂格尔在发给国务院的电文中指出,美国不应再受日内瓦会议协议约束,应加强老挝保守及中立派军事力量,给巴特寮的攻击以有效威慑。④ 3月16日,威廉·邦迪接替

---

① FRUS, 1961—1963, Vol. 24, pp. 1051-1053.
② FRUS, 1964—1968, Vol. 28, pp. 15-16.
③ FRUS, 1964—1968, Vol. 28, pp. 21-22.
④ FRUS, 1964—1968, Vol. 28, pp. 24-29.

罗杰·希斯曼任远东事务助理国务卿。美国政府此时的军事行动仍是展示姿态,尚不准备大打出手。3月16日国务院指示驻老挝大使馆:目下不宜对老挝共产党力量控制区目标予以大规模轰炸,大规模空袭行动的展开其前提是美国整个东南亚地区政策已变为准备以军事手段解决问题,目下采取此种手段危险性较大。①

4月19日上午,老挝保守军事力量在老挝第五战区司令官的带领下逮捕了包括富马首相在内的中立人士,并以全国革命军事委员会的名义夺取政权。20日,美国中央情报局汇报了此次政变的原由:右翼力量对富马抵制巴特寮把持联合政府的能力表示怀疑,富马的裁军计划中准备把6万人的保守力量的军队裁减为1万人。右翼军人认为联合政府方案为向共产党力量把持政府洞开了方便之门。② 政变发生当日,美国大使馆发布强烈声明要求释放中立人士,支持联合政府。同日,富米表示他将督促保守力量的军官们尽快释放富马,并与政变力量脱离关系。20日,富马得到国王与富米的同意,恢复联合政府。到4月份政变发生时,美国政府对老挝的政策仍然是维护老挝联合政府。这次政变也表明老挝的中立力量十分脆弱。为了维护巩固自己的政治地位,富马加紧与保守力量的融合,5月2日富马宣布他已经将老挝中立力量与右翼力量整合在一起,并担任领导。③ 5日,美国大使馆致国务院电文表示,富马近来对巴特寮日益敌视,共产党力量也许会认为富马已经丧失中立立场。17日,富马在与美国大使昂格尔的会晤中进一步暴露了其反共思想:当被问及如需使用T-28飞机对巴特寮地面目标进行轰炸,他是否会批准轰炸时,富马的回答是肯定的。富马还建议在曼谷召开东南亚条约组织军事顾问会议,以威慑共产党力量在老挝的行动。④

---

① FRUS, *1964—1968*, Vol. 28, pp. 33-34.
② FRUS, *1964—1968*, Vol. 28, p. 59.
③ FRUS, *1964—1968*, Vol. 28, p. 85, n3.
④ FRUS, *1964—1968*, Vol. 28, p. 87.

5月17日美国情报部门确认,巴特寮准备夺取查尔平原,如果目的达到,巴特寮将控制除南老挝湄公河谷地的老挝一切地区。17日,美国国务院指示大使馆,要求万象政府向美国政府请求使用喷气式飞机对查尔平原进行侦察飞行。① 21日,白宫工作会议上,白宫工作人员已经开始讨论展开对河内的直接战争拯救老挝,也有一部分人主张再次召开日内瓦会议维护老挝的中立。② 22日,大使馆致电国务院,富马日益反共,是美国在老挝划定政策底线的时候了,美国不应再准备召开一次国际会议,设定一些新的条约,这只能约束自己。胡志明小道是北越在老挝的重大利益。③ 24日,远东事务助理国务卿邦迪致函国家安全委员会执行委员会,美国已经作好准备随时可以在老挝采取军事行动,已向老挝引入喷气式侦察机,并由美国民航驾驶员驾驶 T-28 飞机轰炸老挝境内的共产党目标。美国是否对老挝或越南展开军事行动将在接下来的 1—3 个月中摊牌。④ 同日,在与总统进行的晚宴宴会上,国务卿腊斯克坚持在老挝进行军事行动比在越南更有理由:美国公众更关心越南问题,且老挝的中立是由 1954 年、1962 年日内瓦协定保障的,共产党国家显然破坏了这两个协定,特别是 1962 年的日内瓦协定。参联会与国防部长倾向于打击北越。约翰逊总统指示:确定在越南已经尽力,只有战争,别无他法;军事行动应对越南展开,作好使用美国地面部队的准备。⑤

　　鉴于美国侦察机屡次被巴特寮击落,6月7日,约翰逊总统授权对在查尔平原执行侦察任务的飞机进行战斗机护航,遭到地面炮火袭击时予以反击。⑥ 8日美国国务院与国防部建议 24 小时以内对巴特寮的地面目标进行空中打击,总统予以批准。9日美国开始轰炸巴特寮在川圹的

---

① FRUS, 1964—1968, Vol. 28, pp. 88 - 89.
② FRUS, 1964—1968, Vol. 28, p. 95.
③ FRUS, 1964—1968, Vol. 28, pp. 99 - 100.
④ FRUS, 1964—1968, Vol. 28, pp. 107 - 108.
⑤ FRUS, 1964—1968, Vol. 28, pp. 112 - 113.
⑥ FRUS, 1964—1968, Vol. 28, p. 147.

防空炮兵阵地。① 11日,美国国务院政策设计室主任罗斯脱在致远东事务国务卿邦迪的备忘录中写到:东南亚事务的核心是美国是否准备好动用武力迫使河内在老挝、越南遵守1954年、1964年的日内瓦协定,美国已经下决心准备动用武力。② 同日,美国大使馆致电国务院,富马希望美国支持老挝政府对7、8、12号公路北越给巴特寮运送给养的补给线路予以摧毁。17日美国飞机轰炸川圹,在我驻川圹经济文化代表团驻地炸死一人,伤五人。③ 富马在谈话中不断要求美国在老挝"要动手,不要动口"④。29日,约翰逊总统批准了富马的请求。

7月1日,美国国务院总结了老挝的局势:贡勒中立部队据守的领土已全部丧失;万象三方联合政府已经被销蚀,巴特寮攻击富马是右派与美国的傀儡;美国通过进行空中打击已经参加了在老挝的敌对行动。这些因素导致老挝中立的失败。⑤ 27日,在美国提供战斗机与运输机支持的情况下,老挝中立部队与右翼部队开始代号为"三角洲"的军事行动,进逼7号公路与13号公路的交会处。老挝的冷战已经为热战所取代。8月北部湾事件发生后,美国政府的印支政策转变为以军事手段应付印支地区的共产党力量,9月9日,华盛顿同意在老挝展开空中打击与有限的地面军事行动。⑥ 在老挝进行的热战中,巴特寮致力于通过武装斗争夺取政权,美国与北越为了控制胡志明小道展开较量。老挝随即成为附属于越南战争的一个战场。

小 结

在本章的论述中,老挝成为北越取得统一战争胜利的必争之地,第

---

① *FRUS*,*1964—1968*,Vol. 28,pp. 156 - 160.
② *FRUS*,*1964—1968*,Vol. 28,p. 177.
③ 外交部《新中国外交风云》编委会:《新中国外交风云》(第4辑),第110页。
④ *FRUS*,*1964—1968*,Vol. 28,p. 182.
⑤ *FRUS*,*1964—1968*,Vol. 28,pp. 222 - 223.
⑥ *FRUS*,*1964—1968*,Vol. 28,p. 266.

二次日内瓦会议建立起的中立机制很快崩溃。约翰逊政府上台后,美国的印支政策也转而强调军事手段的使用,东西方在印支的较量主要表现为军事斗争。为取得统一战争的胜利,北越加大力度支持巴特寮。同时,美国政府也大力支持老挝右翼力量,1964年4月老挝发生政变后,国内的中立力量与右翼力量结合起来,与左派进行军事对抗。从1964年5月开始老挝的冷战已基本结束,代之而来的是与越南统一战争平行展开的"热战"。

结　论

1954—1964年以老挝为中心的冷战其本质是：东西方有关大国（包括越南这样的地区大国）围绕着是否允许老挝中立进行的妥协与争夺。东西方分别都推行过老挝中立的政策，但是它们的政策却因为复杂原因未能在特定时间发生交集，其结果是老挝未能在东西方之间实现中立。

老挝之所以会成为东西方争夺的焦点，与其地缘价值有着密不可分的关系。在第一次印支战争中，北越进军老挝、调动法军，减轻了越南战场上的压力，并赢得战场主动权，为第一次印支战争的胜利奠定了基础。第一次日内瓦会议期间，东西方有关国家从各自的政策思路出发都试图利用老挝地处冷战前沿、与中国、泰国、越南南北方接壤的地缘价值：美国力图把老挝变成反共反华的桥头堡，谋求在老挝建立起西方特别是美国的军事存在；中国、苏联及北越试图把老挝建成东西方在印支地区冷战冲突的缓冲地带，老挝中立。日内瓦会议后艾森豪威尔政府从僵硬对抗的视角出发，认为老挝边界的四分之一与共产党国家接壤，处在潜在的共产主义力量入侵的第一线，是共产党国家向东南亚腹地渗透扩张的门户。基于此确立起以东南亚条约组织"保护"老挝，直接军事、经济援助老挝，破坏老挝中立及建立联合政府的政策。中国、苏联及北越从和平共处的政策出发,努力维护老挝中立。一方面,1960 到 1961 年间,面对美国在以老挝为中心的冷战中的不利地位,艾森豪威尔政府从"多米诺骨牌"理论的逻辑出发,认为"如果共产党在老挝建立强有力的地位,西方在东南亚地区就完了"。它夸大了东南亚的共产主义威胁,认为老挝是多米诺骨牌中即将倒下的第一张牌。另一方面,1959 年以后,北越在谋求民族统一的斗争中不再排除军事手段的使用,视老挝为联系南越的重要通道,并将其划入本国统一战争的一个战区。在这里老挝除具有美国赋予的通向东南亚腹地的门户、多米诺骨牌中即将倒下的第一张牌的地位外,又具有了通向南越的军事走廊的价值。肯尼迪政府上台后转而谋求老挝中立,试图通过老挝中立封闭经老挝联系南越的陆上通道。这是美国政府对老挝地缘价值的又一体认。1963 年以后随着东西方在老挝的争夺更多地侧重军事手段的使用,老挝的地缘价值主要表现为它是从陆上联系南北越的军事走廊,双方都谋求控制胡志明小道。

在东西方各自盟国关系问题上,英、法基本持支持老挝中立、建立联合政府的立场。1954 年日内瓦会议上英、法摆脱美国影响,赞同老挝中立化。日内瓦会议后英、法反对武力解决巴特寮问题,英、法两国对在印支使用武力均持回避态度,限制了美国政府的政策选择,终艾森豪威尔政府之任也没能作出向印支出兵的决定,这与英、法的掣肘是分不开的。肯尼迪政府上台后英、法继续支持老挝中立,建立以富马为领导的联合政府,肯尼迪政府在老挝中立问题上与英、法分歧不大,在军事上迭遇挫折后才接受富马出掌老挝联合政府。约翰逊政府上台后,在印支政策上更多倚重武力手段的使用,与英、法盟国渐行渐远,终于导致老挝的冷战转化成热战。在社会主义阵营内部,苏联一直支持在印支地区奉行与西方力量和平共处的政策,仅在 1960 年底到 1962 年第二次日内瓦会议结束的时间里,对巴特寮、富马政府及北越采取有限的军事援助政策,1962 年日内瓦会议后苏联淡出了在老挝的纷争。直到 1959 年,中、越两国在印支地区均奉行和平共处的政策,与苏联协调一致。1959 年以后,中、越

结　论

两国不再排除巴特寮在老挝使用军事手段回应右派的进攻。1960—1961年,在北越支持下,巴特寮的控制区急剧扩大,中、苏、越在第二次日内瓦会议期间又一次合作,构建了老挝的中立机制。越南在1959年以后奉行武力实现国家统一的政策,十分看重经老挝联系南越的通道。1960—1962年,北越一方面在中苏主导下同意构建老挝的中立机制,另一方面在老挝武力支持巴特寮扩大控制区。1962年在中国的印支政策转向大力支持民族解放运动后,北越的对外政策脱离了苏联的轨道。1962年以后,越南并没有对第二次日内瓦会议确立的老挝中立机制予以认真遵循。约翰逊政府上台后,由于美国的印支政策侧重军事手段的使用,老挝的中立终于没法确立,以老挝为中心的冷战也走向热战。

老挝与冷战关系的这一本质在1954—1964年的不同阶段分别具有不同内涵。

第一阶段为1954—1957年。在此阶段,美国反对老挝走向中立,视老挝中立为共产主义接管老挝之始。为抵制中立,艾森豪威尔政府先后推行成立东南亚条约组织"保护"老挝,给老挝以直接经济、军事援助的政策。中、苏、越等社会主义国家奉行与老挝和平共处、以和平争取老挝中立的政策。其结果是老挝王国政府遵守《日内瓦协议》,并组建了包含老挝左翼力量巴特寮成员的联合政府。美国反对老挝中立的政策受到东方有关国家和平共处外交的有力克制,暂处下风。

第二阶段为1958—1961年艾森豪威尔任期之末。在此阶段,美国政府加大反对老挝中立的政策力度:扶植、发展老挝右翼保守势力、谋求建立老挝右翼联盟以反对老挝国内主张中立的力量。结果《日内瓦协议》有关老挝中立的条款及老挝联合政府被推翻。从1959年初开始,中国、越南支持老挝左派力量军事自卫,反对美国政府及老挝右翼破坏中立的政策行为。1960年苏联也积极支持越南及老挝左翼力量,主张以有限军事斗争维护老挝中立。在此阶段,东西方的较量较第一阶段烈度更强、在老挝的卷入程度也更深,在外部大国的介入下,老挝内部力量发生分裂，以富马、贡勒为代表的中立力量与巴特寮会合，共同抗击富米、文翁为首的右派势力。在以是否允许老挝中立为核心的争夺中，老挝陷入外部大国挤压与国家分裂的旋涡中，老挝国内形势与大国关系一起走进危机。

第三阶段：1961年肯尼迪上台到1962年7月，第二次日内瓦会议结束。肯尼迪政府放弃了艾森豪威尔政府反对老挝中立的政策，转而谋求在老挝建立中立联合政府。这一转变的原因有二：如想有效抵制老挝中立美国必须进行军事卷入，肯尼迪政府对军事卷入老挝没有胜算；肯尼迪政府希望通过国际监督老挝中立，封闭北越通过老挝向南越的渗透，把老挝与越南问题分离，以便集中力量处理越南问题。苏联希望回避美苏在老挝的对抗，谈判建立起美苏均能接受的中立。对于北越的统一斗争，苏联采取置身事外的态度。越南党政治局对苏联的和平共处外交路线不予认同。① 随着1961年3月老挝雨季的提前开始，中、越认为在老挝开展大规模军事行动已很困难，因此同意与美国谈判。在谈判中，中、苏、越保持协调一致，与美国达成一个重建老挝中立的协定。

第四阶段：1962年7月—1964年8月。1962年老挝达成的中立十分脆弱：老挝国内三派力量各自保有自己的地盘与军队、国际监督机制受到各派力量抵制。越南认定越南民族统一的实现必须诉诸军事手段，为此不惜以军事斗争保有经老挝联系南越的通道，老挝中立与否已经服从于越南的民族统一事业。肯尼迪政府对老挝中立机制的侵蚀保持低调。约翰逊政府上台后，美国的印支政策更倚重军事手段，随着越南战争升级，东西方在印支地区的军事对抗加剧，老挝中立机制全面崩溃，走进热战。

本书认为，在是否允许老挝中立问题上东西方有关国家的政策受到三个层次因素的影响：美苏全球冷战战略、在东南亚地区层次上发挥作

---

① Qiangzhai, *China and the Vietnam Wars, 1950—1975*, p.122.

用的力量、老挝本国国内的力量变化。对这三个层次因素的剖析构成本书的分析框架。

首先,美苏全球冷战战略。斯大林逝世后,东西方关系流露出缓和迹象。苏联对西方的战略很快确定为和平共处。苏联对印支地区的政策受到其和平共处战略思想影响,认为和平与停火有助于缓和印支局势,并能为其他问题的解决提供有利条件。因此苏联愿意维护《日内瓦协议》。对苏联而言,老挝的价值在于它是日内瓦会议安排的组成部分,是维护印支和平的一个重要因素,苏联基于以上认识,支持老挝中立。苏联虽然支持老挝中立,但认为印支地区对本国利益意义不大。同时,苏联不愿意因为印支地区的冷战破坏与西方的和平共处,但又不能改变中、越在印支地区奉行对抗性政策,在此种情况下,1960—1962年,苏联在印支积极介入、维护中立的政策只不过是昙花一现,在1962年日内瓦会议后,发现其不能改变中、越的印支地区政策后,旋即淡出。在美苏全球冷战层面,在是否允许老挝中立问题上,比之苏联,美国这一不利于中立的因素更具经常性,且更为有力。

日内瓦会议后,艾森豪威尔政府的全球战略重点之一是遏制中国。在第三世界,该政府推行双重遏制政策:既遏制共产主义也遏制中立主义。反对老挝中立同时满足美国政府既遏制中国又反对共产主义在第三世界发展壮大的双重需要:一方面,老挝与中国接壤,控制老挝可把其变为反华的桥头堡;另一方面,老挝国内存在中立主义倾向,艾森豪威尔政府视中立为滑向共产主义的前奏。其印支政策是谋求控制老挝、稳住南越。在对第三世界的政策上,艾森豪威尔政府更多地倚重军事援助、扶植本土右翼势力、中央情报局秘密活动等强硬手段。这些手段的综合运用很快把老挝推向分裂与战争的深渊。

肯尼迪总统上台伊始,美苏关系危机不断:柏林危机、猪湾事件、刚果危机等。美苏急需改变两国在热点地区可能发生直接对抗的冷战态势。在老挝消除危机成为两国首脑1961年维也纳峰会上的唯一共识。

另外,肯尼迪政府在中立问题上的政策与艾森豪威尔政府不同,其认为中立有可资利用之处。如1962年中印边界冲突中,从遏制中国的需要出发,美国政府调整对印度的政策,大力向印度提供军事和经济援助。随后美印关系在肯尼迪任期获得较快发展。在老挝接受中立也是出于在次要问题上妥协以谋取更大利益的考虑:以外交手段堵住经老挝联系南越的通道,以集中力量于越南。总体说来,肯尼迪政府对第三世界国家中立的态度是实用主义的。

在美苏全球冷战层次上,美国两任政府形成两种中立观:艾森豪威尔政府的敌视与抵制中立的中立观,肯尼迪政府实用主义的中立观。这两种中立观都忽视了第三世界国家在冷战体系中谋求恰当位置的努力,其出发点都是美国冷战战略的需要。这两种以利己为目的的中立观念一旦转化为现实政策势必引起社会主义阵营的反对,在客观上只能起到挫败中立的作用。

其次,在东南亚地区层次上,对老挝能否中立产生影响的因素。在此层面存在四支主要力量:两个与东南亚相邻的大国——中国、印度;一个印支地区大国——越南;包括英国、法国、泰国等在内的东南亚条约组织。其中对老挝中立最具影响力的是中国与越南。中、越两国在老挝中立问题上的态度大致分为两个阶段:从1954—1960年中越虽然致力于维护老挝中立,但在艾森豪威尔政府的抵制下未达到目的;1961年肯尼迪政府上台后美方愿意接受老挝中立,但中、越两国与美国的政策始终无法交会,形成老挝中立的外部支撑。

从1959年起,中、越两国以和平共处维护老挝中立的政策在艾森豪威尔政府敌视、抵制中立政策的作用下已无法维持。1959年2月,老挝萨拉尼空政府正式宣布不再受《日内瓦协议》制约。从1959年二三月到1960年晚些时候,中、越对老政策调整为支持巴特寮以军事自卫维护老挝中立。

1960年底,越南摆脱苏联对老政策束缚,不再坚持以有限的军事斗争维护老挝中立,而是强调以有力的军事斗争支持老挝左派力量发展壮大,以配合南越的武装斗争。

东南亚条约组织在老挝中立问题上的表现是声势可观、作用有限。

英、法两国在老挝中立问题上态度骑墙:一方面,作为西方盟国,两国要对美国支持老挝右翼力量的政策表现出一定支持,另一方面又在骨子里认同老挝中立。英国不希望在印支地区与共产党国家发生军事冲突,认为东南亚地区唯一值得西方以武力"保护"的国家是马来亚,且英国是日内瓦会议主席国,对维护《日内瓦协议》有着条约义务。法国更倾向于《日内瓦协议》中有关老挝中立的安排,这可以维护法国在老挝的军事存在。泰国从地缘角度考虑视老挝为泰国抵御共产主义威胁的前沿阵地,因此积极支持老挝内部的极右力量,对西方以东南亚条约组织的名义在老挝进行军事干涉大力支持。但泰国力量毕竟有限,美国不能无视英、法态度。总体而言,在是否允许老挝中立问题上,东南亚条约组织内部一盘散沙,既无法有力地支持艾森豪威尔反对老挝中立,也无法有力地支持肯尼迪接受老挝中立。它的表现是"成立时象只狮子,可行动时却象只绵羊"。

印度在是否允许老挝中立问题上的影响是通过国际监督委员会实现的。根据《日内瓦协议》,老挝的国际监督委员会由加拿大、印度、波兰三国代表组成。但国际监督委员会成立后一直缺乏交通工具,作用有限,美国拒绝向其提供直升飞机,国际监督委员会的人员无法进入老挝北部的高山密林,因此不能对老挝中立进行有效监督与维护。1958 年 7 月,在富马政府催促下,国际监督委员会宣布无限期休会。1961 年,鉴于老挝国内紧张局势,国际监督委员会在印度等国的提议下重又组成,并于 5 月 8 日午夜返回万象。在老挝建立起第二个联合政府后,国际监督委员会的作用十分有限:老挝联合政府中的左、中、右三派力量各有各的地盘、军队,且不向委员会提供三方控制区的地图,国际监督委员会展开调查时有关方面很少愿意合作。印度通过国际监督委员会支持老挝中立的政策并未收到大的成效。

最后,老挝国内政治力量的变化。从1954年日内瓦会议结束到1958年8月富马政府下台,老挝国内主张中立的力量呈上升趋势。但随后右翼势力在美国扶植下迅速发展,并和王国政府军队紧密结合。1960年贡勒政变后,老挝中立力量与贡勒的军事力量结合,但无论比之巴特寮还是富米的右翼力量,中立派都显得单薄软弱。老挝的中立力量在左、右两支力量间摇摆。1960年12月—1962年4月倒向巴特寮与右派进行对抗,从1962年4月起,中立派开始受到左派的瓦解与排挤,1963年中立派又倒向右翼力量,直到老挝国内走向热战。

总体而言,在美苏全球冷战、东南亚地区及老挝国内三个空间层次上,有利于老挝建立起中立的因素较少、较弱。对老挝中立起决定性作用的外部力量:美、苏、中、越的政策无法形成交会为老挝中立构建起稳定的外部大国支撑。中、苏、越支持中立时,美国竭力破坏中立,美国愿意接受中立时,中、越已经决定放弃中立。在老挝国内中立力量相对弱小,不能对老挝政局形成有力控制,不得不在东西方之间来回摇摆。其他因素,如东南亚条约组织、国际监督委员会的作用更是微乎其微。这样,以老挝为中心的冷战在第一次印支战争的硝烟中拉开帷幕,又在越南统一战争的推动下走向热战。1954—1964年东西方之间无法就老挝建立中立达成一致,老挝的中立只能以失败告终。

应当指出的是,在三个层面的因素中,对老挝中立发挥主导作用的是东南亚地区层面的因素,其中越南对老挝中立起到至关重要的作用。巴特寮的产生是越南党支持帮助的结果。1954—1959年,越南对老挝局势所起的主要作用是支持巴特寮,在中苏和平共处外交路线规制下,越南在处理与老挝的关系时也采取和平共处方针。1959年之后,随着越南党决定开展武装斗争实现国家统一,北越开始在老挝开辟出联系南方的"胡志明小道",在越南统一战争的背景下,老挝具有了重要的军事战略走廊的价值,由此加剧了东西方对老挝的争夺。越南在1959—1961年帮助巴特寮扩大势力范围,直接出兵老挝参加那里的军事斗争。1962年之后,越南在老挝留下大量部队,并派出军事顾问。

老挝突出的军事地缘价值是越南统一战争的背景赋予的,是以美苏为首的东西方冷战赋予的。同时,越南也是老挝左派力量的有力后盾。在老挝问题上,冲在第一线的是越南。

老挝中立的破产其原因从政策演变的角度看,是大国政策无法交集于允许老挝实现中立。但究其根本,还是由于老挝地处印支地区东西方冲突的第一线,东西方大国在印支冷战舞台上谁都不甘心放弃对老挝这个具有突出地缘价值的国家的控制。突出的地缘价值令老挝成为东西方争夺的焦点,也成为老挝无法实现中立的根本原因。

参考文献

一、外文著作

1. Ang, Cheng Guan, *Vietnamese Communists' Relations With China and the Second Indochina Conflict, 1956—1962* North Carolina: Mcfarland & Company, Inc., Publishers, 1997.

2. Anderson, David L., *Trapped By Success: The Eisenhower Administration And Vietnam, 1953—1961*, New York: Columbodia University Press, 1991.

3. Bernard Fall, *Anatomy of a Crisis*, Garden City: New York: Doubleday, 1969.

4. Billings-Yun, Melanie, *Decision Against War*, New York: Columbia University Press, 1988.

5. Berd, Kai, *The Color of Truth: McGeorge Bundy and William Bundy: Brothers in Arms*, New York: Simon and Schuster, 1998.

6. Blaufarb, Douglas S., *The Counterinsurgency Era*, New York: Free Press, 1977.

7. Blum, Robert M., *Drowing the Line*, New York: Norton, 1982.

8. Boyle, Peter G., ed., *The Churchill—Eisenhower Correspondence 1953—1955*, Chapel Hill: University of North Carolina Press, 1990.

9. Brands, Henry W., Jr., *The Specter of Neutralism: The United States and the Emergence of the Third World, 1947—1960*, New York: Columbia University Press, 1989.

10. Branfman, Fred, *Voices From the Plain of Jars: Life Under an Air War*, New York: Harper, 1972.

11. Brauer, Carl M., *Presidential Transitions: Eisenhower Through Reagan*, New York: Oxford University Press, 1986.

12. Bullokc, Alan, *Ernest Bevin: Foreign Secretary 1945—1951*, London: Heinemann, 1983.

13. Burchett, Wilfred G, *The Furtive War: The United States in Vietnam and Laos*, New York: International PubliChae-Jin Lee, *Communists China's Policy toward Laos, a Case Study, 1954—1967*, New York: Paragon Book Gallery, LtD, 1970.

14. Cable, James, *The Geneva Conference of 1954 on Indochina*, New York: St. Martins Press, 1986.

15. Charles, Stevenson, *the End of Nowhere: American Policy Toward Laos Since 1954*, Boston: Boston Press, 1973.

16. Cooper, Chester L., *The Lost Crude: America in Vietnam*, New York: Dodd, Mead and Company, 1970.

17. Dommen, Arthur, *Conflict in Laos: the Politics of Neutralization*, New York: Frederick A. Praeger Publishers, 1967; Sosouk Na Champassak, *Storm Over the Laos: a Contemprary History*, New York: Frederick A. Praeger, publishers, 1961.

18. Dommen, Arthur, *Introduction of The Indochinese Experience of The French and The Americans: Nationalism and Communism in Cambodia, Laos and Vietnam*, Bloomington: Indiana University Press, 2001.

19. Duiker, William, *The Communist Road to Power in Vietnam*, Colorado: Westview Press, Inc., 1996.

20. Gardner, Lloyd, *Approaching Vietnam*, New York: Norton, 1988.

21. Gaiduk, Iiya, *Confronting Vietnam: Soviet Policy toward the Indochina Conflict, 1954—1963*, Washington D. C.: Woodrow Wilson Center Press, 2003.

22. Gia, Vo Nguyen, *The Military Art of People's War*, ed. Russell Stetler, New York: Monthly Review Press, 1970.

23. Goldstein, Martin E., *American Policy Toward Laos*, Rutherford: Fairleigh Dickinson University Press, 1973.

24. Greenstein, Fred I., *The Hidden-Hand President*, New York: Basic Books, 1982.

25. Gunn, Geoffrey C., *Political Struggles in Laos, 1930—1954: Vietnamese Communist Power and the Lao Struggle for National Independence*, Bankok: Editions Duang kamol, 1988.

26. Halpern, Abraham M., and H. B. Fredman, *Communist Strategy in Laos*, Santa Monica, CA: Rand Corporation, Research memorandum RM-2561, 1960.

27. Halpern, Joel Martin, *Government, Politics and Social Structure in Laos*, New Haven: Southeast Asia Studies, Yale University, 1964.

28. Hamilton-Merritt, Jane, *Tragic Mountains: The Hmong, the Americans, and the Secret Wars for Laos, 1942—1992*, Bloomington: Indiana University Press, 1993.

29. Hilsman, Roger, *To Move a Nation: the Politics of Foreign Policy in the Administration of John F. Kennedy*, New York: Dell Publishing Co., Inc., 1967; Hannah, Norman, *the Key to Failure: Laos and the Vietnam War*, New York: Madison Books, 1987.

30. Immerman, Richard H., ed., *John Foster Dulles and the Diplomacy of the Cold War*, Princeton: Princeton University Press, 1990.

31. Irving, R. E. M., *The First Indochina War: French and American Policy 1945—1954*, London: Croon Helm, 1975.

32. Karnow, Stanley, *Vietnam: A History*, New York: Viking, 1983.

33. Lancaster, Donald, *The Emancipation of French Indochina*, New York: Octagon Books, 1974.

34. Langer, Paul F, *The Soviet Union, China and the Pathet Laos: Analysis and Chronology*, Santa Monica, CA: Rand Corporation Paper p. 4765, 1972.

35. Lemmer, George, *The Laos Crisis of 1959*, USAF Hisrorical Divison Liaison Office, 1961.

36. Meeker, Oden, *The Little World of Laos*, New York: Scribner's, 1959.

37. Newman, John M. *JFK and Vietnam*, New York: Warner Bookers, 1992.

38. Parker, James E., Codename, *Mule: Fighting the Secret War in Laos for the CIA*, Annapolis, MD: Naval Institute Press, 1995.

39. Qiang, zhai, *China and the Vietnam Wars, 1950—1975*, Chapel Hill: the University of North Carolina Press, 2000.

40. Roger Warner, *Back Fire: the CIA's Secret War in Laos and Its Link to the War in Vietnam*, New York: Simon & Schuster, 1995.

41. Robbins, Christopher, *The Ravens: Pilots of the Secret War in Laos*, New York: Bantam, 1988.

42. Rotter, Andrew J., *The Path to Vietnam*, Ithaca: Cornell University Press, 1987.

43. Sananikone, Oudone, *The Royal Lao Army and U. S. Army Advice and Support*, Washington D. C. : Center of Military History, 1980.

44. Thee, Marek, *Notes of a Witness: Laos and the Second Indochina War*, New York: Random House, 1973.

45. Toye, Hugh, *Laos: Buffer State or Battleground*, London: Oxford University Press, 1968.

46. Van Staaveren, Jacob, *Interdiction in Southern Laos, 1960—1968: The United States Air Force in Southeast Asia*, Washington, DC: Center for Air Force History, 1993.

47. Warner, Roger, *Back Fire: the CIA's Secret War in Laos and Its Link to the War in Vietnam*, New York: Simon & Schuster, 1995.

48. Yu, Maochun, OSS in China, New Haven: Yale University Press, 1997.

49. Zasloff, Joseph Jermiah, *The Pathet Lao: Leadership and Organization*, Lexinton, MA: Lexington Books, 1973.

50. Zasloff, Joseph, *Apprentice Revolutionaries: the Communist Movement in Laos, 1930—1985*, California: Hoover Institution Press, 1986.

二、英文文章

1. Adamson, Michael, Delusions of Development: the Eisenhower Administration and the Foreign Aid Program in Vietnam, 1955—1960, *Journal of American—East Asian Relations*, vol. 5, No. 2(Summer 1996).

2. Brands, Henry, The Dwight D. Eisenhower Administration, Syngman Rhee, and the Other Geneva Conference of 1954, *Pacific History Review* 56(1987).

3. Brune, Lester H., Considerations of Force in Cordell Hull's Diplomacy, July 26 to November 26, 1941, *Diplomatic History* 2(1978).

4. Burr, William, The Eisenhower Administration and Berlin, *Diplomatic History* 18(Spring 1994).

5. Buzzanco, Robert, Prologue to Tragedy: U. S. Military Opposition to Intervention in Vietnam, 1950—1954, in *Diplomatic History*, vol. 7, No. 1 (Winter 1993).

6. Cable, James, The Conference of Geneva and Indochina, *History, Economy and Society* 13(1994).

7. Chen Jian, China and the First Indochia War, 1950—1954, *The China Quarterly* 1(1993).

8. Christopher, George E., Ⅱ, United States Decision-Making in Laos, 1942—1962, Ph. d. diss, University of Harvard, 1999.

9. Clifford, Clark, A Vietnam Reappraisal: A Personal History of One Man's View and How it Evolved, *Foreign Affairs* 47(July 1969).

10. Dalley, George W., The OSS in Laos: the 1945 Raven Mission and American Policy, *Journal of Southeast Asian Studies* 22(1991).

11. Dreifort, John, Indochina in Allied Wartime Diplomacy: The French Perspective, *Research Studies* 48(1980).

12. Duchin, Brian, The Agonizing Reappraisal: Eisenhower, Dulles, and the EDC, *Diplomatic History* 16(Spring 1992).

13. Evangelista, Matthew, Stalin's Postwar Army Reappraisal, *International Security* 7(Winter 1982/1983).

14. Finney, John W., Johnson Denies Eisenhower Rift, *New York Times*, August 19, 1965.

15. Greene, Daniel Patrick O. Connor, John Foster Dulles and the End of the Franco—American Entente in Indochina, *Diplomatic History* 16(1992).

16. Greenstein, Fred I. and Richard H. Immerman, "What Did Eisenhower Tell Kennedy about Indochina?" The Politics of Misperception, in *the Journal of American History*, vol. 79, No. 2(September 1992).

17. Herring, George, The Truman Administration and the Restoration of French Sovereignty in Indochina, *Diplomatic History* 1(1977).

18. Herring, George, Eisenhower, Dulles and Dienbienphu: The Day We Didn't Go to War Revisited, *Journal of American History* 71(September 1984).

19. Hess, Gary R, The First American Commitment in Indochina: The Acceptance of the Bao Dai Solution, 1950, *Diplomatic History* 2(1978).

20. Hess, Gary, Franklin D. Roosevelt and Anti-Colonialism, *Indian Journal of American Studies* 13(1983).

21. Hess, Gary, Franklin D. Roosevelt and Indochina, *Journal of American History* 59(1972).

22. Immerman, Richard, Confessions of an Eisenhower Revisionist: An Agonizing Reappraisal, *Diplomatic History* 14(1990).

23. Kochavi, Noam, Limited Accomodation, Perpetuated Conflict: Kennedy, China and the Laos Crisis, 1961—1963, *Diplomatic History*, vol. 26, No. 1(Winter 2002).

24. Krog, Carl, American Journals of Opinion and the Fall of Vietnam, 1954, *Asian Affairs: An American Review* 6(1979).

25. Lafeber, alter, Roosevelt, Churchill, and Indochina, 1942—1945, *American Historical Review* 80(1975).

26. Mahajani, Ushe, President Kennedy and United States Policy in Laos, 1961—1963, *Journal of Southeast Asian Studies*, vol. 2, No. 2, Ssept 1971.

27. May, Ernest, The Development of Political-Military Consultation in the United States, *Political Science Quarterly* 70(June 1995).

28. Nurse, Ronald, Critic of Colonialism: JFK and Algerian Independence, *Historian* 39(1977).

29. Pemberton, Gregory James, Australia, the United States, and the Indochina Crisis of 1954, *Diplomatic History* 13(1989).

30. Rice-MaXimin, Edward, The United States, France, and Vietnam, 1945—1950: The View From the State Department, *Contemporary French Civilization* 7 (1982).

31. Ruane, Kevin, Containing America: Aspects of British Foreign Policy and the Cold War in South-East Asia, 1951—1954, *Diplomacy and Statecraft* 7 (March 1996).

32. Ruane, Kevin, Eden, the Foreign office and the War in Indochina, Ph. d. diss, University of Kent at Canterbury, 1991.

33. Ruane, Kevin, Refusing to Pay the Price: British Foreign Policy and the Pursuit of Victory in Vietnam, 1952—1954, *English Historical Review* 110 (February 1995).

34. Sapp, Steven, Jefferson Caffery, Cold War Diplomat: American—French Relations 1944—1949, *Louisiana History* 23(1982).

35. Saunders, Richard, The 1954 Indochina Crisi, *Military Review* 58(1978).

36. Sbrega, John, First Catch Your Hare, Anglo-American Perspectives On Indochina During the Second World War, *Journal of Southeast Asian Studies* 14 (1983).

37. Smith, G. D., Truce Supervision in Indochina 1954—1973, *Canadian Defence Quarterly* 19(1989).

38. Spector, Ronald, Allied Intelligence and Indochina, 1943—1945, *Pacific Historical Review* 51(1982).

39. Thorne, Christopher, Indochina and Anglo-American Relations, 1942—1945, *Pacific Historical Review* 45(1976).

40. Thorne, Christopher, American Political Culture and the Asian Frontier, 1943—1973, *Proceedings of the British Academy* 72(1986).

41. Trood, Russell, Alliance Diplomacy: Australia, the United States and the 1954 Indochina Crisis, *Australian Journal of Politics and History* 38(1992).

42. Urrows, Elizabeth, Recurring Problems in Laos, *Current History* 57 (1969).

43. Usowksi, Peter S., Intelligence Estimates and US Policy Toward Laos, 1960—1963, *Intelligence and National Security* 6(1991).

44. Warner, Geoffrey, President Kennedy and Indochinaz: the 1961 Decisions,

International Affairs 70(1994).

45. Warner, Geoffrey, The United States and Vietnam: Two Episodes, *International Affairs* 65(1989).

46. Wehrle, Edmund F, A Good Dad Deal: John F. Kennddy, W. Averell Harriman and the Neutralization of Laos, 1961—1962, *Pacific Historical Review*, vol. 67, August 1998, No. 3.

三、英文档案

1. FRUS, 1952—1954, vol. 13 Indochina, Part 1.
2. FRUS, 1952—1954, vol. 13, Indochina, Part 2.
3. FRUS, 1952—1954, vol. 16, the Geneva Conference.
4. FRUS, 1955—1957, vol. 21, East Asian Security; Cambodia; Laos.
5. FRUS, 1958—1960, vol. 16, East Asian-Pacific Region; Cambodia; Laos.
6. FRUS, 1961—1963, vol. 24, Laos Crisis.
7. FRUS, 1964—1968, vol. 28, Laos Crisis.

四、中文书籍

1. 中央文献出版社：《周恩来传（1949—1976）》（上、下卷），中央文献出版社1998年版。

2. 中央文献研究室：《周恩来年谱，1949—1976》（上、下卷），中央文献出版社1997年版。

3. 本书编写组：《中国军事顾问团援越抗法实录——当事人的回忆》，中共党史出版社2002年版。

4. 逄先知、金冲及等主编：《毛泽东传1949—1976》（上、下卷），中央文献出版社2003年版。

5. 小阿瑟·施莱辛格著、仲宜译：《一千天：约翰·菲·肯尼迪在白宫》，生活·读书·新知三联书店1981年版。

6. 姜长斌、罗伯特·罗斯主编：《1955—1971年的中美关系》，世界知识出版社1998年版。

7. 杨奎松主编：《冷战时期的中国对外关系》，北京大学出版社2006年版。

8. 《印度支那问题文件汇编》（一、二、三、四），世界知识出版社1961、1969年版。

9. 诺罗敦·西哈努克口授、贝却敌整理、王俊铭译：《西哈努克回忆录——我同中央情报局的斗争》，商务印书馆1979年版。

10. 文庄、侯寒江译：《沧海一粟——黄文欢革命回忆录》，解放军出版社1987年版。

11. 德怀特·艾森豪威尔著、复旦大学资本主义国家经济研究所译：《艾森豪威尔回忆录——白宫岁月：受命变革 1953—1956 年》，生活·读书·新知三联书店 1978 年版。

12. 裴建章主编：《中华人民共和国外交史（1949—1957）》，世界知识出版社 1997 年版。

13. 中央文献研究室编：《毛泽东外交文选》，中央文献出版社 1993 年版。

14. 中央文献研究室遍：《周恩来外交文选》，中央文献出版社 1996 年版。

15. 杨奎松：《毛泽东与莫斯科的恩恩怨怨》，江西人民出版社 1999 年版。

16. 吴冷西：《十年论战》，中央文献出版社 1999 年版。

17. 王炳南：《中美会谈九年回顾》，世界知识出版社 1985 年版。

18. 陶文钊主编：《中美关系史(1949—1972)》，上海人民出版社 1999 年版。

19. 王泰平：《中华人民共和国外交史，1957—1969》，世界知识出版社 1998 年版。

20. 曲星：《中国外交 50 年》，江苏人民出版社 2000 年版。

21. 章百家、牛军主编：《冷战与中国》，世界知识出版社 2002 年版。

22. 李丹慧主编：《中国与印度支那战争》，天地图书公司 2000 年版。

23. 李丹慧主编：《北京与莫斯科：从联盟走向对抗》，广西师范大学出版社 2002 年版。

24. 邓立群等主编：《当代中国外交》，中国社会科学出版社 1987 年版。

25. 倪孝铨、罗伯特·罗斯主编：《美中苏三角关系》，人民出版社 1993 年版。

26. 罗伯特·罗斯：《风云变幻的中美关系》，中央编译出版社 1998 年版。

27. ［泰］姆·耳·马尼奇·琼赛：《老挝史》，福建人民出版社 1974 年版。

28. 戴维·哈尔伯斯坦：《出类拔萃之辈》，生活·读书·新知三联出版社 1973 年版。

29. 郭明：《中越关系演变四十年》，广西人民出版社 1992 年版。

30. 韩素音：《周恩来与他的世纪 1898—1998》，中央文献出版社 1992 年版。

31. 国际战略基金会编：《环球同此凉热——一代领袖们的国际战略思想》，中央文献出版社 1993 年版。

32. 《最后的遗言：赫鲁晓夫回忆录续集》，中国广播电视出版社 1988 年版。

33. 杜敦信、赵和曼主编：《越南老挝柬埔寨手册》，时事出版社 1988 年版。

34. 《中国与亚非会议文件集》，外文出版社 1955 年版。

35. 中华人民共和国外交部档案馆编：《1954 年日内瓦会议》，上海人民出版社 2006 年版。

五、中文文章

1. 曲星：《试论 1954 年日内瓦会议上的周恩来外交》，载《研究周恩来——外交思想与实践》，世界知识出版社 1989 年版。

2. 蔡佳禾：《周恩来与 1954 年印支问题日内瓦会议》，《周恩来百周年纪念》

(下),中央文献出版社 1999 年版。

3. 李清泉:《关于第二次日内瓦会议的简要回顾》,《江淮文史》2001 年第 4 期。

4. 特稿:《四国档案曝光,破解越战秘史》,《东南亚纵横》2000 年第 7 期。

5. 黄东:《回顾越南战争》,《东南亚纵横》2000 年第 10 期。

6. 徐焰:《试论建国后毛泽东的战备思想》,国际战略基金会编《环球同此凉热——一代领袖们的国际战略思想》,中央文献出版社 1993 年版。

7. 何迪:《毛泽东的外交观》,国际战略基金会编:《环球同此凉热——一代领袖们的国际战略思想》,中央文献出版社 1993 年版。

8. 廖心文:《1958 年毛泽东决策炮击金门的历史考察》,《党的文献》1994 年第 1 期。

9. 王国权:《跟随周恩来搞外交》,《研究周恩来——外交思想与实践》,世界知识出版社 1989 年版。

10. 陈小鲁:《陈毅与中国外交》,国际战略基金会编《环球同此凉热——一代领袖们的国际战略思想》,中央文献出版社 1993 年版。

11. 阎明复:《会议两次莫斯科会议和胡乔木》,《当代中国史研究》1997 年第 3 期。

12. 杨奎松:《走向破裂(1960—1963)——中共中央如何面对中苏关系危机》,《当代中国史研究》1998 年第 3 期。

13. 列·别·杰留辛著、丁明译:《关于苏中冲突起因的若干思考》,《当代中国史研究》1998 年第 3 期。

14. 李捷:《从结盟到破裂:中苏论战的起因》,《党的文献》1998 年第 2 期。

15. 《周恩来同志在苏共二十二大代表大会上的讲话》,《人民日报》,1961 年 10 月 20 日。

16. 张沱生:《难能的探索,可贵的努力——论王稼祥对党的国际战略思想的贡献》,国际战略基金会编《环球同此凉热——一代领袖们的国际战略思想》,中央文献出版社 1993 年版。

17. 翟坤:《老挝民族宗教概况》,《国际资料信息》2003 年第 9 期。

18. 《越共的一大到四大》,《印支研究》1982 年第 2 期。

19. 张良民:《老中建交 45 年来的合作成果》,《东南亚纵横》2006 年第 8 期。

20. 冯永孚:《越南取得抗美救国战争胜利的天时、地利、人和因素》,《东南亚纵横》2007 年第 4 期。

21. 马金案:《援越援老抗美亲历记》,《东南亚纵横》2002 年第 3、4 期。

22. 黄忠东:《冷战中的老挝——肯尼迪政府与 1961—1962 年老挝危机》,《史学集刊》2002 年第 3 期。

23. 陈文兵:《肯尼迪政府与解决老挝问题的日内瓦会议》,朱瀛泉主编《国际关系评论》,2001 年版。

后　记

这部著作是在我的博士论文基础上完成的。回忆起在南京大学四年的读博时光,我最想感谢的是我的尊敬的导师蔡佳禾教授。他的教导使我从外交史研究的门外汉变成内行。先生教会了我历史研究的方法,这是我四年中最大的收获。

老师的教导不仅在学术方面,他的人品道德、风度气质都是值得我学习的榜样。蔡老师永远是沉静而严肃的,四年相处中,他没有说过一句废话,所有的语言都切中肯綮,及时地解答了我在研究中遇到的学术问题。老师是充满爱心的,不管多忙,只要我到他的办公室去谈学问,他都随时接待,认真倾听我的思路,指出问题所在。博士阶段的研究课题,无论在方法上还是具体内容上,于我都是崭新的,我经常处在不解与烦忧之中,但老师总是能在我最迷茫的时候给我指出路径,把我带出迷局。四年的学习生活是愉快的,成为蔡老师的学生是件令人快乐并感到幸福的事情。

淡淡的,他给人的感觉永远是淡淡的,但却是真挚与持久的。他的关爱和呵护深刻隽永,润物无声。和蔡老师一起走过的四年,是我人生中重要的感情经历。在轻轻的风中,我永远都能听到导师喁喁的细语,感到他默默的温情。

师恩似海,终身铭记。

同时,我也向南京大学所有关心支持过我的老师们表示谢意,特别感谢中美文化交流中心原图书馆馆长邵金丽女士。

代　兵

二零一五年十月于南京

凤凰文库书目

一、马克思主义研究系列
《走进马克思》 孙伯鍨 张一兵 主编
《回到马克思:经济学语境中的哲学话语》(第三版) 张一兵 著
《当代视野中的马克思》 任平 著
《回到列宁:关于"哲学笔记"的一种后文本学解读》 张一兵 著
《回到恩格斯:文本、理论和解读政治学》 胡大平 著
《国外毛泽东学研究》 尚庆飞 著
《重释历史唯物主义》 段忠桥 著
《资本主义理解史》(6卷) 张一兵 主编
《阶级、文化与民族传统:爱德华·P. 汤普森的历史唯物主义思想研究》 张亮 著
《形而上学的批判与拯救》 谢永康 著
《21世纪的马克思主义哲学创新:马克思主义哲学中国化与中国化马克思主义哲学》 李景源 主编
《科学发展观与和谐社会建设》 李景源 吴元梁 主编
《科学发展观:现代性与哲学视域》 姜建成 著
《西方左翼论当代西方社会结构的演变》 周穗明 王玫 等著
《历史唯物主义的政治哲学向度》 张文喜 著
《信息时代的社会历史观》 孙伟平 著
《从斯密到马克思:经济哲学方法的历史性诠释》 唐正东 著
《构建和谐社会的政治哲学阐释》 欧阳英 著
《正义之后:马克思恩格斯正义观研究》 王广 著
《后马克思主义思想史》 [英]斯图亚特·西姆 著 吕增奎 陈红 译
《后马克思主义与文化研究:理论、政治与介入》 [英]保罗·鲍曼 著 黄晓武 译
《市民社会的乌托邦:马克思主义的社会历史哲学阐释》 王浩斌 著
《唯物史观与人的发展理论》 陈新夏 著
《西方马克思主义与苏联:1917年以来的批评理论和争论概览》 [荷]马歇尔·范·林登 著
　　周穗明 译 翁寒松 校
《物与无:物化逻辑与虚无主义》 刘森林 著
《拜物教的幽灵:当代西方马克思主义社会批判的隐性逻辑》 夏莹 著
《新中国社会形态研究》 吴波 著
《"崩溃的逻辑"的历史建构:阿多诺早中期哲学思想的文本学解读》 张亮 著
《"超越政治"还是"回归政治":马克思与阿伦特政治哲学比较》 白刚 张荣艳 著
《无调式的辩证想象:阿多诺〈否定的辩证法〉的文本学解读》(第二版) 张一兵 著
《马克思再生产理论及其哲学效应研究》 孙乐强 著
《希望的源泉:文化、民主、社会主义》 [英]雷蒙·威廉斯 著 祁阿红 吴晓妹 译
《后工业乌托邦》 [澳]鲍里斯·弗兰克尔 著 李元来 译
《未来考古学:乌托邦欲望和其他科幻小说》 [美]弗里德里克·詹姆逊 著 吴静 译

二、政治学前沿系列
《公共性的再生产:多中心治理的合作机制建构》 孔繁斌 著
《合法性的争夺:政治记忆的多重刻写》 王海洲 著

《民主的不满:美国在寻求一种公共哲学》 [美]迈克尔·桑德尔 著 曾纪茂 译
《权力:一种激进的观点》 [英]斯蒂芬·卢克斯 著 彭斌 译
《正义与非正义战争:通过历史实例的道德论证》 [美]迈克尔·沃尔泽 著 任辉献 译
《自由主义与现代社会》 [英]理查德·贝拉米 著 毛兴贵 等译
《左与右:政治区分的意义》 [意]诺贝托·博比奥 著 陈高华 译
《自由主义中立性及其批评者》 [美]布鲁斯·阿克曼 等著 应奇 编
《公民身份与社会阶级》 [英]T. H. 马歇尔 等著 郭忠华 刘训练 编
《当代社会契约论》 [美]约翰·罗尔斯 等著 包利民 编
《马克思与诺齐克之间》 [英]G. A. 柯亨 等著 吕增奎 编
《美德伦理与道德要求》 [英]欧若拉·奥尼尔 等著 徐向东 编
《宪政与民主》 [英]约瑟夫·拉兹 等著 佟德志 编
《自由多元主义的实践》 [美]威廉·盖尔斯敦 著 佟德志 苏宝俊 译
《国家与市场:全球经济的兴起》 [美]赫尔曼·M. 施瓦茨 著 徐佳 译
《税收政治学:一种比较的视角》 [美]盖伊·彼得斯 著 郭为桂 黄宁莺 译
《控制国家:从古雅典至今的宪政史》 [美]斯科特·戈登 著 应奇 陈丽微 孟军 李勇 译
《社会正义原则》 [英]戴维·米勒 著 应奇 译
《现代政治意识形态》 [澳]安德鲁·文森特 著 袁久红 译
《新社会主义》 [加拿大]艾伦·伍德 著 尚庆飞 译
《政治的回归》 [英]尚塔尔·墨菲 著 王恒 臧佩洪 译
《自由多元主义》 [美]威廉·盖尔斯敦 著 佟德志 庞金友 译
《政治哲学导论》 [英]亚当·斯威夫特 著 佘江涛 译
《重新思考自由主义》 [英]理查德·贝拉米 著 王萍 傅广生 周春鹏 译
《自由主义的两张面孔》 [英]约翰·格雷 著 顾爱彬 李瑞华 译
《自由主义与价值多元论》 [英]乔治·克劳德 著 应奇 译
《帝国:全球化的政治秩序》 [美]麦克尔·哈特 [意]安东尼奥·奈格里 著 杨建国 范一亭 译
《反对自由主义》 [美]约翰·凯克斯 著 应奇 译
《政治思想导读》 [英]彼得·斯特克 大卫·韦戈尔 著 舒小昀 李霞 赵勇 译
《现代欧洲的战争与社会变迁:大转型再探》 [英]桑德拉·哈尔珀琳 著 唐皇凤 武小凯 译
《道德原则与政治义务》 [美]约翰·西蒙斯 著 郭为桂 李艳丽 译
《政治经济学理论》 [美]詹姆斯·卡波拉索 戴维·莱文著 刘骥 等译
《民主国家的自主性》 [英]埃里克·A. 诺德林格 著 孙荣飞 等译
《强社会与弱国家:第三世界的国家社会关系及国家能力》 [英]乔·米格德尔 著 张长东 译
《驾驭经济:英国与法国国家干预的政治学》 [美]彼得·霍尔 著 刘骥 刘娟凤 叶静 译
《社会契约论》 [英]迈克尔·莱斯诺夫 著 刘训练 等译
《共和主义:一种关于自由与政府的理论》 [澳]菲利普·佩蒂特 著 刘训练 译
《至上的美德:平等的理论与实践》 [美]罗纳德·德沃金 著 冯克利 译
《原则问题》 [美]罗纳德·德沃金 著 张国清 译
《社会正义论》 [英]布莱恩·巴利 著 曹海军 译
《马克思与西方政治思想传统》 [美]汉娜·阿伦特 著 孙传钊 译
《作为公道的正义》 [英]布莱恩·巴利 著 曹海军 允春喜 译
《古今自由主义》 [美]列奥·施特劳斯 著 马志娟 译
《公平原则与政治义务》 [美]乔治·格劳斯科 著 毛兴贵 译
《谁统治:一个美国城市的民主和权力》 [美]罗伯特·A. 达尔 著 范春辉 等译

《论伦理精神》 张康之 著
《人权与帝国:世界主义的政治哲学》 [英]科斯塔斯·杜兹纳 著 辛亨复 译
《阐释和社会批判》 [美]迈克尔·沃尔泽 著 任辉献 段鸣玉 译
《全球时代的民族国家:吉登斯讲演录》 [英]安东尼·吉登斯 著 郭忠华 编
《当代政治哲学名著导读》 应奇 主编
《拉克劳与墨菲:激进民主想象》 [美]安娜·M.史密斯 著 付琼 译
《英国新左派思想家》 张亮 编
《第一代英国新左派》 [英]迈克尔·肯尼 著 李永新 陈剑 译
《转向帝国:英法帝国自由主义的兴起》 [美]珍妮弗·皮茨 著 金毅 许鸿艳 译
《论战争》 [美]迈克尔·沃尔泽 著 任辉献 段鸣玉 译
《现代性的谱系》 张凤阳 著
《近代中国民主观念之生成与流变:一项观念史的考察》 闾小波 著
《阿伦特与现代性的挑战》 [美]塞瑞娜·潘琳 著 张云龙 译
《政治人:政治的社会基础》 [美]西摩·马丁·李普塞特 著 郭为桂 林娜 译
《社会中的国家:国家与社会如何相互改变与相互构成》 [美]乔尔·S.米格代尔 著 李杨 郭一聪 译 张长东 校
《伦理、文化与社会主义:英国新左派早期思想读本》 张亮 熊婴 编
《仪式、政治与权力》 [美]大卫·科泽 著 王海洲 译
《政治仪式:权力生产和再生产的政治文化分析》 王海洲 著
《论政治的本性》 [英]尚塔尔·墨菲 著 周凡 译

三、纯粹哲学系列
《哲学作为创造性的智慧:叶秀山西方哲学论集(1998—2002)》 叶秀山 著
《真理与自由:康德哲学的存在论阐释》 黄裕生 著
《走向精神科学之路:狄尔泰哲学思想研究》 谢地坤 著
《从胡塞尔到德里达》 尚杰 著
《海德格尔与存在论历史的解构:〈现象学的基本问题〉引论》 宋继杰 著
《康德的信仰:康德的自由、自然和上帝理念批判》 赵广明 著
《宗教与哲学的相遇:奥古斯丁与托马斯·阿奎那的基督教哲学研究》 黄裕生 著
《理念与神:柏拉图的理念思想及其神学意义》 赵广明 著
《时间性:自身与他者——从胡塞尔、海德格尔到列维纳斯》 王恒 著
《意志及其解脱之路:叔本华哲学思想研究》 黄文前 著
《真理之光:费希特与海德格尔论 SEIN》 李文堂 著
《归隐之路:20世纪法国哲学的踪迹》 尚杰 著
《胡塞尔直观概念的起源:以意向性为线索的早期文本研究》 陈志远 著
《幽灵之舞:德里达与现象学》 方向红 著
《形而上学与社会希望:罗蒂哲学研究》 陈亚军 著
《福柯的主体解构之旅:从知识考古学到"人之死"》 刘永谋 著
《中西智慧的贯通:叶秀山中国哲学文化论集》 叶秀山 著
《学与思的轮回:叶秀山 2003—2007 年最新论文集》 叶秀山 著
《返回爱与自由的生活世界:纯粹民间文学关键词的哲学阐释》 户晓辉 著
《心的秩序:一种现象学心学研究的可能性》 倪梁康 著
《生命与信仰:克尔凯郭尔假名写作时期基督教哲学思想研究》 王齐 著

《时间与永恒:论海德格尔哲学中的时间问题》 黄裕生 著
《道路之思:海德格尔的"存在论差异"思想》 张柯 著
《启蒙与自由:叶秀山论康德》 叶秀山 著
《自由、心灵与时间:奥古斯丁心灵转向问题的文本学研究》 张荣 著
《回归原创之思:"象思维"视野下的中国智慧》 王树人 著
《从语言到心灵:一种生活整体主义的研究》 黄益民 著
《身体、空间与科学:梅洛－庞蒂的空间现象学研究》 刘胜利 著
《超越经验主义与理性主义:实用主义叙事的当代转换及效应》 陈亚军 著

四、宗教研究系列

《汉译佛教经典哲学研究》(上下卷) 杜继文 著
《中国佛教通史》(15卷) 赖永海 主编
《中国禅宗通史》 杜继文 魏道儒 著
《佛教史》 杜继文 主编
《道教史》 卿希泰 唐大潮 著
《基督教史》 王美秀 段琦 等著
《伊斯兰教史》 金宜久 主编
《中国律宗通史》 王建光 著
《中国唯识宗通史》 杨维中 著
《中国净土宗通史》 陈扬炯 著
《中国天台宗通史》 潘桂明 吴忠伟 著
《中国三论宗通史》 董群 著
《中国华严宗通史》 魏道儒 著
《中国佛教思想史稿》(3卷) 潘桂明 著
《禅与老庄》 徐小跃 著
《中国佛性论》 赖永海 著
《禅宗早期思想的形成与发展》 洪修平 著
《基督教思想史》 [美]胡斯都·L.冈察雷斯 著 陈泽民 孙汉书 司徒桐 莫如喜 陆俊杰 译
《圣经历史哲学》(上下卷) 赵敦华 著
《如来藏经典与中国佛教》 杨维中 著
《儒佛道思想家与中国思想文化》 洪修平 主编
《基督教神学发展史》(一)、(二)、(三) 林荣洪 著

五、人文与社会系列

《环境与历史:美国和南非驯化自然的比较》 [美]威廉·贝纳特 彼得·科茨 著 包茂红 译
《阿伦特为什么重要》 [美]伊丽莎白·扬—布鲁尔 著 刘北成 刘小鸥 译
《现代性的哲学话语》 [德]于尔根·哈贝马斯 著 曹卫东 等译
《追寻美德:伦理理论研究》 [美]A.麦金太尔 著 宋继杰 译
《现代社会中的法律》 [美]R.M.昂格尔 著 吴玉章 周汉华 译
《知识分子与大众:文学知识界的傲慢与偏见,1880—1939》 [英]约翰·凯里 著 吴庆宏 译
《自我的根源:现代认同的形成》 [加拿大]查尔斯·泰勒 著 韩震 等译
《社会行动的结构》 [美]塔尔科特·帕森斯 著 张明德 夏遇南 彭刚 译
《文化的解释》 [美]克利福德·格尔茨 著 韩莉 译

《以色列与启示:秩序与历史(卷1)》 [美]埃里克·沃格林 著 霍伟岸 叶颖 译
《城邦的世界:秩序与历史(卷2)》 [美]埃里克·沃格林 著 陈周旺译
《战争与和平的权利:从格劳秀斯到康德的政治思想与国际秩序》 [美]理查德·塔克 著 罗炯 等译
《人类与自然世界:1500—1800年间英国观念的变化》 [英]基思·托马斯 著 宋丽丽 译
《男性气概》 [美]哈维·C.曼斯菲尔德 著 刘玮 译
《黑格尔》 [加拿大]查尔斯·泰勒 著 张国清 朱进东 译
《社会理论和社会结构》 [美]罗伯特·K.默顿 著 唐少杰 齐心 等译
《个体的社会》 [德]诺贝特·埃利亚斯 著 翟三江 陆兴华 译
《象征交换与死亡》 [法]让·波德里亚 著 车槿山 译
《实践感》 [法]皮埃尔·布迪厄 著 蒋梓骅 译
《关于马基雅维里的思考》 [美]利奥·施特劳斯 著 申彤 译
《正义诸领域:为多元主义与平等一辩》 [美]迈克尔·沃尔泽 著 褚松燕 译
《传统的发明》 [英]E.霍布斯鲍姆 T.兰格 著 顾杭 庞冠群 译
《元史学:十九世纪欧洲的历史想象》 [美]海登·怀特 著 陈新 译
《卢梭问题》 [德]恩斯特·卡西勒 著 王春华 译
《自足语义学:为语义最简论和言语行为多元论辩护》 [挪威]赫尔曼·开普兰 [美]厄尼·利珀尔 著 周允程 译
《历史主义的兴起》 [德]弗里德里希·梅尼克 著 陆月宏 译
《权威的概念》 [法]亚历山大·科耶夫 著 姜志辉 译
《无国界移民》 [瑞士]安托万·佩库 [荷兰]保罗·德·古赫特奈尔 编 武云 译
《语言的未来》 [法]皮埃尔·朱代·德·拉孔布 海因茨·维斯曼 著 梁爽 译
《全球化的关键概念》 [挪]托马斯·许兰德·埃里克森 著 周云水 等译
《房地产阶级社会》 [韩]孙洛龟 著 芦恒 译
《政治创新与概念变革》 [美]特伦斯·鲍尔詹姆斯·法尔拉塞尔·L.汉森 编 朱进东 译
《依赖性的理性动物:人类为什么需要德性》 [美]阿拉斯戴尔·麦金太尔 著 刘玮 译
《理解俄国:俄国文化中的圣愚》 [美]埃娃·汤普逊 著 杨德友 译
《留恋人世:长生不老的奇妙科学》 [美]乔纳森·韦纳 著 杨朗 卢文超 译

六、海外中国研究系列

《帝国的隐喻:中国民间宗教》 [英]王斯福 著 赵旭东 译
《王弼〈老子注〉研究》 [德]瓦格纳 著 杨立华 译
《章学诚思想与生平研究》 [美]倪德卫 著 杨立华 译
《中国与达尔文》 [美]詹姆斯·里夫 著 钟永强 译
《千年末世之乱:1813年八卦教起义》 [美]韩书瑞 著 陈仲丹 译
《中华帝国后期的欲望与小说叙述》 黄卫总 著 张蕴爽 译
《私人领域的变形:唐宋诗词中的园林与玩好》 [美]王晓山 著 文韬 译
《六朝精神史研究》 [日]吉川忠夫 著 王启发 译
《中国社会史》 [法]谢和耐 著 黄建华 黄迅余 译
《大分流:欧洲、中国及现代世界经济的发展》 [美]彭慕兰 著 史建云 译
《近代中国的知识分子与文明》 [日]佐藤慎一 著 刘岳兵 译
《转变的中国:历史变迁与欧洲经验的局限》 [美]王国斌 著 李伯重 连玲玲 译
《中国近代思维的挫折》 [日]岛田虔次 著 甘万萍 译

《为权力祈祷》 [加拿大]卜正民 著　张华 译
《洪业:清朝开国史》 [美]魏斐德 著　陈苏镇 薄小莹 译
《儒教与道教》 [德]马克斯·韦伯 著　洪天富 译
《革命与历史:中国马克思主义历史学的起源,1919—1937》 [美]德里克 著　翁贺凯 译
《中华帝国的法律》 [美]D.布朗 等著　朱勇 译
《文化、权力与国家》 [美]杜赞奇 著　王福明 译
《中国的亚洲内陆边疆》 [美]拉铁摩尔 著　唐晓峰 译
《古代中国的思想世界》 [美]史华兹 著　程钢 译 刘东 校
《中国近代经济史研究:明末海关财政与通商口岸市场圈》 [日]滨下武志 著　高淑娟 孙彬 译
《中国美学问题》 [美]苏源熙 著　卞东波 译　张强强 朱霞欢 校
《翻译的传说:构建中国新女性形象》 胡缨 著　龙瑜宬 彭珊珊 译
《〈诗经〉原意研究》 [日]家井真 著　陆越 译
《缠足:"金莲崇拜"盛极而衰的演变》 [美]高彦颐 著　苗延威 译
《从民族国家中拯救历史:民族主义话语与中国现代史研究》 [美]杜赞奇 著　王宪明 高继美 李海燕 李点 译
《传统中国日常生活中的协商:中古契约研究》 [美]韩森 著　鲁西奇 译
《欧几里得在中国:汉译〈几何原本〉的源流与影响》 [荷]安国风 著　纪志刚 郑诚 郑方磊 译
《毁灭的种子:战争与革命中的国民党中国(1937-1949)》 [美]易劳逸 著　王建朗 王贤知 贾维 译
《理解农民中国:社会科学哲学的案例研究》 [美]李丹 著　张天虹 张胜波 译
《18世纪的中国社会》 [美]韩书瑞 罗有枝 著　陈仲丹 译
《开放的帝国:1600年的中国历史》 [美]韩森 著　梁侃 邹劲风 译
《中国人的幸福观》 [德]鲍吾刚 著　严蓓雯 韩雪临 伍德祖 译
《明代乡村纠纷与秩序》 [日]中岛乐章 著　郭万平 高飞 译
《朱熹的思维世界》 [美]田浩 著
《礼物、关系学与国家:中国人际关系与主体建构》 杨美慧 著　赵旭东 孙珉 译 张跃宏 校
《美国的中国形象:1931—1949》 [美]克里斯托弗·杰斯普森 著　姜智芹 译
《清代内河水运史研究》 [日]松浦章 著　董科 译
《中国的经济革命:20世纪的乡村工业》 [日]顾琳 著　王玉茹 张玮 李进霞 译
《明清时代东亚海域的文化交流》 [日]松浦章 著　郑洁西 译
《皇帝和祖宗:华南的国家与宗族》 科大卫 著　卜永坚 译
《中国善书研究》 [日]酒井忠夫 著　刘岳兵 何英莺 孙雪梅 译
《大萧条时期的中国:市场、国家与世界经济》 [日]城山智子 著　孟凡礼 尚国敏 译
《虎、米、丝、泥:帝制晚期华南的环境与经济》 [美]马立博 著　王玉茹 译
《矢志不渝:明清时期的贞女现象》 [美]卢苇菁 著　秦立彦 译
《山东叛乱:1774年的王伦起义》 [美]韩书瑞 著　刘平 唐雁超 译
《一江黑水:中国未来的环境挑战》 [美]易明 著　姜智芹 译
《施剑翘复仇案:民国时期公众同情的兴起与影响》 [美]林郁沁 著　陈湘静 译
《工程国家:民国时期(1927-1937)的淮河治理及国家建设》 [美]戴维·艾伦·佩兹 著　姜智芹 译
《西学东渐与中国事情》 [日]增田涉 著　周启乾 译
《铁泪图:19世纪中国对于饥馑的文化反应》 [美]艾志端 著　曹曦 译
《危险的边疆:游牧帝国与中国》 [美]巴菲尔德 著　袁剑 译

《华北的暴力与恐慌:义和团运动前夕基督教传播和社会冲突》 [德]狄德满 著 崔华杰 译
《历史宝筏:过去、西方与中国的妇女问题》 [美]季家珍 著 杨可 译
《姐妹们与陌生人:上海棉纱厂女工,1919—1949》 [美]艾米莉·洪尼格 著 韩慈 译
《银线:19世纪的世界与中国》 林满红 著 詹庆华 林满红 译
《寻求中国民主》 [澳]冯兆基 著 刘悦斌 徐硙 译
《中国乡村的基督教:1860—1900 江西省的冲突与适应》 [美]史维东 著 吴薇 译
《认知变异:反思人类心智的统一性与多样性》 [英]G. E. R. 劳埃德 著 池志培 译
《假想的"满大人":同情、现代性与中国疼痛》 [美]韩瑞 著 袁剑 译
《男性特质论:中国的社会与性别》 [澳]雷金庆 著 [澳]刘婷 译
《中国的捐纳制度与社会》 伍跃 著
《文书行政的汉帝国》 [日]富谷至 著 刘恒武 孔李波 译
《城市里的陌生人:中国流动人口的空间、权力与社会网络的重构》 [美]张骊 著 袁长庚 译
《重读中国女性生命故事》 游鉴明 胡缨 季家珍 主编
《跨太平洋位移:20世纪美国文学中的民族志、翻译和文本间旅行》 黄运特 著 陈倩 译
《近代日本的中国认识》 [日]野村浩一 著 张学锋 译
《性别、政治与民主:近代中国的妇女参政》 [澳]李木兰 著 方小平 译
《狮龙共舞:一个英国人眼中的威海卫与中国文化》 [英]庄士敦 著 刘本森 译
《中国社会中的宗教与仪式》 [美]武雅士 著 彭泽安 邵铁峰 译 郭潇威 校
《大象的退却:一部中国环境史》 [英]伊懋可 著 梅雪芹 毛利霞 王玉山 译
《自贡商人:早期近代中国的企业家》 [美]曾小萍 著 董建中 译
《人物、角色与心灵:〈牡丹亭〉与〈桃花扇〉中的身份认同》 [美]吕立亭 著 白华山 译
《明代江南土地制度研究》 [日]森正夫 著 伍跃 张学锋 等译 范金民 夏维中 审校
《儒学与女性》 [美]罗莎莉 著 丁佳伟 曹秀娟 译
《权力关系:宋代中国的家族、地位与国家》 [美]柏文莉 著 刘云军 译
《行善的艺术:晚明中国的慈善事业》 [美]韩德林 著 吴士勇 王桐 史桢豪 译
《近代中国的渔业战争和环境变化》 [美]穆盛博 著 胡文亮 译
《工开万物:17世纪中国的知识与技术》 [德]薛凤 著 吴秀杰 白岚玲 译
《权力源自地位:北京大学、知识分子与中国政治文化,1898—1929》 [美]魏定熙 著 张蒙 译
《忠贞不贰?——辽代的越境之举》 [英]史怀梅 著 曹流 译
《两访中国茶乡》 [英]罗伯特·福琼 著 敖雪岗 译
《古代中国的动物与灵异》 [英]胡司德 著 蓝旭 译
《内藤湖南:政治与汉学(1866—1934)》 [美]傅佛果 著 陶德民 何英莺 译

七、历史研究系列

《中国近代通史》(10卷) 张海鹏 主编
《极端的年代》 [英]艾瑞克·霍布斯鲍姆 著 马凡 等译
《漫长的20世纪》 [意]杰奥瓦尼·阿瑞基 著 姚乃强 译
《在传统与变革之间:英国文化模式溯源》 钱乘旦 陈晓律 著
《世界现代化历程》(10卷) 钱乘旦 主编
《近代以来日本的中国观》(6卷) 杨栋梁 主编
《中华民族凝聚力的形成与发展》 卢勋 杨保隆 等著
《明治维新》 [英]威廉·G. 比斯利 著 张光 汤金旭 译
《在垂死皇帝的王国:世纪末的日本》 [美]诺玛·菲尔德 著 曾霞 译

《美国的艺伎盟友》 [美]涩泽尚子 著　油小丽 牟学苑 译
《戊戌政变的台前幕后》　马勇 著
《战后东北亚主要国家间领土纠纷与国际关系研究》　李凡 著
《战后西亚国家领土纠纷与国际关系》　黄民兴 谢立忱 著
《民国首都南京的营造政治与现代想象(1927－1937)》　董佳 著
《战后日本史》　王新生 著
《衣被天下:明清江南丝绸史研究》　范金民 著

八、当代思想前沿系列

《世纪末的维也纳》　[美]卡尔·休斯克 著　李锋 译
《莎士比亚的政治》　[美]阿兰·布鲁姆 哈瑞·雅法 著　潘望 译
《邪恶》　[英]玛丽·米奇利 著　陆月宏 译
《知识分子都到哪里去了:对抗21世纪的庸人主义》　[英]弗兰克·富里迪 著　戴从容 译
《资本主义文化矛盾》　[美]丹尼尔·贝尔 著　严蓓雯 译
《流动的恐惧》　[英]齐格蒙特·鲍曼 著　谷蕾 杨超 等译
《流动的生活》　[英]齐格蒙特·鲍曼 著　徐朝友 译
《流动的时代:生活于充满不确定性的年代》　[英]齐格蒙特·鲍曼 著　谷蕾 武媛媛 译
《未来的形而上学》　[美]爱莲心 著　余日昌 译
《感受与形式》　[美]苏珊·朗格 著　高艳萍 译
《资本主义及其经济学:一种批判的历史》　[美]道格拉斯·多德 著　熊婴 译 刘思云 校
《异端人物》　[英]特里·伊格尔顿 著　刘超 陈叶 译
《哲学俱乐部:美国观念的故事》　[美]路易斯·梅南德 著　肖凡 鲁帆 译
《文化理论关键词》　[英]丹尼·卡瓦拉罗 著　张卫东 张生 赵顺宏 译
《齐格蒙特·鲍曼:后现代性的预言家》　[英]丹尼斯·史密斯 著　佘江涛 译
《公共领域中的伦理学》　[英]约瑟夫·拉兹 著　葛四友 主译
《文化模式批判》　崔平 著
《谁是罗兰·巴特》　汪民安 著
《身体、空间与后现代性》　汪民安 著
《时间、空间与伦理学基础》　[美]爱莲心 著　高永旺 李孟国 译

九、教育理论研究系列

《教育研究方法导论》　[美]梅雷迪斯·D.高尔等 著　许庆豫 等译
《教育基础》　[美]阿伦·奥恩斯坦 著　杨树兵 等译
《教育伦理学》　贾馥茗 著
《认知心理学》　[美]罗伯特·L.索尔索 著　何华 等译
《现代心理学史》　[美]杜安·P.舒尔茨 著　叶浩生 等译
《学校法学》　[美]米歇尔·W.拉莫特 著　许庆豫 等译

十、艺术理论研究系列

《弗莱艺术批评文选》　[英]罗杰·弗莱 著　沈语冰 译
《另类准则:直面20世纪艺术》　[美]列奥·施坦伯格 著　沈语冰 刘凡 谷光曙 译
《当代艺术的主题:1980年以后的视觉艺术》　[美]简·罗伯森 克雷格·迈克丹尼尔 著　匡骁 译
《艺术与物性:论文与评论集》　[美]迈克尔·弗雷德 著　张晓剑 沈语冰 译

《现代生活的画像:马奈及其追随者艺术中的巴黎》 [英]T. J. 克拉克 著 沈语冰 诸葛沂 译
《自我与图像》 [英]艾美利亚·琼斯 著 刘凡 谷光曙 译
《博物馆怀疑论:公共美术馆中的艺术展览史》 [美][大卫·卡里尔 著 丁宁 译
《艺术社会学》 [英]维多利亚·D. 亚历山大 著 章浩 沈杨 译
《云的理论:为了建立一种新的绘画史》 [法]于贝尔·达米施 著 董强 译
《杜尚之后的康德》 [比]蒂埃利·德·迪弗 著 沈语冰 张晓剑 陶铮 译
《蒂耶波洛的图画智力》 [美]斯维特拉娜·阿尔珀斯 [英]迈克尔·巴克森德尔 著 王玉冬 译
《伦勃朗的企业:工作室与艺术市场》 [美]斯维特拉娜·阿尔珀斯 著 冯白帆 译
《新前卫与文化工业》 [美]本雅明·布赫洛 著 何卫华 史岩林 桂宏军 钱纪芳 译
《现代艺术:19 与 20 世纪》 [美]迈耶·夏皮罗 著 沈语冰 何海 译
《重构抽象表现主义:20 世纪 40 年代的主体性与绘画》 [美]迈克尔·莱雅 著 毛秋月 译
《神经元艺术史》 [英]约翰·奥尼恩斯 著 梅娜芳 译
《实在的回归:世纪末的前卫艺术》 [美]哈尔·福斯特 著 杨娟娟 译
《德国文艺复兴时期的椴木雕刻家》 [德]巴克森德尔 著 殷树喜 译
《艺术的理论与哲学:风格、艺术家和社会》 [美]迈耶·夏皮罗 著 沈语冰 王玉冬 译

十一、中国经济问题研究系列
《中国经济的现代化:制度变革与结构转型》 肖耿 著
《世界经济复苏与中国的作用》 [英]傅晓岚 编 蔡悦 等译
《中国未来十年的改革之路》 《比较》研究室 编
《大失衡:贸易、冲突和世界经济的危险前路》 [美]迈克尔·佩蒂斯 著 王璟 译
《中国经济新转型》 [日]青木昌彦 吴敬琏 编 姚志敏 等译
《经济全球化与中国产业发展》 刘志彪 著

十二、艺术与社会系列
《艺术界》 [美]霍华德·S. 贝克尔 著 卢文超 译
《寻找如画美:英国的风景美学与旅游,1760—1800》 [英]马尔科姆·安德鲁斯 著 张箭飞
  韦照周 译

十三、公共管理系列
《更快 更好 更省?》 [美]达尔·W. 福赛斯 著 范春辉 译
《公共行政的行动主义》 张康之 著
《美国能源政策:变革中的政治、挑战与前景》 [美]劳任斯·R. 格里戴维·E. 麦克纳布 著 付
  满 译

十四、智库系列
《经营智库:成熟组织的实务指南》 [美]雷蒙德·J. 斯特鲁伊克 著 李刚 等译 陆扬 校